Reviving Japanese Ancient Tattooing Art Project “Jomon Tribe”

縄文時代にタトゥーはあったのか

ケロッピー前田
Ryoichi Keroppy Maeda

大島托◉縄文タトゥー作品
Jomon tattoos by Taku Oshima

JOMON TRIBE

TAKU OSHIMA × RYOICHI KEROPPY MAEDA

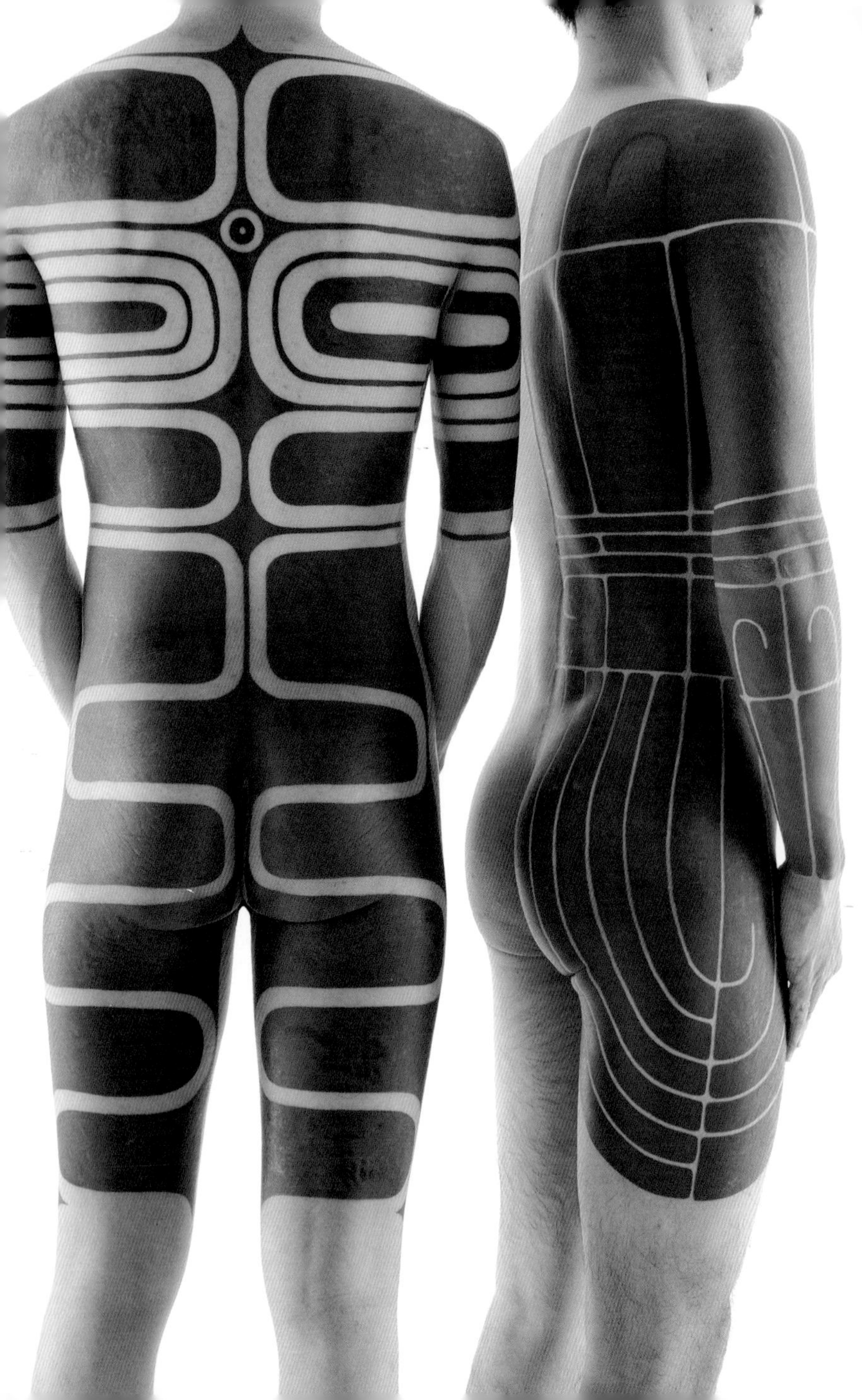

Drawing on Thai paper by Taku Oshima

「縄文族 JOMON TRIBE 2」@TAV Gallery (Tokyo) 2019

「縄文族 JOMON TRIBE」@ TAV Gallery(Tokyo)2016

「JOMON TRIBE」@ HfG(Frankfurt, Germany)2017

北海道縄文遺跡の旅（第2章）

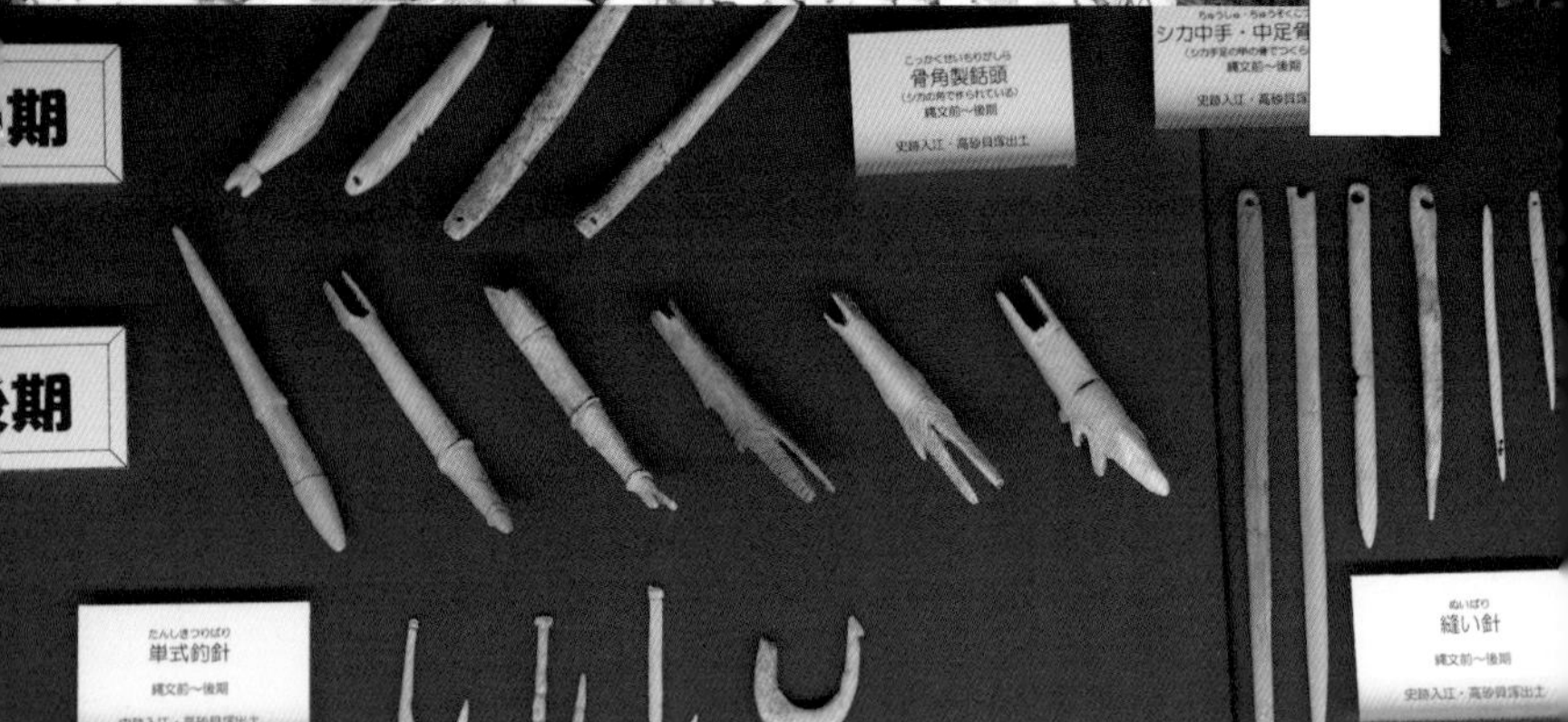

上:白い貝殻が敷き詰められた復元貝塚は、30x80メートル、カキ、ウニ、オットセイ、鹿の骨とともに人骨14体が発見されている（北黄金貝塚）　下:動物の骨や角で作られた銛頭（もりがしら）、釣針、刺突具、縫い針などの骨角器（入江・高砂貝塚館）

縄文中期の土器（入江・高砂貝塚館）

鹿と狩り用の落とし穴が刻まれたシカ絵画土器（函館市縄文文化交流センター）

文様が刻まれた子供の足形付土板（函館市縄文文化交流センター）

入江式土器（入江・高砂貝塚館）

Tattoo design by Leo Zulueta

TATOUEURS, TATOUÉS

@ musée du quai Branly

パリのケ・ブランリ美術館のタトゥー展（第5章）

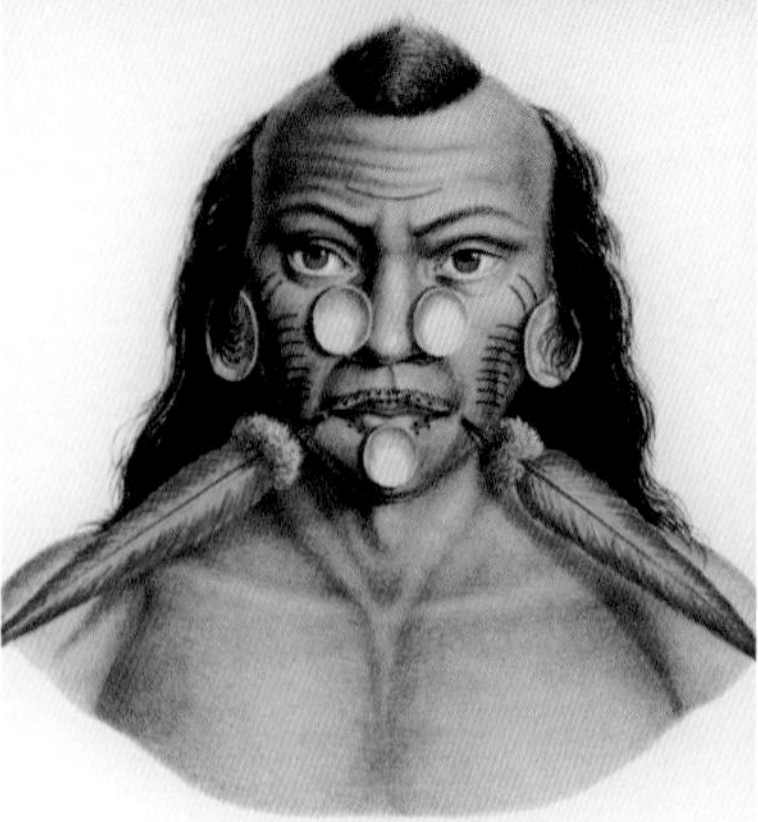

Maxuruna (Maya Indian of Peru)
Karl Joseph Brodtmann 1824

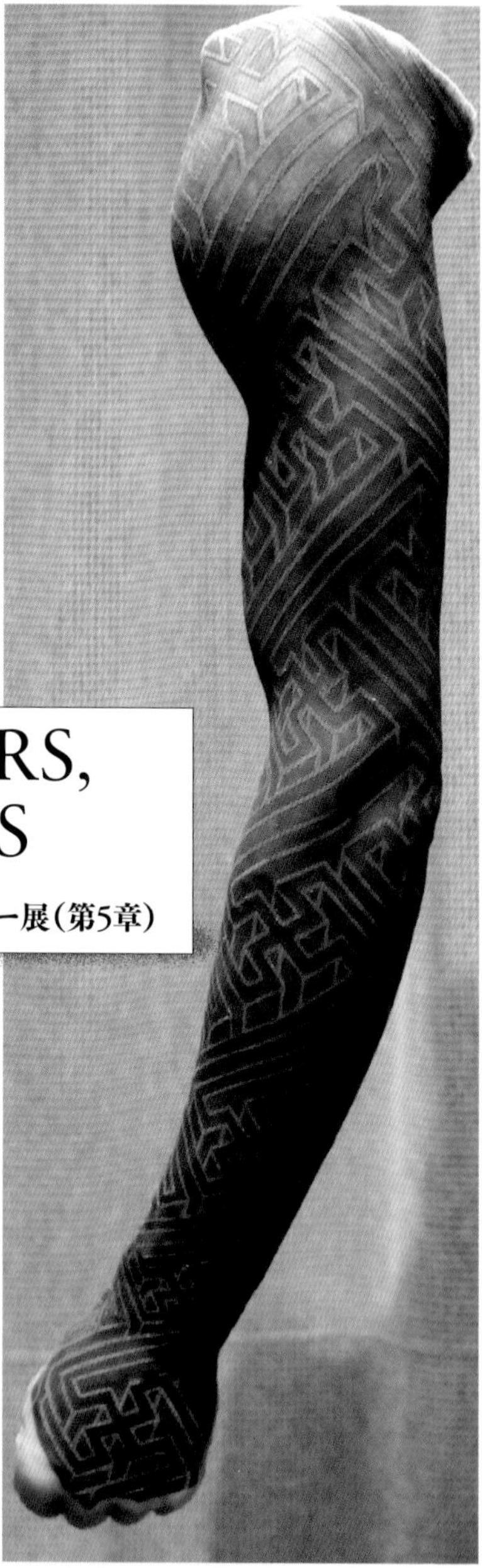

人工皮膚に施されたタトゥー作品
Tattoo design by Xed LeHead

ポリネシアの原始的な手彫り道具、文様を施した腕の木彫り、容器にも同様の文様
Eight tattooing combs (Tahiti), Engraved arm and Container (Marquesas Islands)

中国雲南省トーロン族（独龍族）
女性の顔面タトゥー Femme drung

タトゥーしたピクト人の図 1590 Theodore de Bry

タトゥーをしたミイラ（第8章）

複数の動物が絡み合った素晴らしいタトゥーが施されている
Pazyryk tattooed mummy found at the Altai Mountains

シベリアのアルタイ山脈パジリク遺跡から発掘されたミイラ
Collection of Hermitage Museum, St. Petersburg, Russia

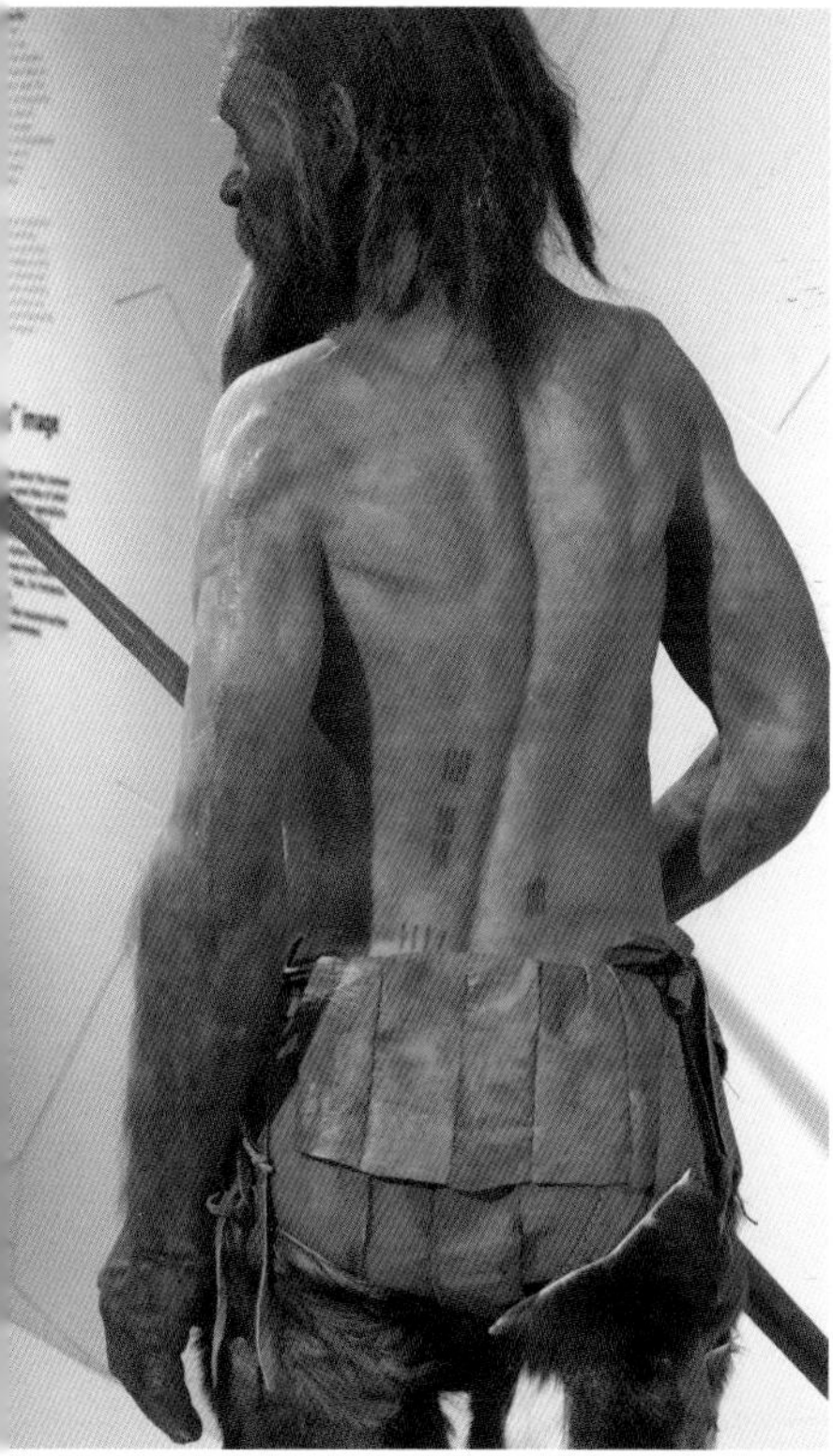

2011年に新たに再現された「エッツィ」ことアイスマン
背中に短い線がいくつか並んだタトゥーも再現されている
The Iceman's reconstruction by Alfons & Adrie Kennis

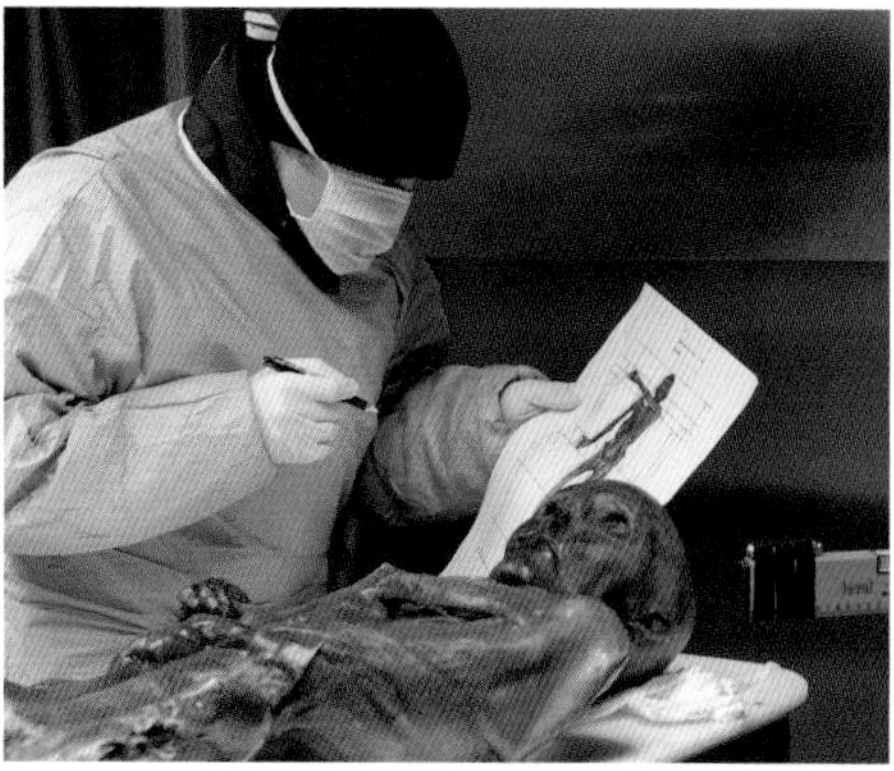

5300年前のミイラ、アイスマンの科学的な解明が進んでいる
Scientific examination of the mummy © South Tyrol Museum of Archaeology/EURAC/Samadelli/Staschitz

沖縄のハジチ展（終章）

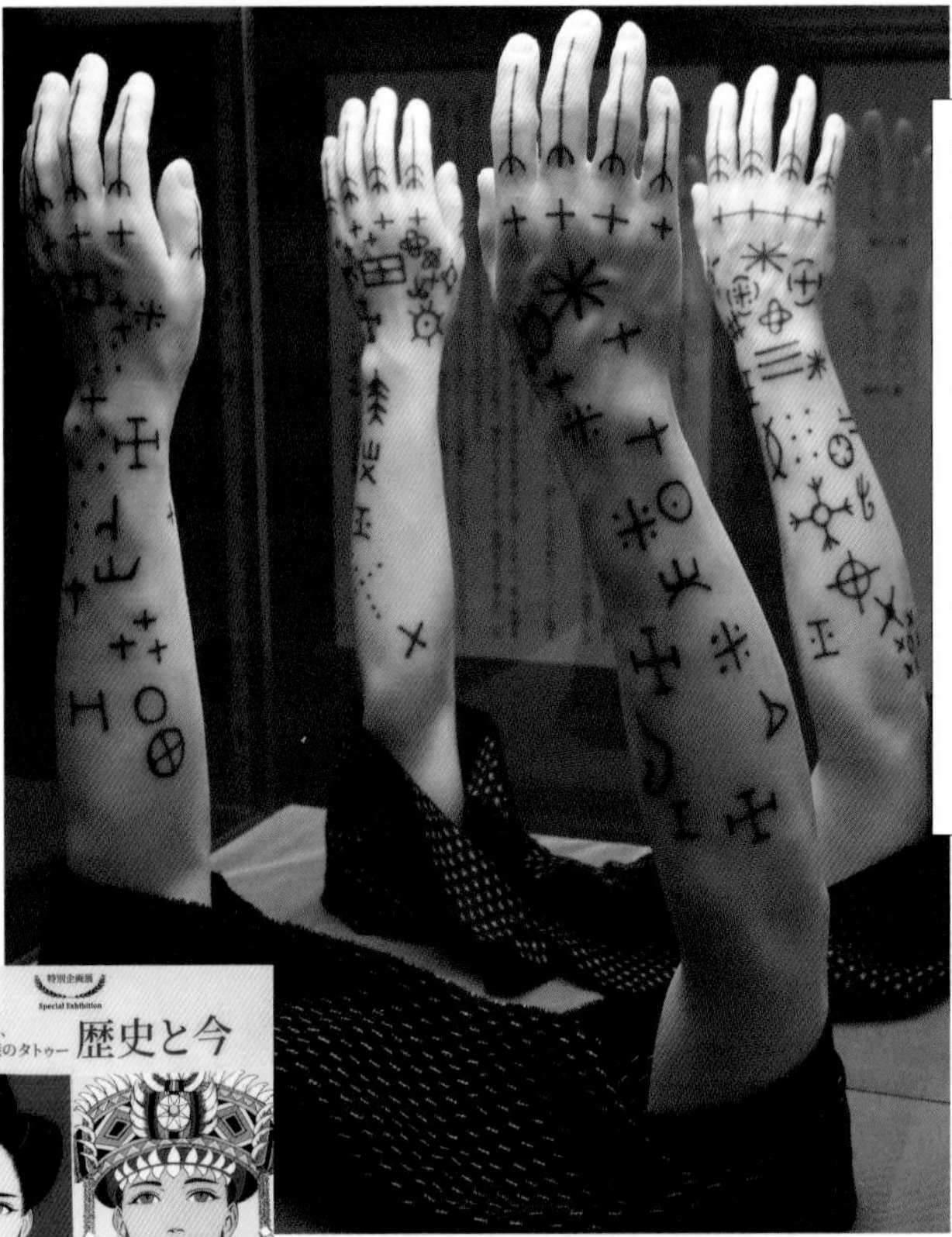

シリコンアームに再現されたハジチ、同じ島出身の母と娘に施されたもの（小原一夫の調査をもとに）タトゥー制作は彫師May（Chunky maymay inks）

企画展のビジュアルイメージはイラストレーターのnamiが担当、沖縄ハジチや台湾原住民のイレズミを若い女性がしているところを視覚化

シリコンアームに再現されたハジチ、（左から）石垣島、沖縄本土、奄美大島
タトゥー制作は彫師May（Chunky maymay inks）

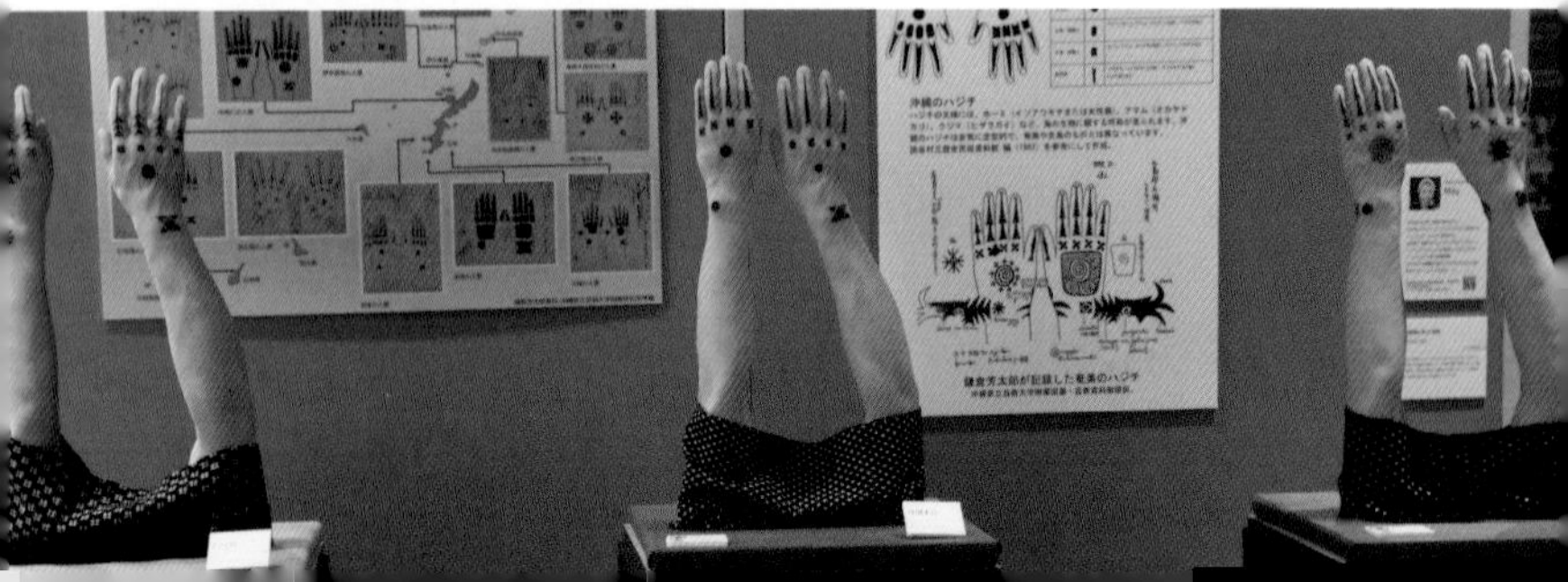

縄文時代にタトゥーはあったのか——目次

CONTENTS

序章

Reviving Japanese Ancient Tattooing Art Project “Jomon Tribe”

戦後何度目かの縄文ブーム！

タトゥーと縄文を結び合せることで、これほどの大きな広がりを体験することになるとは思っていなかった。

もちろん、その背景には、ここ数年続いている縄文ブームがあった。

そのことは、縄文関連書籍の数の多さ、「縄文」をキーワードにしたイベントや商品の数々、考古学からファッション、アート、スピリチュアルに至る様々なものをみれば明らかだ。

たとえば、フリーペーパー『縄文ＺＩＮＥ』は発行部数三万部を誇り、山岡信貴監督のドキュメンタリー『縄文にハマる人々』は有名無名の縄文マニアを追って全国百ヶ所を巡り、千点以上の土器&土偶を紹介し、大いに注目された。それらをみれば、いまの縄文ブームが社会現象化していることがよくわかる。

さらに二〇一八年には、東京国立博物館が特別展「縄文——1万年の美の鼓動」を開催し、三十五万人以上の観客を集めている。同展は「縄文の美」をテーマに、北海道から沖縄まで全国各地で出土した土偶や土器など約二百件を展示し、会期後半には縄文の六つの国宝が初めて一堂に会して大きな話題となった。とにかく、言葉を超えた造形美の力こそ縄文の魅力、誰でも理屈抜きに虜にする魅力に溢れているのだ。

特にその実物の説得力が容赦なく迫ってくる。積極的に遺跡や博物館を訪ねて、実物と対面しようというのが昨今の縄文マニアの嗜《たしな》みである。

このような縄文ブームを背景に、「もし縄文時代にタトゥーがあったなら復興しよう」というアートプロジェクト「縄文族 JOMON TRIBE」が動き始めることとなる。

世界が求めた縄文時代のタトゥー復興

タトゥーアーティストの大島托との出会いが、縄文時代のタトゥー復興プロジェクト「JOMON TRIBE」をはじめるきっかけだった。日本語では「縄文族《じょうもんぞく》」と呼んでいる。彼とのコラボレーションがなければ、筆者がこんなに縄文にハマることはなかったかもしれない。

もちろん、昨今の縄文ブームはこのプロジェクトを大きく後押ししてくれた。だが、世間で縄文が流行っているから始めたプロジェクトというわけでもなかった。

大島托とはじめて会ったのは、『タトゥー・バースト』（コアマガジン、二〇一三年一月号）のインタビュー取材だった。そのとき、すでに彼は国際的に活躍するほどのキャリアを積んでいたが、国内メディアに露出していなかったため、そのときが彼にとっての国内タトゥーメディアへの登場のタイミングでもあった。

彼は「ブラックワーク」と呼ばれる黒一色で身体をデザインするタトゥーのスペシャリストで、ポリネシア（太平洋諸島）をはじめ、ボルネオ、あるいは最後の首狩族と言われるインドのナガ族や最も原始的なタトゥー技法を残すスマトラのメンタワイ族のもとにも実際に訪れ、文様やタトゥー技法を学んでいる。そればかりか、ドットワーク（点描タトゥー）などの最新のタトゥー技法も柔軟に取り入れており、世界的な「ブラックワーク」の彫師たちのコミュニティにあっても一目置かれた存在となっている。

彼へのインタビューの際、「海外のタトゥー研究家たちは、縄文時代にタトゥーが存在したと考えています。なぜ、日本独自の文様タトゥーを復興しないのかとよく言われます」と話していた。

確かに、『魏志倭人伝』には「黥面文身《げいめんぶんしん》」という記述があり、当時（紀元三世紀）の倭人は黥面（顔面タトゥー）し、文身（全身タトゥー）していたとされている。また、一九六九年には考古学者の高山純は『縄文人の入墨』（講談社）を著《あらわ》し、縄文時代の土偶にみられる文様はタトゥーではないかと指摘している。縄文時代のタトゥー（イレズミ）については、専門家の間でも長く議論されてきたことなのである。そんな事情を海外のタトゥー研究家たちも少なからず知っていたのだ。

しかし、日本は火山が多く酸性土壌のため、人骨以外は残りにくい。そのため、ミイラなどの確かな物証は発見されておらず、縄文時代にタトゥーがあったのかどうかについては学術的には結論が出ないものとされてきた。

それでも、素晴らしい伝統刺青《いれずみ》を残す日本において、太古に失われたタトゥー文化があったなら、ぜひともそれを復興して欲しいという世界的な要望が高まっている事実も、このプロジェクトを大いに励ますこととなった。とはいえ、この段階では、縄文時代のタトゥーをどのようにすれば復興できるのかについてのアイディアは全くなかった。

「縄文族 JOMON TRIBE」始動

大島托との出会いを通して、縄文時代のタトゥー復興という着想を得るが、実際にそれをひとつのプロジェクトとして推進していくようになるにはもう少し時間がかかった。そんなとき、いろいろな意味でヒントを与えてくれた二つのきっかけがあった。

ひとつは、二〇一五年、パリのケ・ブランリ美術館で一年半という長期間に渡って開催されたタトゥー展「TATOUEURS, TATOUÉS（タトゥーを彫る人、彫られる人）」を訪れたことだった。

その展覧会は、タトゥーをテーマとした展示としては史上最大規模といわれたもので、タトゥーを通じて人類史を一望しようという野心的な内容で、世界中から膨大なタトゥー資料を収集展示していた。

近年、世界的にアカデミックな領域でタトゥーを通して人類史を読み解こうという動きが顕著に現れ始めているが、この展示はその集大成的な内容で大きな反響を呼び、のちにカナダ・トロントに巡回し、さらにアメリカのロサンゼルスやシカゴでも開催されている。二〇一九年には台湾の高雄でアジア初の巡回展が行われた。日本では信じられないことかもしれないが、タトゥーは人類に共通する歴史のあるカルチャーであるという認識が世界的に広まっているのだ。

もちろん、江戸から続く伝統刺青を誇る日本は、浮世絵なども含めて、大きなセクションを占めていたが、縄文時代のタトゥーについては言及されているものの、具体的にそれがどういうものであったのかという展示はなされていなかった。

人類史のなかにタトゥーというカルチャーを位置付けようという大規模な展覧会で、縄文時代のタトゥーについて多く語られていなかったことは、この空白部分を何らかの形で埋められないものか、と考え始める契機となった。

そして、もうひとつのきっかけは、岡本太郎だった。筆者は取材者として、毎年行われている岡本現代芸術賞（ＴＡＲＯ賞）という現代アートの一般公募展をレポートしていた。

TARO賞は、一九九六年の岡本太郎没後に始まったもので、学歴、年齢を問わず、美術ジャンルも超えて、岡本太郎の遺志を継ぐ、自由な視点と斬新な表現を追求するアーティストを発掘かつ応援しようというものである。

岡本太郎といえば、戦後の縄文ブームの火付け役として有名で、一九七〇年の大阪万博のシンボルとなった代表作《太陽の塔》もまた、岡本なりの縄文の解釈、あるいは彼が縄文土器と出会ったことから生まれたものだと言われている。

縄文時代のタトゥー復興プロジェクトについて、大島托とすでにいろいろと話し合っていたが、岡本太郎が体験した縄文との出会い、その後の彼の縄文リサーチを巡ることは、ひとつの明確なコンセプトを持ったプロジェクトを始めるための大きな助けとなった。

縄文時代にタトゥーはあったのか

本書のタイトルにもなっている言葉だが、「縄文時代にタトゥーはあったのか」といういまだに答えの出ない太古の謎に、実際に現代人の身体にタトゥーを彫り込むことで具体的に返答しようというのが、「縄文族 JOMON TRIBE」のコンセプトである。

このプロジェクトは、最初にコンセプトがあり、それに賛同するモデルがその身体にタトゥーを受け入れることから始まる。タトゥーデザインについては、大島托に完全に任せているが、彼が考える縄文タトゥーは全身を大胆に使ってデザインするものである。その着想を得るために縄文遺跡や遺物のリサーチは共同でも行っている。

そこから出来上がったのが、本書で紹介している一連のタトゥー作品である。また、これらの作品はギャラリー等で展示発表され、パフォーマンスでは原始的な手彫りの実演などを盛り込み、人類史におけるタトゥーのはじまり、文様のはじまり、あるいは人間と動物が分岐する意識の目覚めといったものにまで、鑑賞者のイマジネーションを広げていけるように練り上げられている。

二〇一六年、最初の「縄文族 JOMON TRIBE」展が阿佐ヶ谷のＴＡＶギャラリーで開催された。縄文とタトゥーという組み合わせが多くの人々の興味を引き、ネットニュースでも話題となり、海外ニュースにまで取り上げられた。また、海外からわざわざ展示を観に来てくれた関係者もいて、翌一七年には、ドイツ・フランクフルトの美術大学ＨｆＧで「JOMON TRIBE」を開催することとなる。タトゥーが一般に広く受け入られている欧米シーンでは、「縄文タトゥー」は新しいタトゥースタイルとしても知られるようになった。

「縄文族 JOMON TRIBE」というプロジェクトは、日本から発信する新たな挑戦として、国内の縄文ブームからエネルギーをもらいつつ、拡張を続ける世界的なタトゥーブームや民族的部族的なタトゥーの復興ムーブメントなどの潮流とも符合するものとなっていった。

日本においても、豊かな文様を残す縄文時代にもしタトゥーを彫る技術があったとするならば、それらの縄文文様は人の身体に彫られただろう。そんなアイディアが、今回の縄文時代のタトゥー復興プロジェクトを推進する原動力になっているのだ。

文様はどこから来て、どこへ行ったのか？

さらに踏み込むなら、「縄文族 JOMON TRIBE」は縄文の文様をタトゥーとして現代に復興するだけでなく、もともと文様とはタトゥーとして身体に彫られていたものが土器や土偶に転写されて現在に伝えられたのではないかとも考えている。

それゆえに、縄文の文様を現代人の身体にタトゥーとして彫り込んで、ひとたび蘇生することによって、文様を未来へ届けようというビジョンを持っている。同時に、原始的な手彫りの技法だけでなく、現代のタトゥーの技術を導入し、作品のほとんどすべては最新のタトゥーマシーンで彫られている。

そればかりか、作品によっては黒い面積が非常に多いことにびっくりされる方もいるかもしれない。当然、縄文時代の技術ではこんなに広い面積を真っ黒に彫ることは難しい。ここでは「ネガポジ反転」のアイディアで原始的な文様を抜いて残し、それ以外すべてを黒く彫り潰している。これは「ヘビーブラック」と呼ばれる最新の手法である。このように「縄文族 JOMON TRIBE」は技術的にも斬新で、過去の文様の影響下にありながらも未来的なイマジネーションを刺激するような作品を目指しているのだ。

改めて、本書を通して言いたいことは、以下の三つである。

第一に、タトゥーはカルチャーである。

タトゥーというものは、原始・古代の時代にはじまり現代にまで伝わり、そしてそれは未来にまで残っていくものだろう。つまり、タトゥーとは、太古から存在する人類共通のカルチャーなのだ。

そのことは前述したパリのケ・ブランリ美術館でのタトゥー展しかり、すでにアカデミックな世界でも受け入れられていることである。

そのような見解には、一九九一年にアルプスで発見されたミイラ「アイスマン」が身体に六十一ヶ所のタトゥーを施していたことも大きく影響している。アイスマンは約五千三百年前のミイラといわれているが、その発見によって、タトゥーはそれ以前のもっとずっと古い時代から人類とともにあったと考えられるようになったのである。

本書の内容に照らすなら、第一章では明治時代から議論があった〝縄文人の入墨〟について俯瞰し、

第二章では北海道の縄文遺跡リサーチを経て、第三章では岡本太郎に縄文を学び、第四章では「縄文族 JOMON TRIBE」の全貌が明らかになる。ここまでの一連の流れが縄文タトゥー作品登場に至るプロセスであり、縄文のリサーチとリンクすることで、タトゥーはカルチャーであることを解説している。

第二に、縄文時代のタトゥー復興が目指しているのは、過去の文化のリバイバルであると同時に、タトゥーや文様を未来に開かれたものにしていきたいということである。

九〇年代、リ・サーチ社の『モダン・プリミティブズ』(〝Modern Primitives〟 RE/search Publications,1989) がピアスやタトゥーの流行のきっかけを作ったと言われているが、その本は、七〇~八〇年代にアメリカ西海岸を中心に急成長した身体改造の実態を紹介し、それらが現代におけるプリミティブ(原始的)な行為の復興であるとアピールしていた。つまり、来《きた》るべきコンピューター時代において、身体改造は〝最も人間的な〟カルチャーとして蘇るだろうと考えられ、事実、それらは世界的な流行となって広く受け入れられていった。

ここで「縄文族 JOMON TRIBE」は、縄文タトゥー復興を日本における「モダン・プリミティブズ」の実践と捉えている。

それゆえ、このプロジェクトは、縄文のパワーを借りて、二十一世紀を生き抜くために身体をアップデートし、未来に開かれたボディアートの可能性を追求したい。そのことから、タトゥーや文様をもっと自由に読み解いてもらうことを意図しているのだ。

第五章ではケ・ブランリ美術館でのタトゥー展の内容を詳しく紹介し、第六章では失われつつあるタトゥー文化の復興プロジェクトの成功例としてフィリピン系アメリカ人エル・マナ・フェステンを取材し、第七章ではタトゥー人類学者ラース・クルタクに迫る。二十一世紀になって、部族的民族的タトゥーの復興がますます活発になっていることをみてもらうとともに、「ヒトはなぜタトゥーを入れるのか?」という根本問題について、その未来的なビジョンを先取りしたい。

第三は、縄文というと一般的にはドメスティックな日本独自の文化として考えられがちだが、タトゥーや文様を通じて、もっと人類史的な視点から捉え直せないものかと思っている。

もしタトゥーが人類最古のカルチャーのひとつとして、ホモ・サピエンスがアフリカから世界に拡散する過程で生まれてきたとするなら、その文様のもともとの起源は人類が日本列島に渡ってくるよりももっと古くにまで遡れるかもしれない。

そういう意味で、第八章ではタトゥーしたミイラ「アイスマン」や具象的なタトゥーが素晴らしいロシアのパジリクのミイラなどを現地に赴いて実際に取材し、縄文にとどまらず、人類創世から人類の歴史を広く見渡すことで、タトゥーや文様の伝播と拡散についても考えていきたい。終章では、タトゥーと縄文を通じてみえてくる日本文化の未来について、筆者の意見を整理しておきたい。

ここで最後に言及しておきたいものに、国立科学博物館の海部陽介氏が挑んでいる「三万年前の航海徹底再現プロジェクト」がある。

このプロジェクトは、最初の日本人は台湾から沖縄に渡ってきたのではないかと考え、そのことを立証するために原始的な方法で作られた船で実際にその経路を航海してみようというものである。実際に、草束舟、竹筏舟などが作られ、最終的には二〇一九年、丸木舟で目的の経路を渡り切っている。船を作る道具から航海技術まで縄文時代以前に遡って再現しようという態度には感服する。そして、何よりも共感するのは、実際に古代舟を再現して台湾から沖縄への航海に挑んでいることである。「縄文族 JOMON TRIBE」も縄文時代のタトゥーを実際に彫ってみるというリアリティにおいて、説得力を持つものとなっていると思うのだ。

「縄文族 JOMON TRIBE」は、原始的な航海ならぬ、原始的な文様やタトゥーから、日本人と人類史との接点を探していきたいと思っている。

このようなあらゆる未来の可能性を開くためにも、「縄文族 JOMON TRIBE」は、遠く一万年前の縄文のパワーを借りながらも、一万年後の未来に届けられるような文様のタトゥー作品に挑み、タトゥーが持つアートとカルチャーとしての可能性をアピールしていきたいのだ。

タトゥーにまみれた新たなる縄文の世界に早速ご案内したい。

1

アカデミックな世界での縄文タトゥー論争

Reviving Japanese Ancient Tattooing Art Project "Jomon Tribe"

高山純『縄文人の入墨』の功績

「縄文時代にタトゥーはあったのか」という問いは、アカデミックな世界でもずっと議論されてきた問題だった。

それも一八七七年にエドワード・S・モースが大森貝塚を発見し、発掘した土器をその縄目の文様から縄文土器と命名した明治時代から、すでに縄文人のタトゥー論争は始まっていた。

一九六九年、考古学者の高山純が『縄文人の入墨』（図1-1）という本を著したが、それも明治時代や戦前からの縄文タトゥー論争を踏まえた上でのことである。

高山は、土偶の顔の文様がイレズミではないかと考えられた実例のひとつとして、江戸時代の寛政十二年（一八〇〇年）に、秦檍丸《はたあわぎまる》が『蝦夷島奇観』の中で「眼口のあたりに点刻するはいまの文身〔イレズミの意〕」として、箱館当別村出土の土偶の図版（図1-2）を紹介していることをあげた。

明治時代の研究としては、明治三十一年（一八九八年）、八木奘三郎が著書『日本考古学』（小林新兵衛）の中で、二種の顔面のイレズミ、すなわち「双頬にほどこせしもの」と「両眉より鼻へかけてなし、かねて口辺に付けしものがある」と述べ、アメリカ人種調査所の年報からのエスキモーの顔面タトゥーの図版を添えていた。

明治三十七年（一九〇四年）、大野延太郎は「黥面土偶について」という論文で、十二例の黥面（顔面タトゥーの）土偶をあげている。大野は、明治四十三年（一九一〇年）にも同タイトルの論文を発表し、三十三例の黥面土偶を報告している。

昭和に入ってからは、昭和七年（一九三二年）、甲野勇の「日本の石器時代に文身の風習があったろうか」という論文がそれまでの論点を整理しており、画期的であったという（図1-3、図1-4）。甲野はイレズミと推定されるものを五種に分類し、「口のまわりの環刻」「頬のハの字の線刻」「口のまわりの点刻」「口の両はしに三角形の頂点が内向き」「口の両はしに三角形の頂点が外向き」

図1-1
高山純『縄文人の入墨』（講談社、1969年）

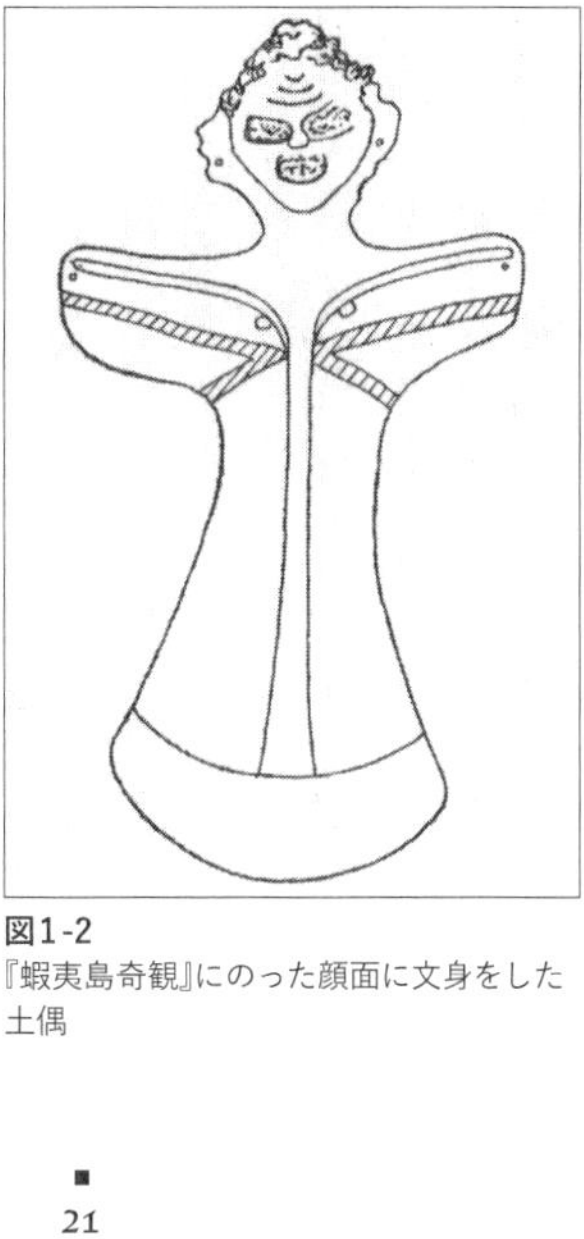

図1-2
『蝦夷島奇観』にのった顔面に文身をした土偶

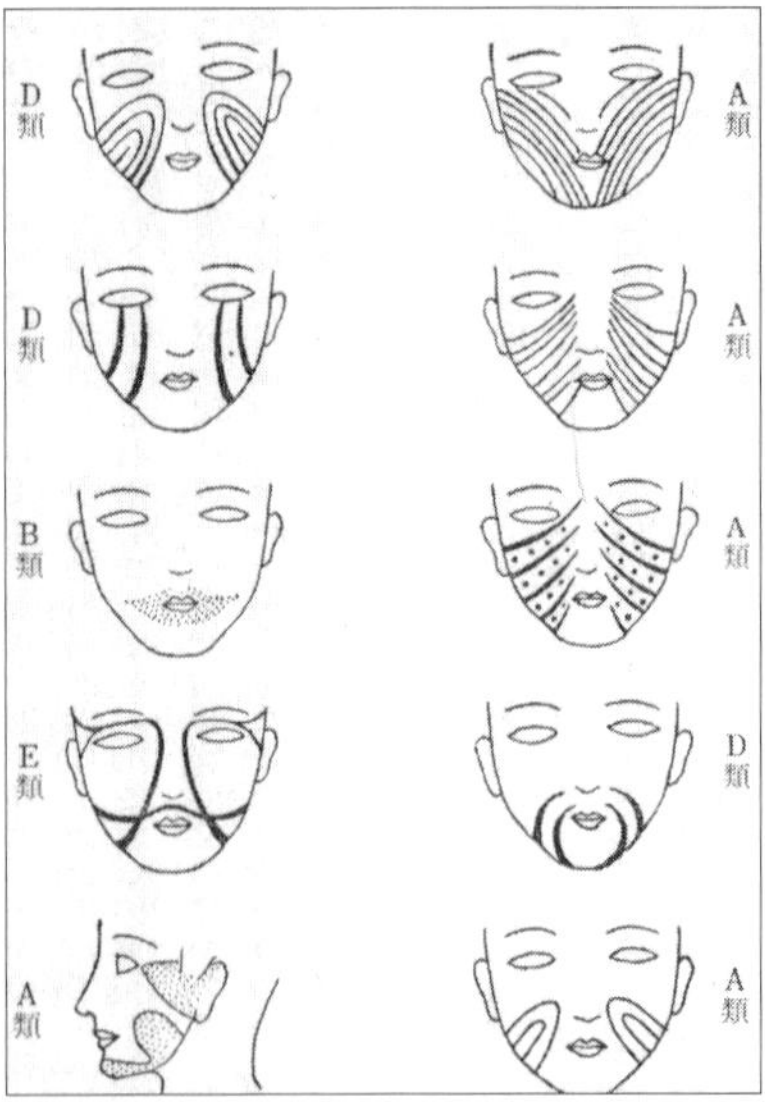

図1-5
樋口清之の土偶にみられる文身の形式分類（1939）

図1-3
『ドルメン』8月号「刺青特集号」岡書院、1932年

日本の石器時代に文身の風習があつたらうか
甲野勇

図1-4
甲野勇の「日本の石器時代に文身の風習があったろうか」という論文が掲載された

としている。しかし、甲野は、土偶の顔面部に装飾があったからといって、それをイレズミと断定することには慎重だった。それらは顔面塗彩（ペインティング）や創痕生成（スカリフィケーション、傷痕による身体装飾）かもしれず、縄文時代のイレズミの存在を実証することは不可能と結論づけた。

それでも一方、昭和十四年（一九三九年）には、樋口清之が「日本先史時代人の身体装飾」で、土偶の顔のイレズミを型式で分類して、肯定的な結論を導き出している（図1-5）。

戦後になってからは、昭和三十五年（一九六〇年）、江坂輝弥が著書『土偶』（校倉書房）において、甲野がイレズミと推定される実例として挙げた土偶はすべてイレズミであったと断定し（図1-6、図1-7）、さらに胸や体部の文様もイレズミの実例に加えた。江坂は、土偶の顔の文様を海南島の黎《リー》族、台湾のアタヤル族、北海道のアイヌ（図1-8）などと比較し、そのことから縄文時代のタトゥーの謎が解けるのではないかと提案していた。

ここまで紹介してきた数々の研究の成果を比較検証し、高山が「かなり写実的とみなしうる文様で、同一のものが各地にみいだされ、かつ髭とみまちがえる心配がなく、しかも単なる装飾としての手法上のテクニックから生まれたものではない」ものとしたのが、両頬にほどこされた「ダブル・ハの字」という文様であった。

「ダブル・ハの字」をつけた土偶の実例は、江坂の調査によれば、中期から晩期まで広くみられ、文様としては写実的である。そればかりか、晩期に移行するに従って、文様は複雑化していくものの、それらが「ダブル・ハの字」のバリエーションとして派生したものであろうことは、岩野見司が「三河国出土の土偶」で行っている晩期土偶の研究から明らかであるという。同様の黥面についての研究は弥生時代以降についても行われていることを付け加えておく（図1-9）。

高山純の著書『縄文人の入墨』に沿った解説が長くなってしまったが、高山が縄文時代の顔面タトゥーであったと確信する「ダブル・ハの字」の文様を土偶同様に顔面に施したのが、「縄文族JOMON TRIBE」を推進するタトゥーアーティストである大島托自身であった。二〇一九年、その作品も新作として発表している（カラーP23）。

高山は、太平洋諸島の先史考古学を専門とする考古学者で、その著書『縄文人の入墨』においても、東アジアやオセアニアに広がる島々の民族部族のイレズミの風習について詳しく解説している。それらとの比較を通じて、縄文時代のタトゥーがどんなものであったのかを調べようというのだ。また、高山は土偶の顔の文様はイレズミであるとしていたが、僕らはさらに縄文土器の文様もタトゥーとして身体に彫られていたのではないかと考えている。

そのアイディアは、縄文人の世界観を再生のシンボリズムとして読み解こうとする大島直行氏の考えに触発されたものである。大島氏は、縄文土器は人間の身体、あるいは妊娠した女性などを象徴しているだろうという（第二章）。

アカデミックな研究を踏まえながらも、実践的にそれを超えていきたい。「縄文族 JOMON TRIBE」は、高山純の『縄文人の入墨』を踏襲しつつも乗り越えて、縄文の文様をタトゥーを通じて、世界へ、そして未来へと開かれたものにしていきたいのである。

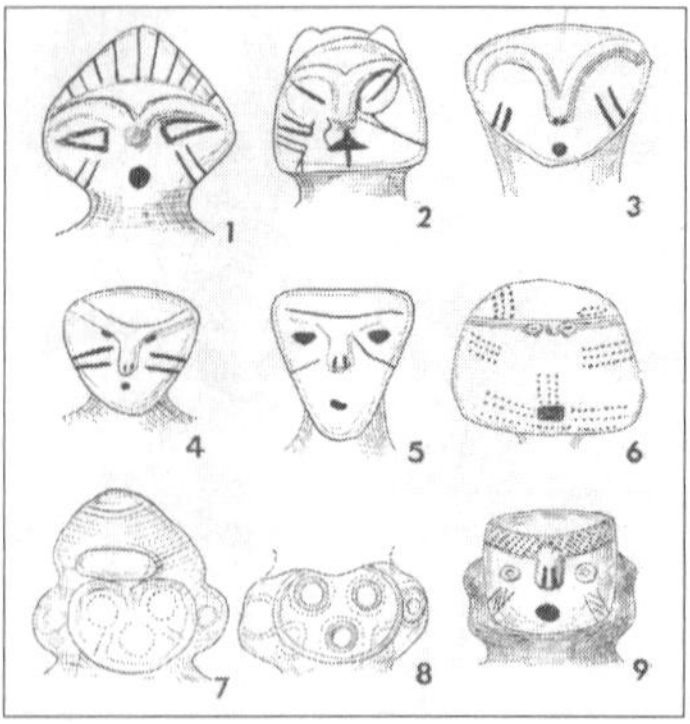

図1-6
縄文中期〜晩期、文身を表わすと思われる土偶
江坂 1960

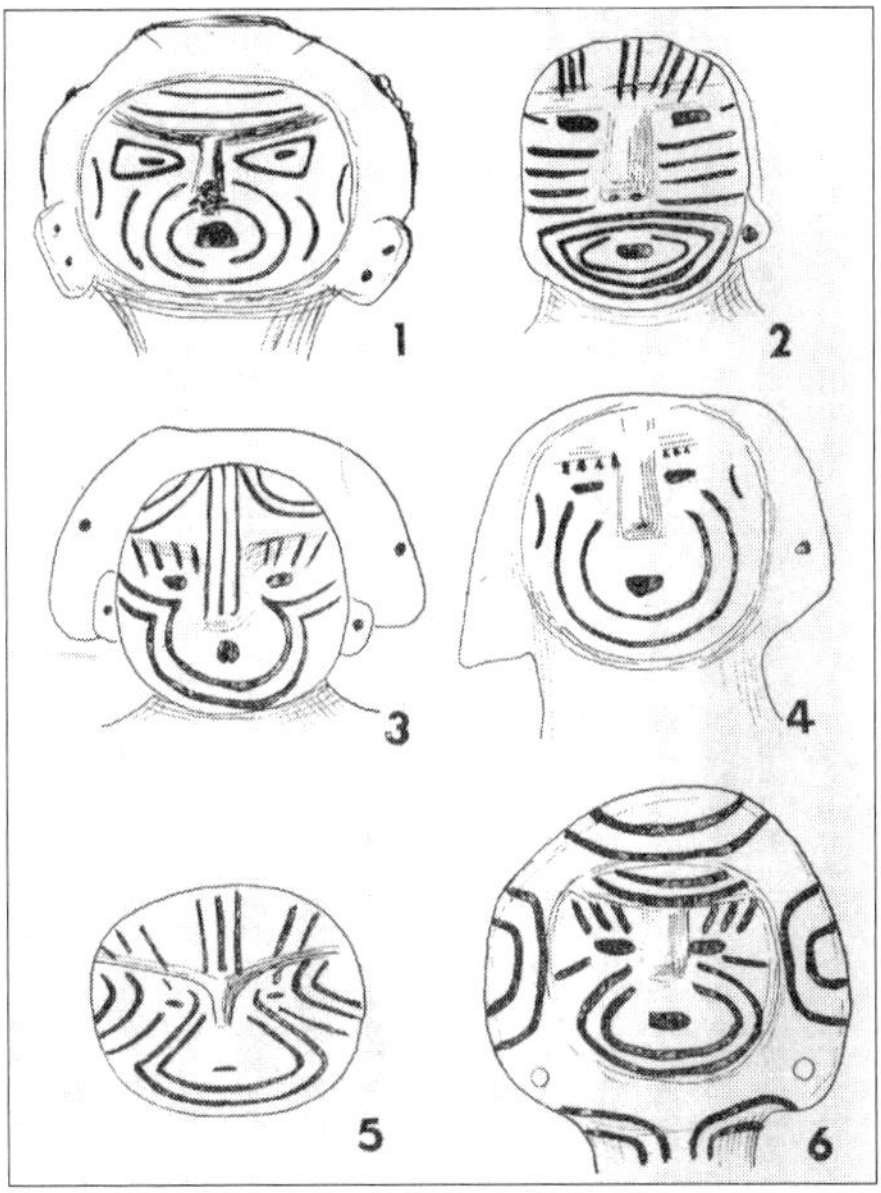

図1-7
縄文終末期、文身を表わすと思われる土偶 口の周りの文様がアイヌに似ているといわれる 江坂 1960

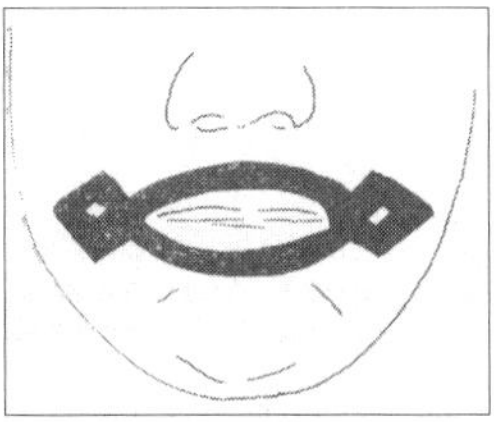

図1-8
石狩アイヌの口唇部（明治25年頃、小金井良精の報告による）江坂 1960

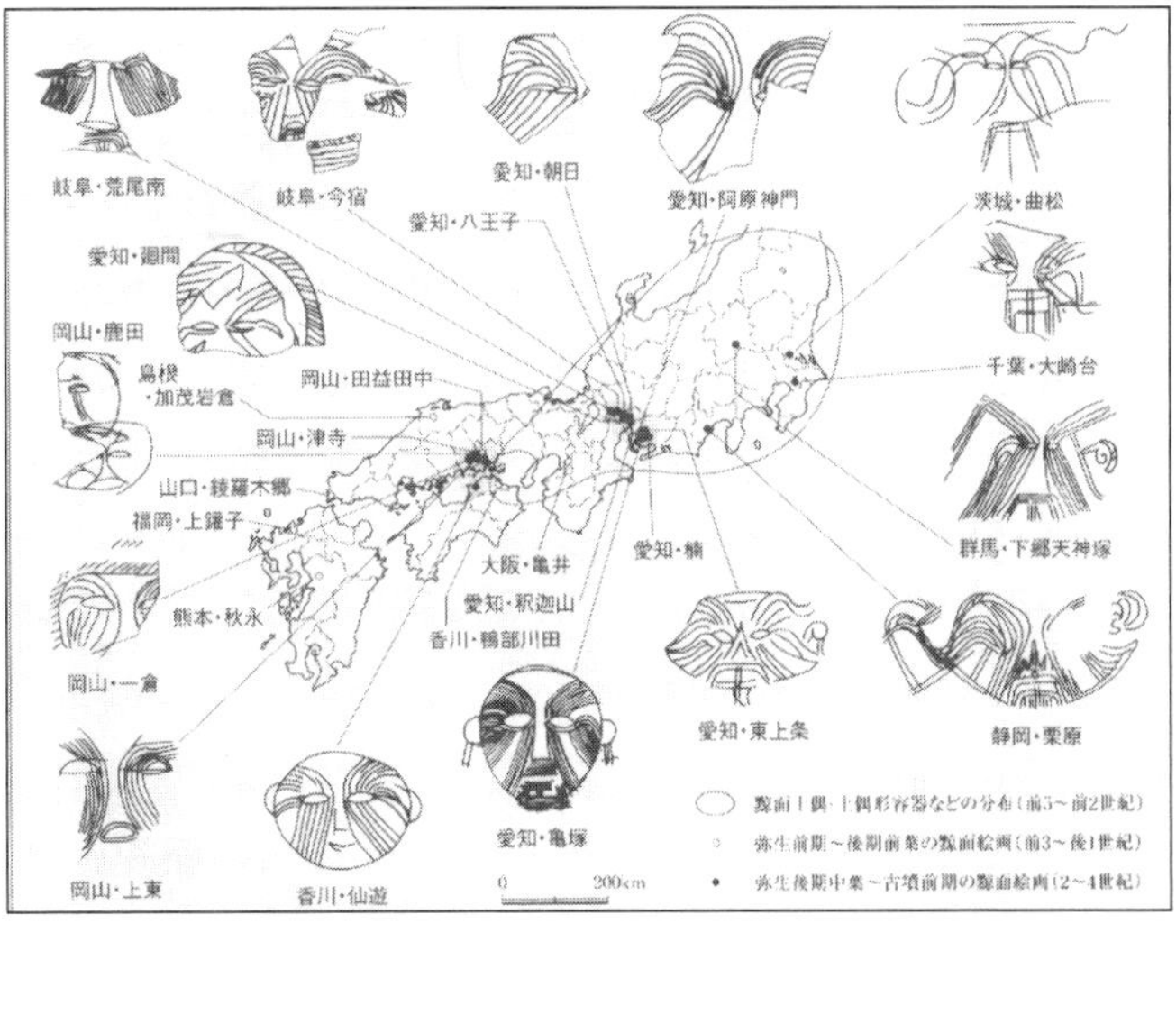

図1-9
弥生時代の黥面絵画の分布（設楽 2001）

縄文の耳飾りはどこから来たのか

高山純は『縄文人の入墨』ののち、縄文に関しては『民族考古学と縄文の耳飾り』（同成社、二〇一〇年）を著している。

耳たぶに開けた孔（ピアス穴）に挿入して装着する「耳飾り」が縄文時代に広く行われていたことはよく知られている。『縄文人の入墨』の表紙に使われた「みみずく土偶」にも大きな耳飾りが施されている。遺物としても、骨製、石製、土製の耳飾りが多く見つかっている。

ここでポイントとなるのは、高山の耳飾り研究は、一九六五年に高山自身が発表した論文「縄文時代に於ける耳栓の起源に関する一試論」（『人類学雑誌』七十三巻四号）に端を発していることである。つまり、六〇年代、高山は縄文時代の入墨だけでなく、その存在が確定している縄文の耳飾りについても研究を進めていたのだ。

また、そこでは、耳飾りを「耳栓」と、C字型の「玦状《けつじょう》耳飾り」の二種に分類し、縄文前期から中期に出土する玦状耳飾りから、中期以降に登場し、後期・晩期には文様も施され大型化する耳栓へと変化していったのではないかとした。

図1-10
下布田遺跡出土の耳飾り(江坂・渡辺 1988)

たとえば、東京都下《しも》布《ふ》田《だ》遺跡出土の土製耳飾り(図1-10)は、縄文晩期、直径九・六センチの耳栓で、中央には略楕円形の透かしがあり、その中心には正方形が刻まれている。高山は、その文様の謎解きにも挑んでいるが、最大の論点となっているのは、玦状耳飾りが中国起源なのかどうかである。

中国起源説を提唱する藤田富士夫は、江南地区の河《か》姆《ぼ》渡《と》遺跡で、日本よりも古い玦状耳飾り(紀元前五〇〇〇年頃)が出土していることを根拠としている。それに対して、高山は、一九六五年の持論を曲げることなく、中国起源説を退けて以下のようにまとめている。

「ここで再度、私の結論を述べるならば、日本の玦状耳飾りは縄文人が動物の牙か巻き貝か釣り針などのようなものを原型として誕生させたものと推定される。しかし現在、その原型を特定することはできていない。

いずれにせよ、日本と中国における同じ形態の玦状耳飾りの存在は文化の独立発生説を考えるうえで好例となることは確かであろう」（前提書）

耳飾り研究でも、オセアニア考古学の専門家として、東南アジア、ポリネシア、ミクロネシア、オセアニア、アジアなどの民族例について幅広く調査している。根強い文化伝搬主義に対して、高山が文化の独立発生説を支持する理由は、時代や地域を超えて、同じような習俗や意匠などが観察される民族例を多く調査してきたからだろう。

民族考古学という独自の研究スタイルを貫いてきた高山純の縄文研究には、のちほど、改めて検証したい。

縄文時代の「身体変工／身体改造」

縄文時代のタトゥーについて、この問題を別の形で継承したのは、吉岡郁夫であった。彼は『身体の文化人類学——身体変工と食人』（雄山閣出版、一九八九年）、『いれずみ（文身）の人類学』（雄山閣出版、一九九六年）を著している。

吉岡は解剖学を専門とする医師で、大学で文化人類学として「身体の民族誌（身体変工と食人）」

について講義したところ、学生たちから好評を得て、その講義ノートをもとに上記の本を執筆したという。そのため、彼の著書に書かれていることはすべて文献研究のみによるものであり、彼自身が実際に現地調査をしたものではないと予め断っている。

ここでいう「身体変工」とは、「生きている人体の一定の部分に、長期的ないし不可逆的な変形や傷を、意図的に作る習俗」のことをいう。この変形とは「伸長、狭窄、穿孔、切開、切断、縫合、打撃、焼灼などの方法で行い、傷身は皮膚を傷つけたり、毛、爪、歯を抜いたりするもの」とある。人類学では「mutilation」あるいは「deformation」と呼ばれるものを「身体変工」と訳しているという。

ちなみに、筆者はタトゥーやピアスを含む身体の加工&装飾を意味する「body modification（ボディ・モディフィケーション）」を「身体改造」と訳して使っている。タトゥーやピアスが広く認められたいま、「身体改造」はメディアでも一般的に使われている。

まず、最初の著書『身体の文化人類学――身体変工と食人』からみていこう。コルセット、纏足《てんそく》、乳房の人工的変形、割礼《かつれい》、去勢、性器改造、頭蓋穿孔《とうがいせんこう》、人工頭蓋変形、入墨、抜歯などが項目別に解説されている。どれも興味深いものばかりだが、ここでは縄文時代にあったとされるもののみを取り上げたい。

抜歯とは「健康な歯を人工的に抜去する」習俗のことである。大正七年（一九一八年）、千葉県銚子市余山《よやま》貝塚の頭蓋を調べていた小金井良精《よしきよ》は、「日本石器時代人に上犬歯を抜き去る風習ありしことに於いて」（『人類学雑誌』三十三号）で日本で初めて抜歯の習俗があったことを指摘している。抜歯の対象となるのは、切歯、犬歯、第一小白歯の範囲で、これは口を開けたときに相手に見えやすいところだからという。

縄文時代の抜歯は、日本各地で前期から弥生の中期までみられ、特に後期・晩期が盛んであった（図1-11）。抜歯が行われる時期が智歯（親知らず）が生える十七、十八歳であることから、成人の儀式と考えられた。一方、中国の抜歯はほとんどが上顎両側切歯で、打牙犵猪《デヤケーヤオ》族では婚姻と葬儀の際に行われたという記述がある。抜歯の理由や抜去される歯の違いから、抜歯については、大陸伝搬説と国内自然発生との二つの意見がある。

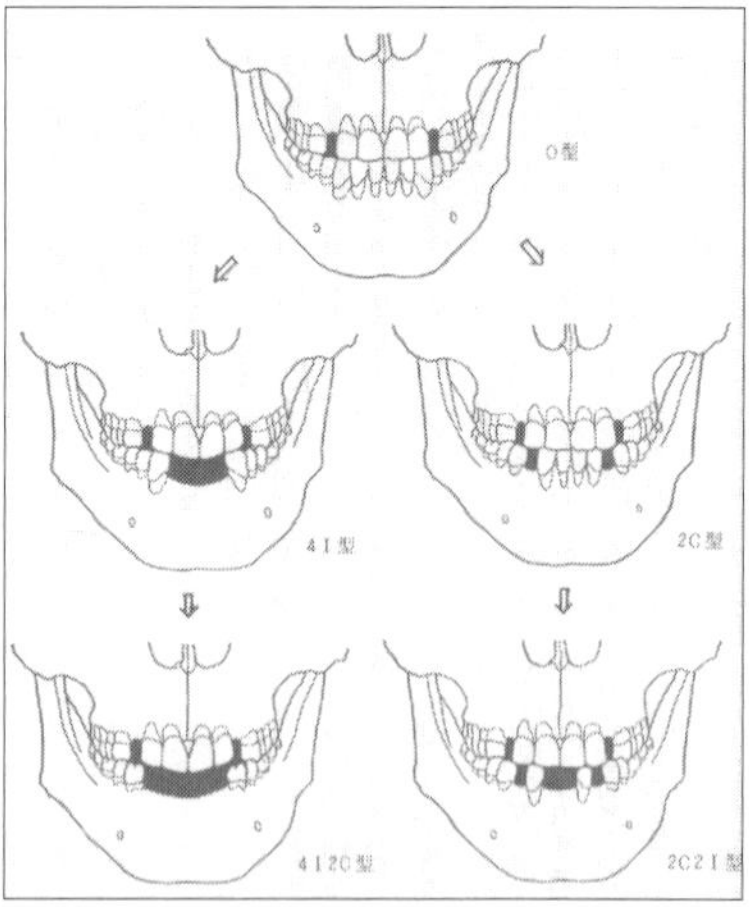

図1-11
西日本縄文晩期の抜歯様式（春成 2002）

頭蓋穿孔とは、生きている人の頭蓋に穴を開ける行為、英語では「trepanation（トレパネーション）」と呼ばれる。人類最古の手術といわれ、その目的は頭のなかから悪魔を追い出すためとか、意識が覚醒するからなど様々な説がある。もともとは呪術的な理由から行われたものだったとしても施術が成功するならば、治療的な効果もあるものだった。実際、現代医学でも頭蓋に穴を開ける治療は、脳梗塞、脳挫傷、脳内出血などの応急処置として有効である。

縄文時代の実例として、吉岡は、愛知県渥美郡渥美町の伊川津貝塚、保美《ほび》貝塚、田原町吉胡貝塚のそれぞれ一例と、岡山県倉敷市粒江船元貝塚一例、広島県尾道市高須町大田貝塚二例、計六例を紹介している。

清野謙次は、昭和二年（一九二七年）、昭和十二年（一九三七年）と縄文時代の頭蓋穿孔について報告し、その中で、吉胡人骨は治療転機（穿孔後の骨の成長）が現れているため、生前穿孔であるとした。しかし、残りの事例については治療転機が認められなかったとしている。総合的には疑わしいというのが吉岡の結論である。また、頭蓋穿孔と同様に世界的に多くの事例が報告される人工頭蓋変形について、縄文時代にその実例が発見されていないことも注意しておきたい。ちなみに、弥生時代終末期には、鹿児島県の「広田遺跡」で人口頭蓋変形の人骨がみつかっている。

さらに筆者が、縄文時代の頭蓋選考の事例として付け加えておきたいものに、有珠モシリ遺跡から出土した女性人骨がある。五十体の人骨が発掘され、そのうちの二人の女性は同じところに屈葬で埋葬され、ともに腕に貝輪をはめていた。さらに一人は、顔周辺にベンガラという朱色の顔料がかけられており、その頭蓋には穿孔があった。

二〇一二年、筆者は上野の国立博物館でその現物を見ている。

「この有珠モシリ人の左側頭部にみられる穿孔では、孔の周縁に治療した痕跡が認められることから、彼女が生前に受傷して、なおかつしばらくの間生存していたということがわかる」(『JOMONESE』美術出版社、二〇一二年)

また、この有珠モシリ人は、小指の人為的な欠損も行っていた。現代においても、指、手足の切断は「アンピュテーション」と呼ばれる身体改造のひとつである。縄文人の実例として興味深い。

縄文時代のタトゥーから話が逸れたように思うかもしれないが、タトゥーもまた方法は違えど身体改造のひとつである。痛みの伴う儀式として、通過儀礼や呪術的な意味があったとするなら、そこに託された世界観は共有しているものだろう。

「このような習俗は、従来、ともすれば〝奇習〟として好奇の目でみられがちであった。しかし、それを社会的習俗としている社会では、それは奇習でも何でもない。それらが、われわれの文化とは違った文化の一つであることを、理解しなければならない。これからますます進んで行くであろう国際化のなかで、このような認識の上に立って、考えたり行動しなければならない」(『身体の文化人類学』)

タトゥーだけでなく、さまざまな身体変工/身体改造が人類の太古の時代から存在し、それらが儀式や習俗としてその時代や地域の人たちの神話や呪術と関わりながら行われてきたということが、吉岡の本からよくわかるのである。

『魏志倭人伝』の黥面文身

吉岡郁夫による、縄文時代のタトゥー研究について掘り下げたい。『身体の文化人類学』においても「入墨」の章でその考察があるが、さらに一冊にまとめたものが、一九九六年に出版された『いれずみ（文身）の人類学』（図1-12）である。

この本は、「日本の文身習俗」「日本周辺の文身習俗」「医学と人類学の周辺」の三部構成からなり、高山純『縄文人の入墨』を踏襲しながらも新しい情報を追加して整理し、さらに吉岡が解剖学を専門とする医師である立場からの知見が加えられている。

そのなかでも「縄文時代の海人」と「弥生時代の文身」は、縄文人骨からわかる情報を縄文時代のタトゥーの謎に結びつけている点で素晴らしい。

明治時代から続く縄文時代のタトゥー論争について、高山も書いていたように、甲野勇の「日本の石器時代に文身の風習があったろうか」（一九三二年）はそれまでの論点を整理しており画期的だったが、最終的には「それを証明するには、文身をしたミイラが発見されることである、と結んでいる」（吉岡）という。

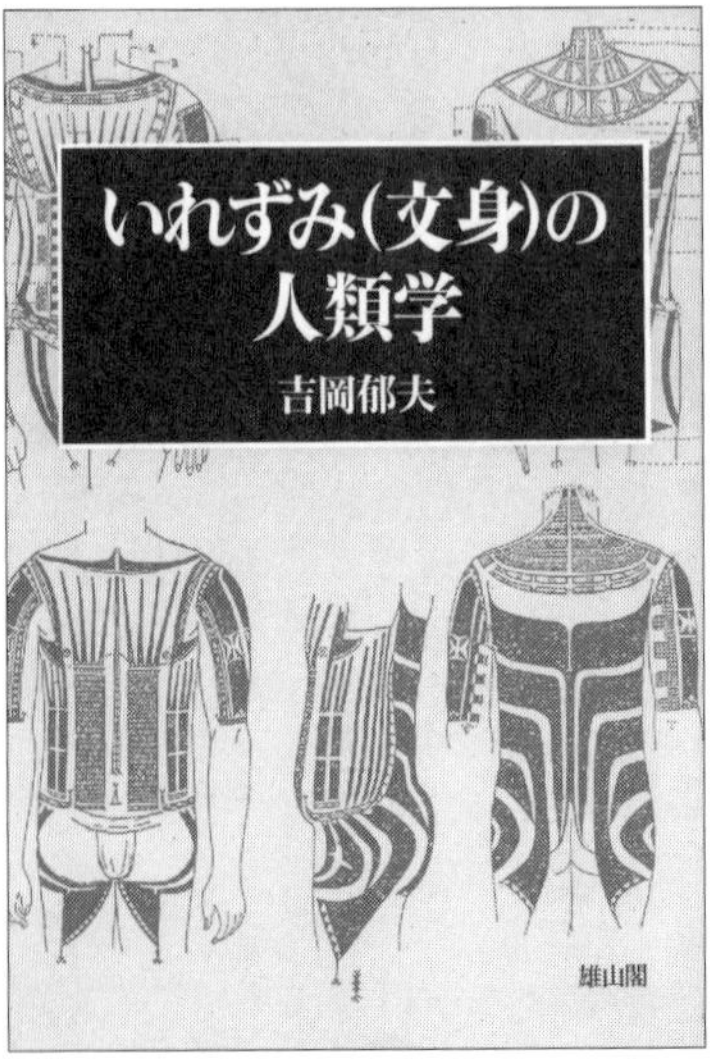

図1-12
吉岡郁夫『いれずみ（文身）の人類学』雄山閣、1996年

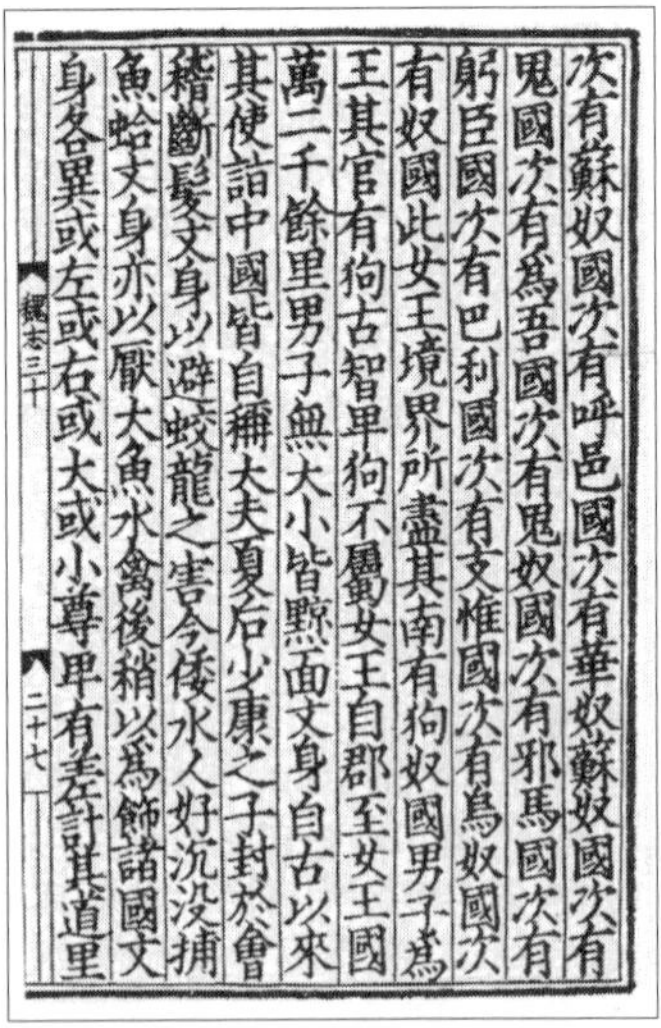

次有蘇奴國次有呼邑國次有華奴蘇奴國次有
鬼國次有爲吾國次有鬼奴國次有邪馬國次有
躬臣國次有巴利國次有支惟國次有烏奴國次
有奴國此女王境界所盡其南有狗奴國男子爲
王其官有狗古智卑狗不屬女王自郡至女王國
萬二千餘里男子無大小皆黥面文身自古以來
其使詣中國皆自稱大夫夏后少康之子封於會
稽斷髮文身以避蛟龍之害今倭水人好沈沒捕
魚蛤文身亦以厭大魚水禽後稍以爲飾諸國文
身各異或左或右或大或小尊卑有差計其道里

魏志三十　二十七

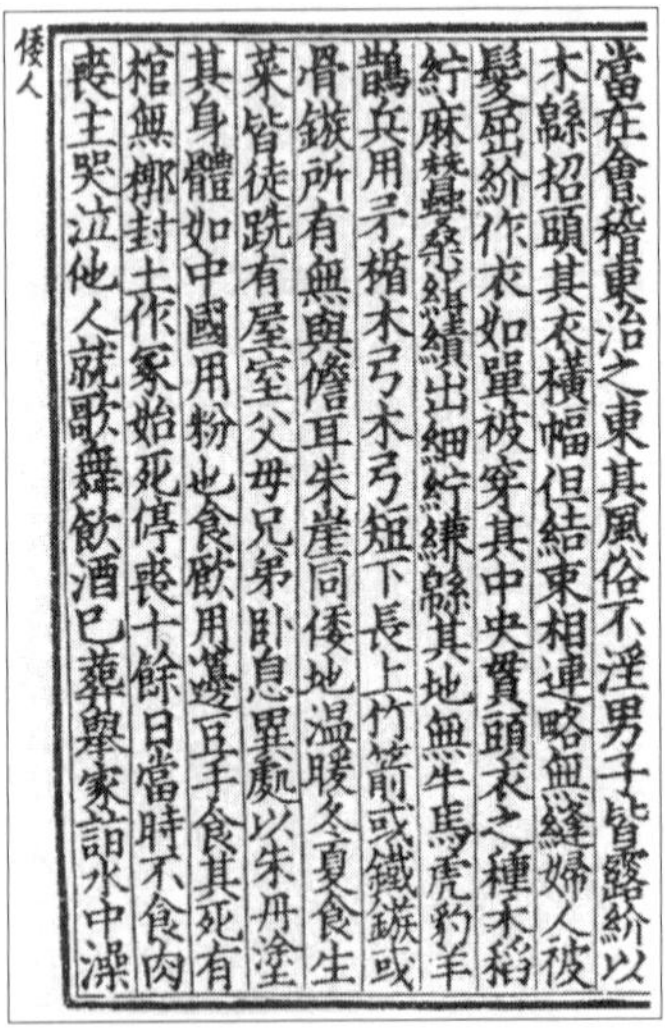

倭人

當在會稽東治之東其風俗不淫男子皆露紒以
木緜招頭其衣橫幅但結束相連略無縫婦人被
髮屈紒作衣如單被穿其中央貫頭衣之種禾稻
紵麻蠶桑緝績出細紵縑緜其地無牛馬虎豹羊
鵲兵用矛楯木弓木弓短下長上竹箭或鐵鏃或
骨鏃所有無與儋耳朱崖同倭地溫暖冬夏食生
菜皆徒跣有屋室父母兄弟臥息異處以朱丹塗
其身體如中國用粉也食飲用籩豆手食其死有
棺無槨封土作冢始死停喪十餘日當時不食肉
喪主哭泣他人就歌舞飲酒已葬舉家詣水中澡

図1-13, 14
魏志倭人伝（岩波文庫、1951年）より

実際、日本は火山が多く酸性土壌のため、人骨以外は残りにくい。そのため、縄文時代にタトゥーがあったのかについての直接的な物証はなく、そのことを実証することは不可能と思われた。

それでも、縄文時代のタトゥー論争にとって、肯定派の大きな論拠となっているのが、『魏志倭人伝』にある「黥面文身《げいめんぶんしん》」という記述である。ここでいう「黥面」は「顔面へのタトゥー」、「文身」は「身体へのタトゥー」を意味する。

『魏志倭人伝』とは、三世紀に中国で書かれた歴史書『三国志』の「魏書」第三十巻烏丸鮮卑東夷伝倭人条の略称。以下にその部分を引用する（図1-13、図1-14）。

「男子は大小となく、皆黥面文身す。古より以来、その使中国に詣《いた》るや、皆自ら大夫と称す。夏后小康の子、会稽に封ぜられ、断髪文身、以て蛟竜《こうりゅう》の害を避く。今倭の水人、好んで沈没して魚蛤《ぎょこう》を捕え、文身しまた以て大魚・水禽を厭《はら》う。後やや以て飾りとなす。諸国の文身各々異り、あるいは左にしあるいは右にし、あるいは大にあるいは小に、尊卑差あり。その道理を計るに、当に会稽の東治《とうや》の東にあるべし。」（岩波文庫版）

そこには、倭人は身分の上下に関わらず、黥面や文身（顔や身体へのタトゥー）を施し、水人（海人）は潜水して魚貝を採っていたとある。

これが書かれたのは三世紀末で弥生時代だが、その当時で文身習俗が記録に残るくらいに顕著なものであったなら、その発祥は少なくとも縄文晩期にまでは遡れるのではないかといわれている。

その推論をもっと確かなものとするため、吉岡は「水人〔海人〕」に注目する。

ここでポイントとなるのが、潜水漁法を行う海人特有の病気、耳の穴が狭くなる「外耳道外骨《がいじどうがいこっ》腫《しゅ》」である。その痕跡は人骨に残るので、発掘された縄文人骨からも検証が可能だという。

外骨腫が認められた縄文人骨の実例として、吉岡が報告しているのは、長谷部言人《ことんど》が調査した陸中大船渡湾付近の細浦貝塚と大洞《おおほら》貝塚（計七例中六例、一九二五年）、清野謙次およびその門下生らが調査した越後大田貝塚（三十五例中九例、一九三一年）および三河渥美町亀山貝塚（十四例中二例、一九四九年）であった。

吉岡は「耳鼻科医以外の医師には、外骨腫を知らない人は少なくないし、人類学者でも本症に関心を持っていなければ、人骨の報告で記載漏れになることもありうる」と断った上で、大洞貝塚や大田貝塚のようなまとまった数の実例がみつかっていることから、それらの外骨腫は水泳や潜水によるものであり、彼らが縄文時代の海人であることは間違いないとした。

また、吉岡は、清野謙次が収集した約九百例の縄文人骨について、門下の三宅宗悦は外骨腫をまったく見つけられなかった貝塚が、備中津雲貝塚や三河吉胡貝塚など、いくつもあると報告（前提書）している。

さらに、縄文人骨では広く認められる抜歯について外骨腫との関連も調べている。結論からいうと、外骨腫が認められた縄文人骨で抜歯があったのは、細浦貝塚（四例中一例）、大洞貝塚（〇例）、亀山貝塚（〇例）という。つまり、海人と非海人がいたというのである。『魏志倭人伝』の記述について、鳥居龍蔵の解釈から、倭人の文身は越《えつ》の文身に似た龍子の文様であったのではないかという。越とは紀元前六世紀から紀元前四世紀頃に、現在の中国浙江省の辺りにあった国である。倭人の説明には『史記』の「越世家」と呼応する引用があり、『史記』の「集約」も参照すると、倭人は越と同じ龍子の文身をして、「大魚・水禽を厭う」のだろうとする。吉岡は、大魚・水禽は鮫や海鳥であろうとした。

吉岡の自説は、『いれずみ（文身）の人類学』の最終章にも再び登場する。大林太良や国分直一の分析も参照し、縄文時代の海人は魏志倭人伝にあるように顔にも身体にもタトゥーし、大陸譲りの龍子の文様であったろうとした。それに対して、縄文時代の非海人は、土偶にみられるような文様を顔面に施し、成人儀式としての抜歯の習俗を持っていたであろうと結論づけている。だが、この海人と非海人という二系列は古い時代には混在しており、大林が主張する明確な二分化については、吉岡は判断を保留している。

とにかく、外骨腫のある縄文人骨によって、「縄文時代の海人」の存在は証明され、そのことから『魏志倭人伝』の黥面文身が縄文時代にまで遡れる習俗であることが示されたといえる。そのことで、縄文時代のタトゥー問題は確かに一歩前進したと思えるのである。

モースの縄文発見のときからあった謎

明治十年（一八七七年）六月、縄文文化はエドワード・S・モースによって発見された。

米国から日本に派遣されたモースは、横浜から汽車で移動している途中、大森に貝殻が大量に捨ててある場所を発見した。彼は海洋生物学を専門としていたので、その現場を訪れた瞬間にそれらの貝殻がかなり古いものであることがわかった。

翌月に東京帝国大学教授に就任したモースは、さっそく発掘許可を願い出て、九月からその調査を始めている。彼は、発掘した土器をその縄目の文様から「cord marked pottery」と記した。そして、この縄目の文様を特徴とする土器が作られた時代がのちに縄文時代と呼ばれるようになる。

一八七九年に、モースの発掘調査の報告が書かれ、同年に矢田部良吉によって日本語訳がなされ、『大森介墟古物編』として刊行された。そのとき、矢田部は「cord marked」に「縄文」という日本語を当てた。モースの報告は日本国内でも大きな話題となり、彼自身、講演会などでも発掘についての報告を積極的に行っていた。

だが、そんな中でもスキャンダラスに報じられたのが、大森貝塚から破損した人骨が多数発見されていたため、モースが日本の石器時代には食人の習俗があったと考えたことであった。

吉岡郁夫が『身体の文化人類学』のなかで、わざわざ「食人」について一章をさき、その冒頭でモースが縄文時代に食人があったと報告していたことに触れ、「いずれにしても、大森貝塚人が食人をしていたという話は、当時の日本人にかなり大きなショックを与えたようである」とコメントしている。

また、高山純の『縄文人の入墨』においても、モースが報告した「縄文時代の食人」の問題から派生した「生贄」や「首狩り」について大きく取り上げられている。高山が得意とする民族例との比較から縄文時代のタトゥーを考えようとした場合、文様のタトゥーの習俗を残す部族民族の多くが「生贄」や「首狩り」を行なっていたからである。

高山が首狩りの風習を持つ部族としたものを列挙すると、「アッサム〔インド〕のナガ族、メンタウエイ〔インドネシア、スマトラ〕、台湾、ルソン〔フィリピン〕、セラム〔インドネシア〕、パプア、ボルネオのダヤク」（地域名、筆者）となる。それらの地域に共通することとして、首狩りの風習が成人の儀礼と結びつき、その行為が豊作や子宝に恵まれるためには必要不可欠であるという。

もちろん、それらの部族は現代においては、首狩りの習俗を行ってはいない。だが、本書で後述する通り、それらの部族の多くは現在も原始的なタトゥーの文様や技法を残しており、アカデミックな研究やタトゥー文化復興の対象になっている。

高山は、土偶が壊されて埋められていることと生贄との関連を推測し、民族例との類似性を見出そうと試みている。一方、吉岡は、首狩りが疑われる縄文人骨の検証も行った上で、モースの仮説を否定することも肯定することもできないとしている。

縄文時代に食人や首狩りがあったのかという問題は、タトゥー問題と同様に、明治時代から長く議論されてきたものであった。

民族例から見えてくる〝縄文タトゥー〟の姿

ここで再び、高山純の『縄文人の入墨』に戻って、具体的に問題を整理したい。

高山はポリネシアの考古学が専門だったこともあり、ポリネシア、東南アジアのタトゥーの道具や技法、文様やタトゥーが持つ意味などについて、その当時調べられるかぎりの情報を収集しており、縄文時代のタトゥーを議論するに当たり、非常に画期的であった。

そればかりか、彼は「いままでの研究は、この習俗があったかなかったか、もしあったとするならば、それはどこからきたのかということをさぐる」というところで止まっていたとし、「この入墨習俗はいったいどのような特徴を持っていたものなのか」ということを探りたいと書いている。

僕らの「縄文族 JOMON TRIBE」が目指しているのも、縄文時代のタトゥーがどういうものであったのかを具体的に示したいということである。高山という先達者がいなければ、とても縄文時代のタトゥー復興プロジェクトを旗揚げすることができなかっただろう。

まず最初に確認しておくべきなのは、高山は『土偶』や『日本の土偶』などで知られる江坂輝彌が、その著書のなかで、物証に乏しい縄文時代のタトゥーについての研究を推し進めるためには、民族例との比較検証が必要であると書いていたことを実際に試みている。

そこで、江坂が比較を提案していたのは、台湾のタイヤル族、海南島の白沙洞黎《パサズンリ》族や黎《リー》族、ラオスのカー族などの女性に見られる顔面や手の甲のタトゥーと、アイヌ、沖縄・奄美大島における事例であった。それに対して、高山は東アジア、オセアニア全般にまで範囲を広げて、タトゥー資料を集め、「入墨のなされる部位」で検証を開始する。

ここで注目すべきは、高山が収集した資料を年代で比較すると同じ地域でもタトゥーが彫られる部位や文様に変化がみられること、地域別で観察してもバラツキの方が目立ち、タトゥー文化を施される部位や見た目の系統だけで分類整理するのには難しいということになった。誤解しないで欲しいのは、タトゥーに変化がみられる原因は西洋文化との接触などによって、急激にその文化が廃れつつあったからである。

第二段階として、「重要な文様とその意義」に注目する。ひとつ目が、南島にて魔除けの文様として親しまれている「ヤスコ」を取り上げた。これは、「十」や「×」を手の甲などに施すものである。もうひとつはインドに期限のある「ヨニ」で、文様としては「三角形」で表される。女性器を象徴しているともいわれる。三番目は、装身具をモチーフとした文様について。これは腕輪や頸飾り、口唇具などをタトゥーとして彫ってしまうものである。魔除けの意味があるという。四つ目は、ニューギニアやフィリピンに見られる「百足《むかで》」の文様である。さらに鱶《ふか》をはじめとする「魚型文様」についても取り上げている。魚型文様は水難防止の意味も大きい。同様に『魏志倭人伝』もひき、海人の水難防止のタトゥーについての検証が続く。ここでも鳥居龍蔵による解釈から、大陸由来の龍の文様の可能性も吟味される。

「入墨と成人式との関係」について、男性のケースとしては前述した「首狩り」の問題が大きなテーマとなり、女性のケースでは沖縄やアイヌが検証される。エスキモーの事例との類似も興味深い。「入墨工具と顔料」の章も資料として貴重であり、「禁忌について」に着目している点も見落とせない。タトゥーの語源となったポリネシア語の「タタウ〔タプともいう〕」は、禁忌を意味するタブーの語源にもなっている。高山がポリネシアの専門家であればこその視点だろう。

また、「受術者、施術者、および助手」についても検証している。民族的なタトゥーには、男女で文様や施す部位が異なるケースも多い。当然、受術者や施術者の性別も考慮されるべきである。また、原始的な手彫りの場合、助手が必要になる場合もある。たとえば、「タッピング」と呼ばれる、皮膚に尖った先端を当て、もう一本の棒で叩いて墨を入れる原始的な手彫りでは、ストレッチャーと呼ばれる助手が、皮膚を引っ張って伸ばして尖った先端が肌にうまく入りやすくすることがある。タトゥー施術が儀式的な意味も持ちながら、施術者はシャーマンなのか、あるいはタトゥーの専門職なのか、また、助手が必要な場合はだれが行うかなども重要な要素である。

ここに収集された情報を一望するだけでも、世界の民族的なタトゥー文化のアウトラインは描けるだろう。縄文時代のタトゥーもまた、それらのタトゥー文化の系譜のなかにある。

日本で「縄文時代」というと、世界からは独立した文化圏のような印象を持つ人も多いかもしれないが、タトゥーを通してみる限り、文様においても、タトゥー技法においても、共通するものを多く発見できると思うのである。

高山は最終章で、ハンブリーの『タトゥーの歴史』（〝The History of Tattooing〟 Dover Publicdtions, 2018［Originally published 1925］）を参照して、タトゥー文化の伝播について総括することとなる。

タトゥーからわかる人類の拡散と文化の伝播

ハンブリーの『タトゥーの歴史』が出版されたのは一九二五年。ほとんど百年前に書かれたものであるが、その後に失われたであろうタトゥー文化を思うなら、ギリギリのタイミングであったのかもしれない。西洋文化の侵入は、民族のタトゥー文化を破壊し奪ったが、皮肉なことに彼らの文化を記録し恣意的であったとしても現代に残している（図1-15）。

そして、いまから五十年前に『縄文人の入墨』を著した高山純にとっても、ハンブリーの世界地図（図1-16）と年表にどのように「縄文時代のタトゥー」を組み入れるのかは、ひとつの目標であったろう。

ハンブリーが考えるタトゥーの伝播は、紀元前二〇〇〇年まで遡ったエジプトのミイラになった人間の皮膚のタトゥーから始まり、アラビア、ペルシアを横切って中国南部に伝わり、日本を経て、台湾、フィリピン、ミクロネシア、ボルネオに伝わったとしている。ただし、これは百年前のハンブリーの学説であり、現代のタトゥー研究の成果と必ずしも一致しているわけではない。ただし、現代においても、定説はあってもすべてが解明されているわけではないことをご了解いただきたい。

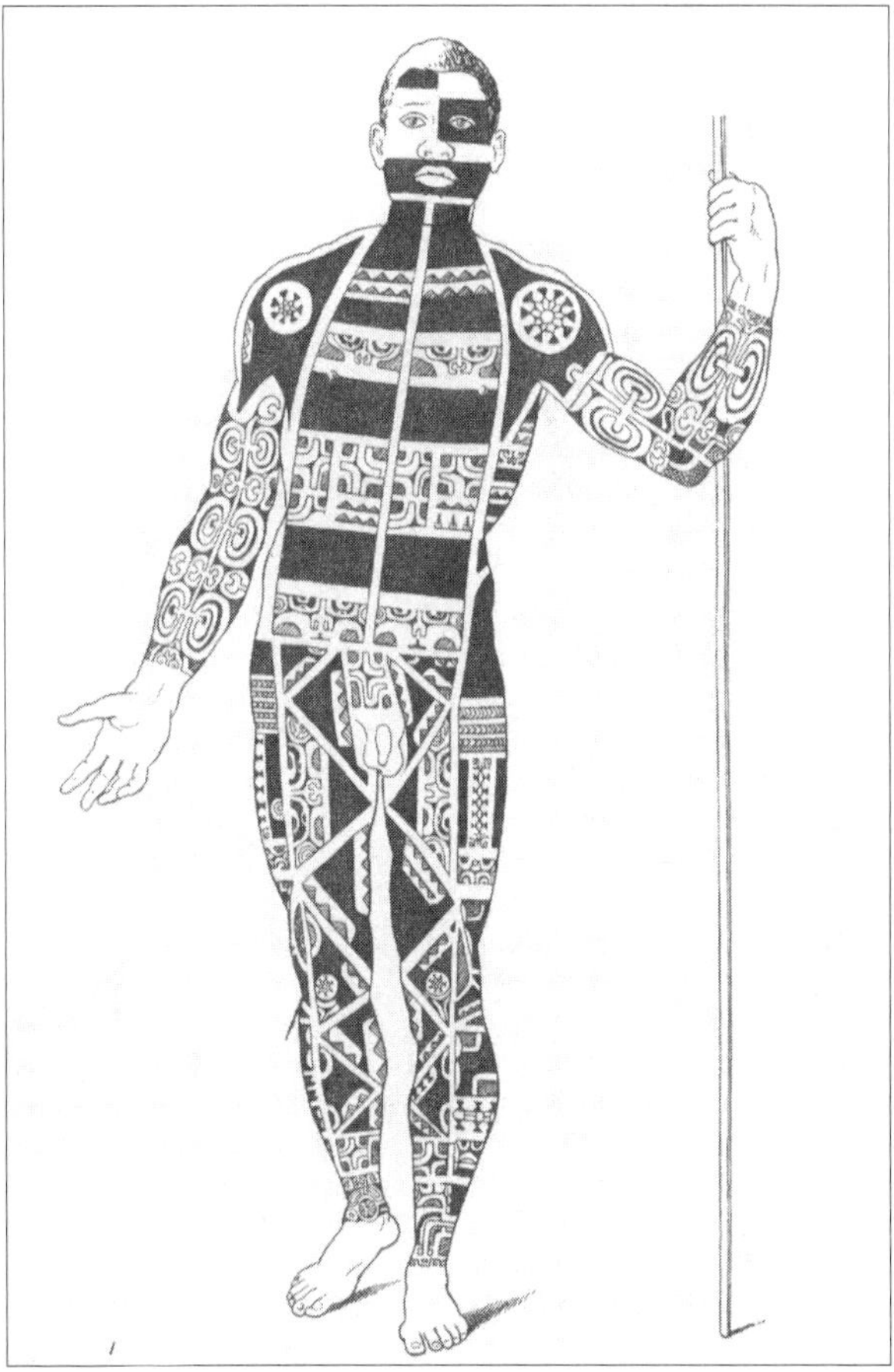

図1-15
ポリネシア・マルケサス諸島のタトゥーデザイン（カール・フォン・デン・シュタイネン画）Male tattoo designs from Karl von den Steinen, Die Marquesaner und ihre Kunst（Hambly 1925）

さて、高山もハンブリーの学説をすべて鵜呑みにするわけではない。日本を起点に、東南アジアへとタトゥー文化が伝わったという見方には疑問符を投げかけ、台湾からフィリピンを経て、ポリネシアに伝わったのではないかという。その見解は、現代の一般見解に一致する。オセアニアの人類学調査の成果として、ポリネシア人の拡散についてはかなりのことがわかっている（図1-17）。とにかく、インド、台湾からポリネシアまで、東アジア・オセアニア圏がひとつのタトゥー文化圏を形成しているという解釈は揺るがない。そのためにも、日本および中国におけるタトゥー研究がもっと盛んになることが期待されるという。確かにその通りだ。

古代のタトゥーにおいて、医療目的のタトゥー施術が行われていたことについても、ハンブリーが先手を打っている。彼のタトゥー世界地図には、鍼治療と結びついたタトゥーの伝播のラインがはっきりと明記されている。高山は、縄文時代においても鍼治療に似た医療目的のタトゥーがあったのではないかと私見を述べている。タトゥーのはじまりを考えたときにも、はっきりと効果が出るツボの位置に墨を入れるということは納得がいく。実際、タトゥーをしたミイラについての近年の研究では、医療目的のタトゥーという側面は大いに注目されている。

ところで、最近は人類をひとつのまとまりとしてとらえようという歴史観が人気がある。最もわかりやすい実例は、世界的なベストセラーとなったユヴァル・ノア・ハラ『サピエンス全史』（河出書房新社、二〇一六年）である。グローバル時代が叫ばれる時代に「本当に人類は幸福なのか」

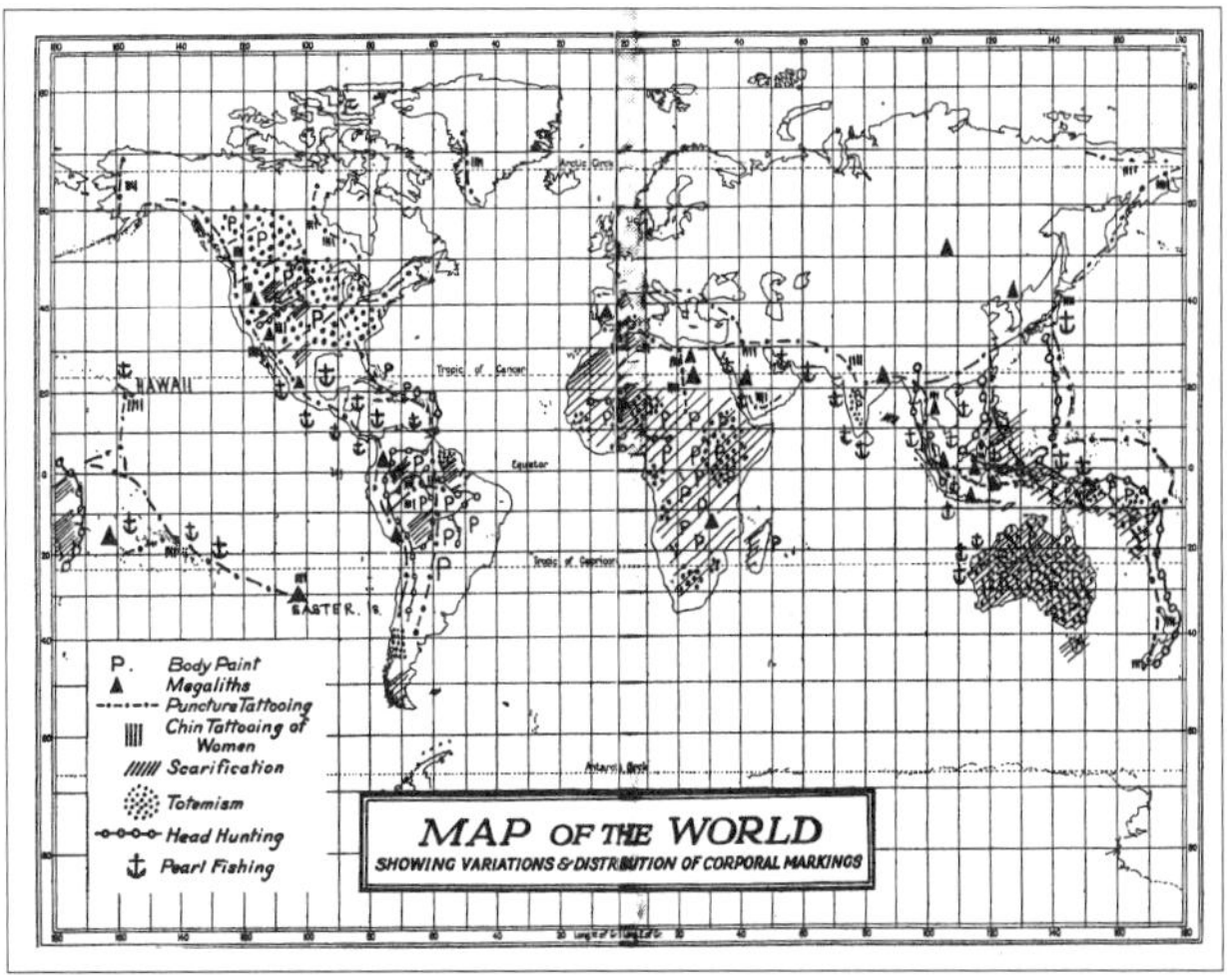

図1-16
タトゥーやスカリフィケーションの分布を表記したハンブリーの世界地図。およそ百年前のものだが、針治療のタトゥー、女性の顎のタトゥー、首狩りや真珠養殖についての記入もある。(Hambly 1925)

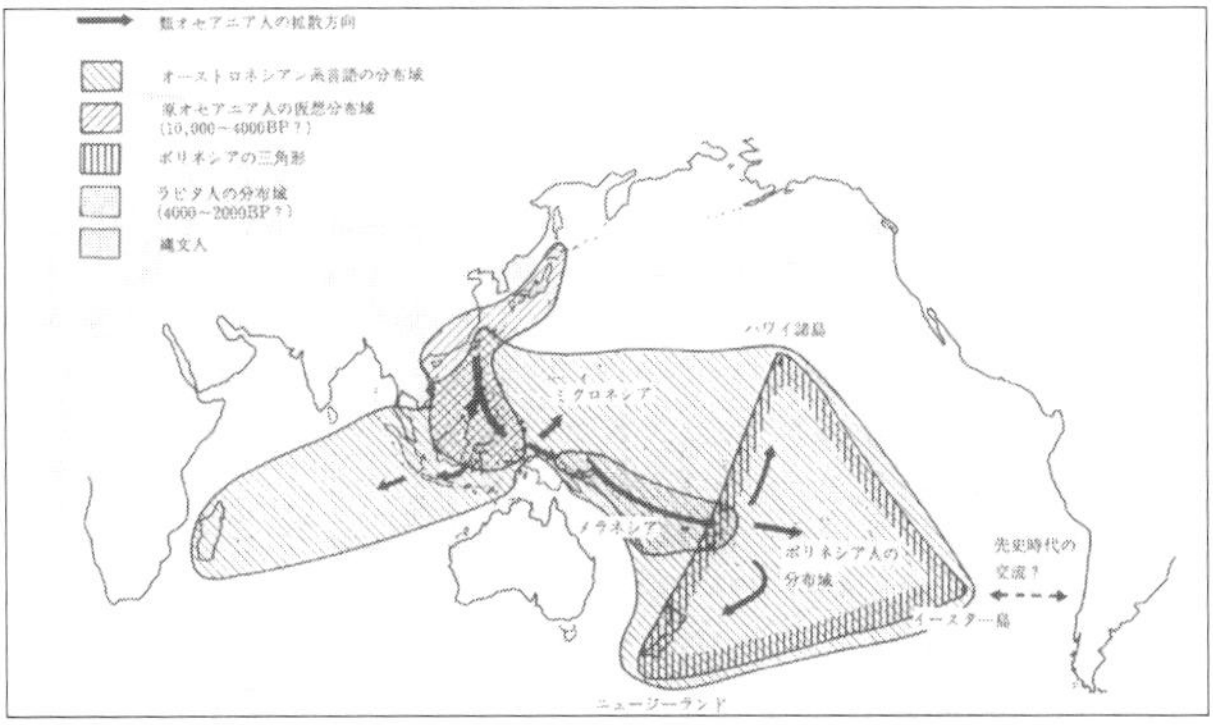

図1-17
ポリネシア人の拡散(片山 1991)

と問われている。

そんな時代にタトゥーが世界的な流行を迎えているのは、タトゥーが人種や言葉の壁を超えて、全人類に共通するカルチャーとして見直されているからである。

同時に、タトゥー文化や文様を頼りに文化を守ってきた先住民族が見直されつつあることも重要である。もちろん、タトゥー研究だけでは結論の出ないことも多い。それでも、タトゥーを通じて、初めて人類史的な価値を見出され、研究や文化復興の対象となっている部族民族も存在するのだ。

僕らは世界的なカルチャーの動向にも敏感に反応して、「縄文族 JOMON TRIBE」というプロジェクトを始動し、日本から世界へと発信するものとして育ててきた。

そればかりか、タトゥーというものがアカデミックな研究の対象となりうるということが、世界ばかりではなく日本でも認められ始めている。

その上でさらに縄文のタトゥーの謎に迫ってみたいと思うのである。まだ、この旅は始まったばかりだから。

2

北海道縄文遺跡の旅

Reviving Japanese Ancient Tattooing Art Project “Jomon Tribe”

なぜ、北海道に縄文リサーチに行ったのか

昨今の縄文マニアの醍醐味は、日本全国の縄文遺跡を訪ねることにある。なぜなら、都会の博物館などで国宝級の有名な土器や土偶をいくら食い入るようにみつめても、縄文時代を実際に生きた人たちの気持ちにはなかなか近づくことはできないからだ。

僕らも、有名な土器や土偶を遺物からコピーしようというのではなく、縄文人の世界観に立ち返り、もっと根源的なところから縄文文化に接し、そのモチーフを抽出して、タトゥー作品にしようと考えていた。

二〇一六年五月、筆者は相棒であるタトゥーアーティストの大島托とともに、北海道の縄文リサーチに赴いた。四泊五日の短い旅だったが、得たものは大きかった。何よりも、行く先々で遺跡や遺物を体感し、その場で意見交換ができたし、旅の終盤ではすでに〝何か〟を摑んだ手応えを感じていた。

さらにいえば、北海道をリサーチの場に選んだ理由は三つあった。

まず第一に、北海道伊達市に住む考古学者の大島直行氏に直接会って、インタビューをすること

だった。彼が提唱した「再生のシンボリズム」というアプローチは、僕らに縄文土器は人間の身体を象徴していることを教え、その文様はすべて当時のタトゥーのモチーフとなっていただろうという着想を与えてくれた。大島直行氏は、自らが発掘調査に携わった北黄金《きたこがね》貝塚を案内し、具体的に遺物の解説をしてくれるなど、僕らのプロジェクトを大いに励ましてくれた。惜しみない支援には大変感謝をしている。

第二に、北海道は日本の他の地域と異なり、農耕を主とする弥生時代が訪れることはなく、縄文時代のあとは続縄文時代となり、狩猟採集社会を継続していた。東京を遠く離れて、北海道の大自然に触れてみたいという気持ちも強かった。実際、遺跡で体験した遥かに海を望む水平線は、縄文時代へのイマジネーションを刺激してくれるものだった。

第三に、北海道は北東北と並び、「北海道・北東北の縄文遺跡群」として、十七遺跡が世界遺産登録を目指している。その悲願が叶い、二〇二一年夏の登録に向けて、国の推薦を受けることが決定している。

本来ならすべての遺跡を一気にまわってみたいところだが、北海道に限定すれば、数日間でまわることができる。このときのリサーチでは、北海道にある六遺跡のうち、キウス周堤墓群（千歳市）を除く、函館にある大船遺跡と垣ノ島遺跡、伊達市にある北黄金貝塚、洞爺湖《とうやこ》市の入江・高砂《たかさご》貝塚を訪ねることにした。

「北海道・北東北の縄文遺跡群」は、津軽海峡を挟んで形成された文化圏で、函館からは海の向こうに本州が見える。縄文遺跡は日本全国にあるが、海峡を挟んで交流することから文化的に栄えた特徴ある地域であることから、縄文リサーチの対象としては最適と思われた。

実際のリサーチの旅は、拙著『クレイジートリップ』（三才ブックス、二〇一六年）の最終章「ルーツトリップ」の取材旅行も兼ねたものであった。すでに発表した原稿に加筆して、北海道縄文取材旅の完全版としてお届けしたい。

再生のシンボリズムで文様を読み解く

北海道伊達市を拠点として、従来のイメージをひっくりかえす独自の縄文解釈で大いに注目されている考古学者が、大島直行氏（図2-1）である。『月と蛇と縄文人』（寿郎社、二〇一四年）では、廣戸絵美による裸婦の写実絵画《妊婦》と国宝土偶の《縄文のヴィーナス》を並べた挑発的な表紙で、月や蛇といった再生のシンボルを使って縄文人の神話的世界観を読み解くという野心的な試みを大胆にアピールした。

「縄文土器は鍋ではない」「竪穴建物跡は住居ではない」「貝塚はゴミ捨て場ではない」と次々に縄

文の一般的なイメージを覆し、人気プレゼン番組TED札幌にも出演している。

それに続く『縄文人の世界観』(国書刊行会、二〇一六年)では、さらに具体的に縄文の土器、土偶、遺跡などを読み解き、膨大な考古学資料の背後に埋もれてきた縄文人の世界観を生き生きと描き出してみせている。彼は、シンボリズムとレトリックをキーワードに、従来の考古学が決して踏み込むことができなかった「縄文人の世界観」を独自に読み解いているのだ。その姿勢は、『縄文人はなぜ死者を穴に埋めたのか墓と子宮の考古学』(国書刊行会、二〇一七年)でも貫かれている。

北海道縄文遺跡の旅は、彼を訪ねることから始まった。

「縄文文化は世界的にも他に類をみない独自の

図2-1
大島直行氏、北黄金貝塚情報センターにて

世界観を持っていました。つまり、縄文人は新石器時代になっても、農耕社会に移行することなく、狩猟採集の生活を約一万三千年に渡って守り続けたのです。そして、土器、土偶、その他の出土品に見られるような非常に豊かな文化を育んできました。縄文人は〝シンボリズム〟と〝レトリック〟、つまり、象徴とその読み替えのメカニズムを基礎とする狩猟採集の世界観でひとつの文化を作り上げた貴重な存在なのです」

そう、大島氏は強い口調で語る。彼からすれば、日本の考古学者は縄文土器の型式や年代を分類する編年研究に没頭して「縄文人はどんな人たちなのか？」「どういう世界観を持っていたのか？」そういうことを全然説明してこなかったという。さっそく、日本最大級の縄文遺跡として知られる青森県の三内丸山遺跡を読み解いてもらった。

「三内丸山はなぜ価値があるのか。大きい、広い、出土品が多いなんて説明じゃダメなんです。たとえば、植物学者の辻誠一郎さんが花粉分析したら、遺跡のどこを掘っても栗の花粉が出てきたといいます。人為的に栗の木が植えられていたわけです。春の季節には、栗の雄しべで広い遺跡一帯が、真っ白になっていたことでしょう。白は再生のシンボル、そう考えると、三内丸山は単なる巨大集落ではなく、再生を願う縄文人が全国から集まってくる聖地のような場所（トポフィリア）だったと考えられます」

ここでいう「トポフィリア」とはアメリカの地理学者イフー・トゥアンが提唱したもので、ラテン語で「愛すべき土地」を意味する。また、大島氏が提唱する再生のシンボリズムとは「死にたくない」「死んでも蘇りたい」という最も根源的な人間の願望を象徴するものをいう。そう考えると、貝塚はゴミ捨て場ではなく、竪穴建物も単なる家でなく、過剰に装飾された縄文土器も鍋ではない。すべては再生のシンボルと強く結びついていると解釈される。

「私のシンボリズムというアイディアは、ドイツの日本学者ネリー・ナウマンによる縄文研究を発展させたもの。彼女が参照したエリアーデだけでなく、ユング、カッシーラーなどに立ち返り、心理学、哲学、宗教学にまで関心を広げていくと、人間を人間たらしめているのがシンボルであると確信できました」

そして、ナウマンの解釈に沿うならば、シンボリズムとは、アニミズム、シャーマニズム、トーテニズムといった原始宗教とは別のもので、霊や先祖を信じることもなく、愛や家族という概念もなく、ただひたすらに再生のシンボルとなるものを探し求めて作り続けたのではないかという。

タトゥーにするなら効き目抜群の文様

では、具体的に縄文人はどんな人たちだったのだろうか。

「ひとつ重要なことは人間の数です。縄文時代の人口について、ある人が二十六万人という数を出しています。もっと多いかもしれませんが、北海道には三万人です。現在の北海道は五百四十万人ですが、すかすかです。そこに三万人なら、いないに等しい。熊や鹿の方がたくさんいたでしょう。そういうなかでは人間同士の軋轢もない。家族や恋愛という概念も生まれにくいし、男と女が会ったらそこで交わって子供を作るだけ。そういうものだと考えられますよね」

大島氏は、現代人の感覚で縄文人を解釈してしまう傾向を徹底的に疑い、従来の固定概念からの脱却を試みているのだ。では、縄文の文様は何を表しているのだろうか。

「縄文の文様は蛇でしょう。蛇は脱皮を繰り返す不死の存在として、世界中の神話に登場する再生のシンボルなんです。縄文土器が凄いのは最初に縄目の文様で蛇を表現したこと。そして、蛇を象徴する文様がひとつの文化として定着すると、多くの人が〝効き目〟がある文様を模倣し、もっと〝効き目〟がある文様を求めて、さまざまな実験を繰り返す。そんな時代が一万年以上も続いたのが縄文時代だったんです」

ここでいう〝効き目〟とは、科学的に効果があるということではなく、縄文人を精神的に満足させるもののことである。別の例でいえば、ヒスイは縄文時代の一万年間を通して、北海道から沖縄まで分布しているが、装飾でも宝石でもなく、白と緑が同居している石はそれしかなかったからという。つまり、ヒスイは効き目が抜群だったのだ。

「縄文人が作ったものは九割以上は再生のシンボルでしょう。何か再生するものをシンボライズして、レトリカルに描いているだけ。それを読み違えて、現代な美術的感覚とか、経済的価値観とか、合理性とか、そんな解釈をしても全く意味はないわけです。シンボリズムとレトリックで読み解くと、縄文は本当に面白いんですよ」

そして、大島が縄文ファンに大きくアピールしている理由に、縄文文化の読み解きを広く解放していることにある。

「シンボリズムやレトリックがわかれば、誰にでも縄文文化を読み解くことができるんです。現代の感覚で縄文人を想像するのではなく、自分自身が縄文人になって、現代における縄文的なものを発見していって欲しいですね」

そうであるならば、縄文時代にタトゥーを彫る技術があれば、効き目抜群の文様を身体に刻んだことだろう。

「当然、タトゥーはあったでしょう。縄文土器そのものが女性のカラダを象徴しているわけですから、究極のシンボリズムは身体そのものに施されたでしょうね」

大島氏がユニークなのは、日本の考古学において圧倒的な主流である土器の型式や年代を分類する編年研究に対し、それを乗り越えるべくシンボリズムとレトリックをキーワードに大胆に縄文人の世界観を読み解いてみせたことにある。そこでは、脱皮を繰り返して不死とされた蛇、女性の子宮、羊水あるいは精子としての水、生理の周期とリンクして満ち欠けする月、それらが再生のシンボルとされる。さらにそのようなシンボリズムは農耕以前の人類に共通する生得的なものであると断言し、精神分析学のカール・ユングが神話や曼荼羅の研究から探求した全人類に共通する心の構造としての普遍的無意識を縄文の文様や遺跡の読み解きに応用しているのである。大島氏が読み解く縄文人の世界観は、一万年という時を超え、「人間とは何か?」という最も根源的な疑問に新たな気づきを与えてくれるものなのである。

真っ白な貝塚に「ゴミ捨て場ではない」と納得

大島直行氏のインタビューを終え、最初の訪問先である北黄金貝塚に向かった。その発掘にかかわった大島氏自身が案内をしてくれた。

ここは、北海道伊達市の噴火湾東岸にある縄文前期（約六千年前〜四千年前）の五つの貝塚を中心とする大規模な集落遺跡で、面積はおよそ十万平方メートルである。札幌医科大学が人類学的な調査研究を行い、二〇〇一年から史跡公園として公開されている。大島直行氏は、この遺跡の発掘に尽力した考古学者・峰山巖氏の弟子であった。

遺跡に近づいてくると真っ先に目に飛び込んでくるのが、高台に広がる一面が真っ白に覆われた区画である。それがこの遺跡の最大の見所である「北小金貝塚」（カラーP26）だ。もちろん、現在あるものは復元貝塚だが、ホタテなどの白い貝を敷き詰め、上坂《うえさか》と茶呑場《ちゃのみば》と呼ばれる二つの丘に広がり、大きさはおよそ三十×八十メートルもある。

実際に丘に登ってみると、貝殻に覆われた北小金貝塚は眩しいくらいに白く輝いていて大変美しい。確かに、貝塚は「ゴミ捨て場ではない」と納得できる。貝塚は生き物のお墓、あるいは「生命の再生の場」と考えていいだろう。

その日の早朝に東京を発った僕らからすれば、全くの別世界と言っていい。「ザッ、ザッ、ザッ」と敷き詰められた貝殻を踏みながら貝塚のなかに入ると、砂場のような弾力性があって、とても不思議な気分だ。

北小金貝塚は、カキ、ウニ、オットセイ、鹿の骨などとともに、人骨十四体が発見されたことでもよく知られている。それらの人骨は北海道でいままで見つかったもののなかでは最も古いものだという。

北黄金貝塚情報センターには、貝塚の人骨の埋葬の様子（図2-2）が再現されている。貝塚の断面写真をバックに丸く掘られた穴には、人骨が屈葬の状態で埋められていた。それがあの真っ白な貝塚の下に眠っているわけだ。当然、遺体を埋めたあとにあれだけの貝殻を積み上げるには、長い時間がかかったことだろう。それは数百年を要したかもしれない。そんな時間の長さを思うとクラクラする。

遺跡を訪ねることで、日頃の生活を離れ、数千年の時を超えた「タイムトリップ」を疑似的に体験できたことに感動した。

もう一つ、北黄金貝塚で絶対に見逃してはいけない見所が「水《み》場《ずば》遺《い》構《こう》」（図2-3）である。湧き水のそばから足の踏み場もないほどのおびただしい数の「北海道式石冠」が出土している。その数は千三百個にのぼったというから驚く。北海道式石冠とは、大きな石皿とともに用いる摩り石のことで一般的には肉やドングリをすりつぶすための調理道具であろうといわれている。だが、この石冠は、上部に持ち手のような膨らみが付けられた奇妙な形をしているのだ。その出土数の多さから言っても呪術宗教的な役割を担っていたのではないかと想像される。また、意図的に壊されている石冠も多いことから、石もまた供養されたのではないかとされ、「水場は祭祀の場所」とも言われている。それについては、『月と蛇と縄文人』に詳しい。

図2 - 2
人骨の埋葬を再現（北黄金貝塚情報センター）

図2 - 3
水場の祭祀場（北黄金貝塚）

縄文土器の文様はどのように施されたのか

再び、北黄金貝塚情報センターを戻ってみてよう。

珍しいものに「骨刀」（図2-4）がある。祭祀のときにシャーマンのような人が使う道具で、クジラの下アゴの骨で作られている。また、スプーン形の骨角器も祭祀用具で、縄文時代の精神世界を知る重要な手がかりとされている。

そこには、多数の土器が陳列されたコーナーもある。その文様については、『縄文人の世界観』を参照しながらみていこう。

もちろん、ここでは「縄文土器は鍋ではない」という前提から始まる。大島直行氏は土器そのものが女性や子宮をシンボライズしていると考えており、「縄文土器の模様は、再生に最も〝効き目〟のある材料を用い、『再生のシンボリズム』（中略）をレトリカルに表現」（前提書）しているからだ。土器に縄文を施すために用いる縄（原体という）は、植物の繊維などを撚り合わせて、蛇が交尾のために二、三匹絡まっている状態を表していると説明している。すでに原体となる縄そのものが「蛇のシンボリズム」になっていることがわかるだろう。

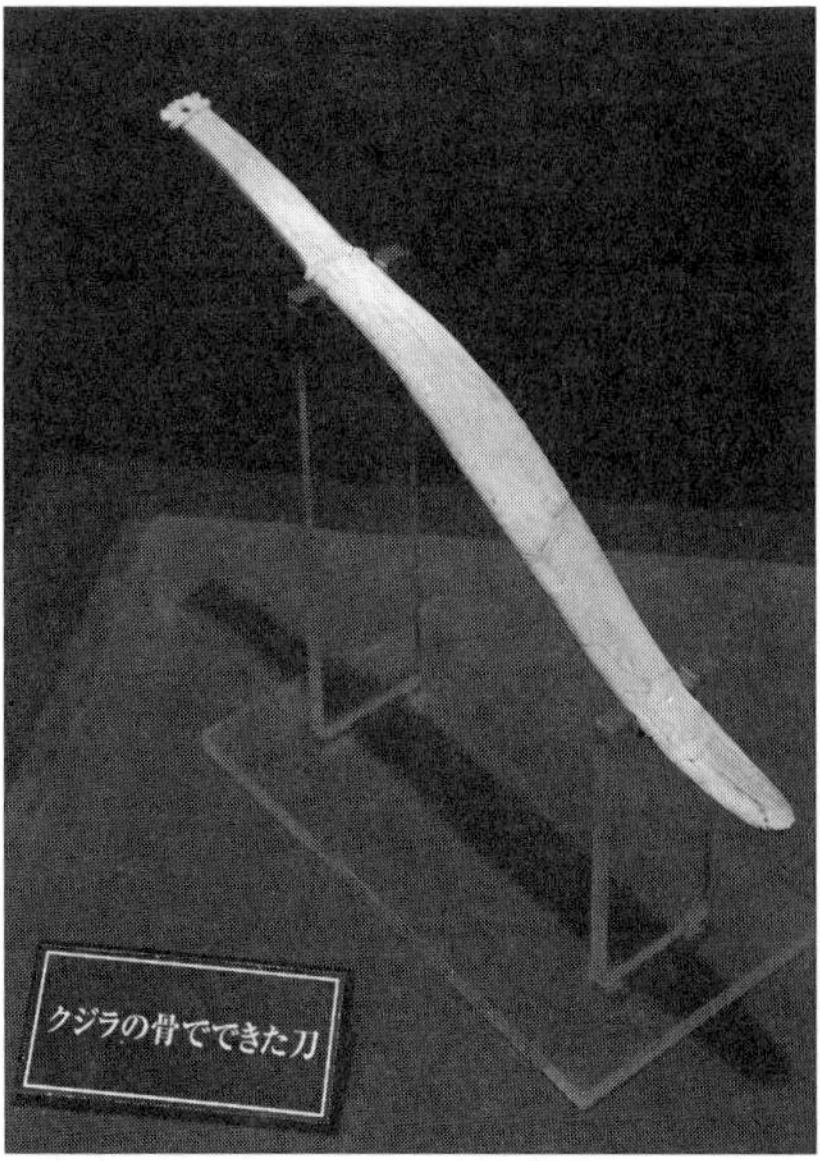

図2-4
クジラの骨でできた刀(北黄金貝塚情報センター)

図2-5
史跡北黄金貝塚公園

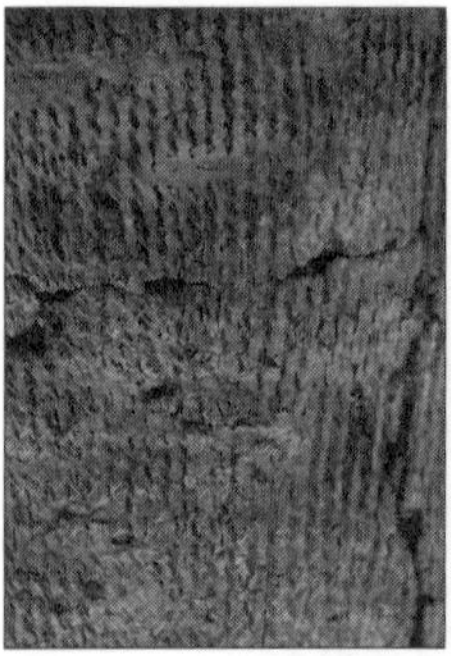

図2-8
多軸絡縄体撚糸文

図2-7
撚糸文

図2-6
縄文

図2-10
貝殻文

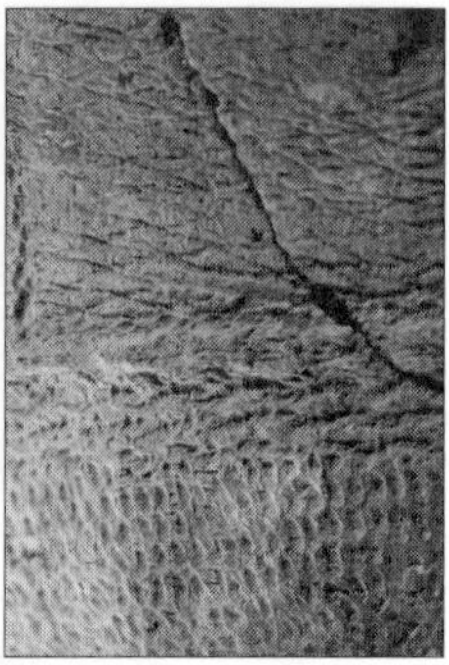

図2-9
結節縄文

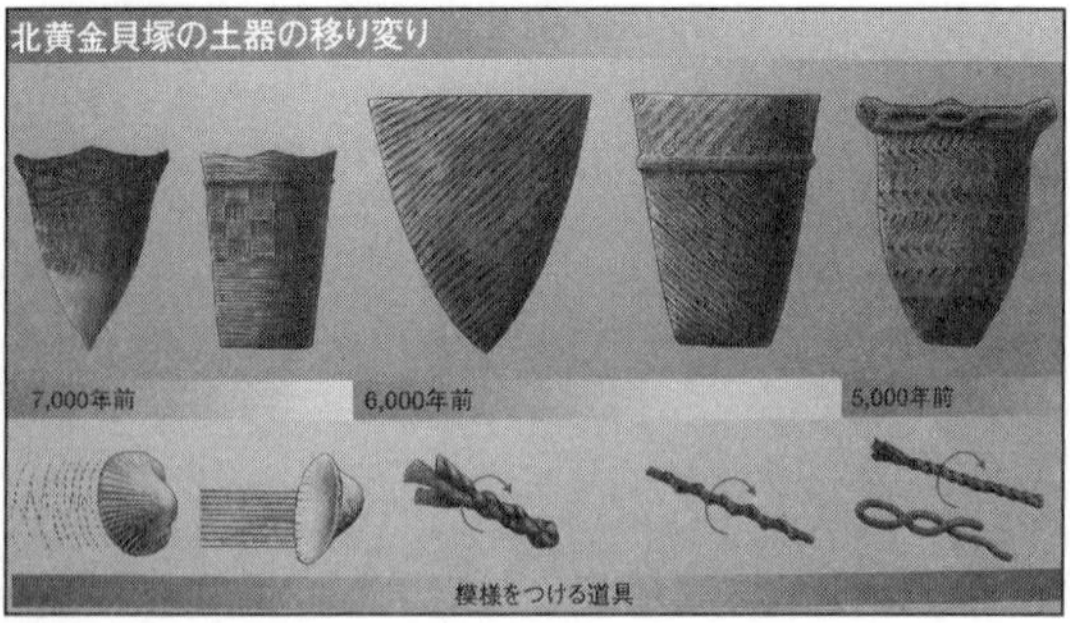

図2-11
土器の変遷と文様の施し方（北黄金貝塚情報センター）

土器の文様は、基本的に原体（縄など）を土器表面に回転もしくは押しつける「縄文」（図2-6）で施される。そこからさらに〝効き目〟を求めて、文様の施し方がいろいろと工夫されていくことになる。

細い棒状の軸に、撚り紐を巻きつけて作った原体を「絡縄体《らくじょうたい》」といい、それで施した文様は「撚糸文《よりいともん》」（図2-7）と呼ばれ、また、複数の軸を用いた絡縄体で施した文様は「多軸絡縄体撚糸文《たじくらくじょうたいよりいともん》」（図2-8）という。それらの工夫によって。蛇のうろこに似た菱形などの文様が表現される。さらに原体に結び目を作った「結節《けっせつ》縄文」（図2-9）では、蛇が這っていったような力強いアクセントをつけることができる。

縄文というと縄目文様だけかと思われるかもしれないが、貝殻を使った「貝殻文」（図2-10）と呼ばれる文様もある。アナダラ属系の二枚貝を使って、連続したギザギザ模様を施すことなど、様々なバリエーションが試されている。縄文人にとって、貝は貝塚、貝輪など、生活とも密接で、「貝のシンボリズム」も考えられると大島氏は指摘する。ちなみに、貝殻文は全国的には尖底土器ばかりだが、北黄金貝塚では底が平らなものも発掘されており、上坂台地の地名から「上坂式土器」と名づけられている。

本物の縄文土器といきなり対面してしまうと、その迫力に圧倒されてしまうかもしれないが、文様の背後にあるシンボリズムやレトリックを知り、文様の施し方がわかってくると、文様に託された縄文人たちの息づかいがわかるような気分になるから不思議だ。それも、北海道の大自然と大島直行氏のご指導のお陰である。

僕らは再び、真っ白な北黄金貝塚を遠くに眺めながら（図2‐5）、広大な史跡公園を横切って、その日は宿への帰路についた。

タトゥーの道具にもなり得る骨角器の数々

北海道縄文リサーチの旅、第二日目は、洞爺湖市にある入江・高砂《たかさご》貝塚を訪ねた。洞爺湖といえば、二〇〇八年に北海道洞爺湖サミット（第三十四回主要国首脳会議Ｇ８）が開催されたことでもよく知られており、その湖の景観は世界の最高指導者たちに誇りたいほどの超一級の素晴らしさだ。人間のスケールをのみこむような豊かな自然は、縄文人たちをも魅了していたことだろう。

入江・高砂貝塚もそんな観光エリアのお薦めスポットのひとつとなっている。この貝塚も考古学者の峰山巖氏、その弟子であった大島直行氏を含む、札幌医科大学が発掘調査を行っている。

入江貝塚は、角ばった線刻による文様が特徴的な縄文中期の土器「入江式土器」（カラーＰ27）や十五体の埋葬人骨が出土している。それに隣接した高砂貝塚からは抜歯人骨などが発見されており、ともにバリエーションが豊富な骨角器が多数発掘されているところが重要である。

まずは、遺物を展示している入江貝塚館に向かった。施設内に入ると、入江式土器を始めとする土器群に圧倒される。縄文時代の前期末から晩期中葉（紀元前三五〇〇年〜紀元前八〇〇年頃）の長きに渡り、この地が縄文人たちの安住の地となっていたことがわかる。土器の形や文様の付け方も北黄金貝塚のものと比べても大胆で激しい印象だ（カラーP27）。

粘土版に各種の原体や絡縄体を使って、自分で文様をつけてみる体験コーナー（図2-12）もあった。お陰で文様への理解はますます進んだ。

ここで最も興味を惹かれたのが骨角器だ。シカなどの動物の骨や角などを素材として作られた道具類だが、銛頭《もりがしら》、釣針、刺突具、縫い針などもあって（カラーP26）、「これならタトゥーの道具になり得るな」と思わず見入ってしまう。また、装身具としては、猪牙製（北海道に生息しないイノシシの牙を使った祭祀具）、鳥骨製、貝製（南島のイモガイ、オオツタノハガイで作られたもの）、歯牙製（キツネ、ヒグマ、オットセイ、イルカなどの牙や歯に穴をあけたもの）、ワシやクマの指先の骨やサメの背骨などに穴をあけたものなど（図2-13）、たくさんあった。

「金属の針がないとタトゥーは彫れないんじゃないか？」と思う人もいるかもしれない。だが、ポリネシア（太平洋諸島）のサモアなどでは原始的な手彫りの技法が現代にまで残っており、動物の骨なども使われてきた。もちろん、いまでは衛生の問題から原始的な手彫りでも滅菌消毒可能な金

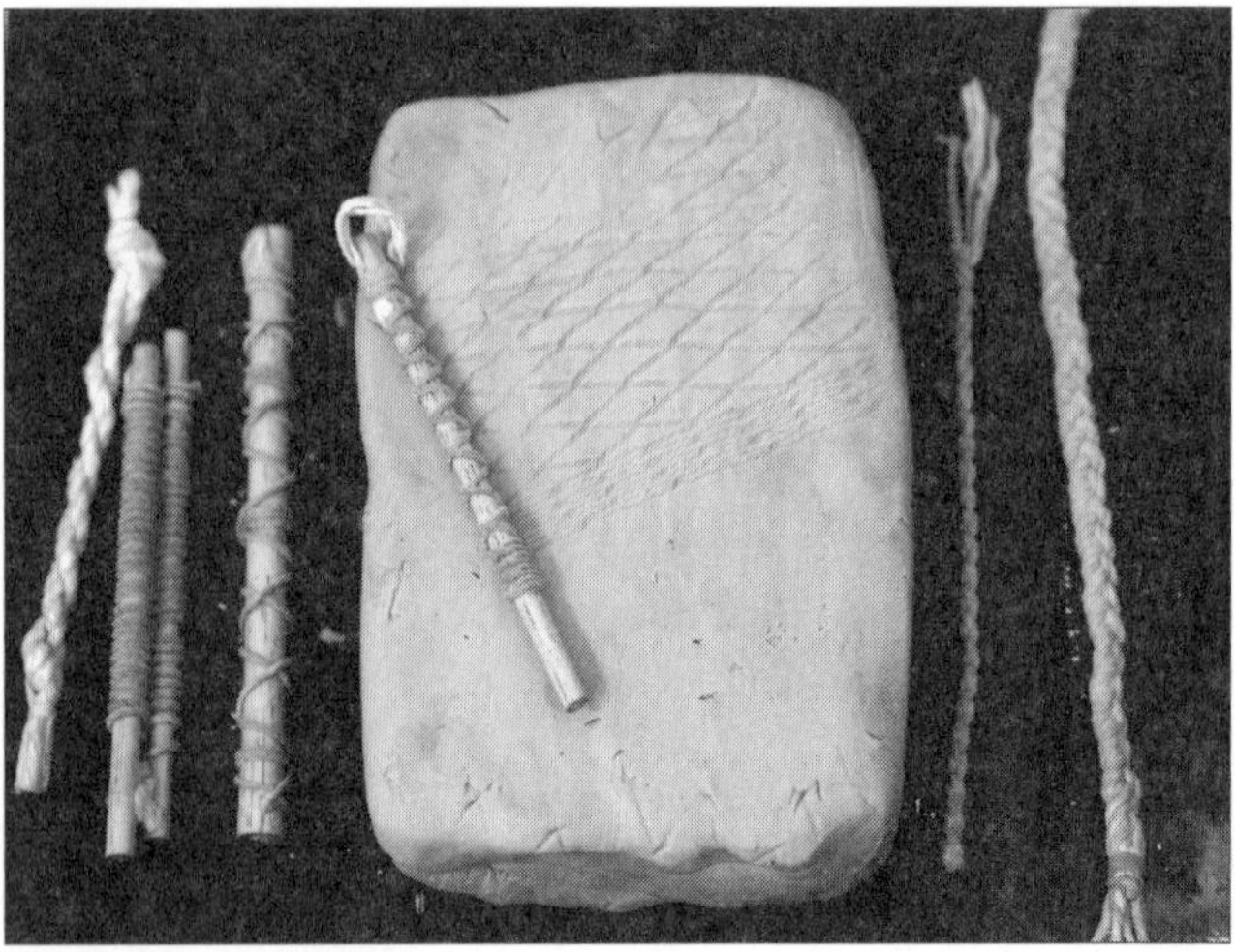

図2-12
粘土板と縄文原体で文様作りを体験（入江貝塚館）

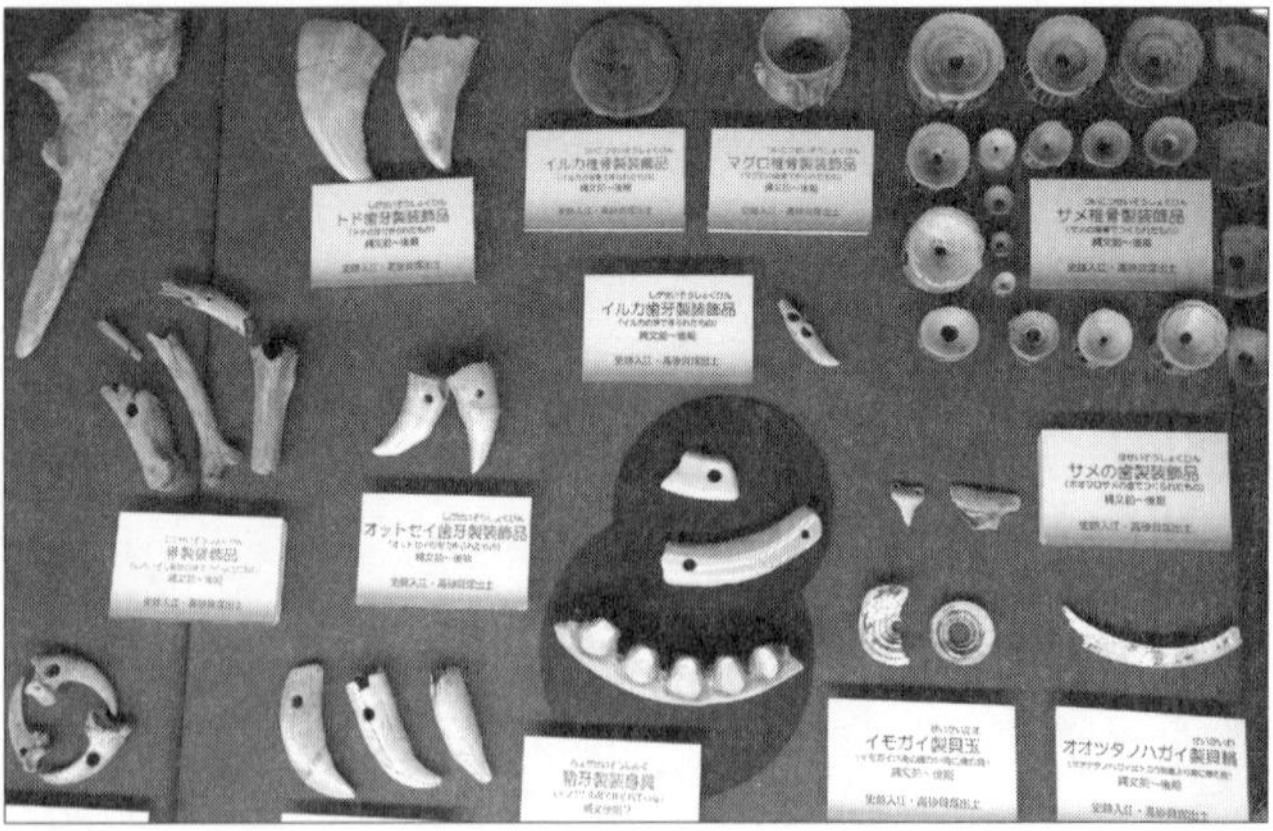

図2-13
サメ、トド、イノシシなどの骨の装身具（入江貝塚館）

属針が使われることが多い。また、台湾先住民などでは植物のトゲなどでもタトゥーが彫られていた時代があった。

「タトゥーインクはどうするの?」という疑問もあるだろう。火をつかっていれば、その煤から、それを液体にとけば、黒インクをつくることができる。囲炉裏のある生活をしていれば、タトゥーインクの入手については困らないだろう。願わくば、遺物のなかに煤を溜めた器などが見つかれば、タトゥーをしていた物証になり得る。もちろん、タトゥーの道具と思われる遺物が発見されればいうことはない。

物質的には、タトゥーを彫るために必要なものはすべて揃っているといえるだろう。

黒い貝塚と不思議な副葬品

入江・高砂貝塚は、長期間にわたる定住生活と墓地として繰り返し利用されてきたと考えられている。貝類のほかに海獣類や魚類の骨もみられるなど、銛漁や釣漁などの漁労文化の発達していたこともわかる。

特に入江貝塚は、動物類の骨が多いことから「黒い貝塚」と呼ばれている。入江貝塚公園には再現した貝塚の断面をみられるようにトンネル状にした施設（図2-14）がある。
また、入江貝塚では縄文時代前期末の人骨が四体、中期のものが四体、後期初頭のものが七体の計十五体分がみつかっており、高砂貝塚からも抜歯人骨が発見されている。それらの人骨のほとんどは西の方角へ頭を向けて埋葬されていたが、そのうち一体だけが頭を東に向けて埋葬されていた。さらにその遺体には石が置かれており、人骨を調査すると手足の発育が遅れ、数十年は寝たきりの状態が続いたと考えられている。そのような弱者も他の人々に助けられ生きていた事例とされている。

高砂貝塚から出土するのは縄文晩期のもので、埋葬のときにはベンガラという赤色の顔料をまかれ、土器やアクセサリーなどの副葬品が多い。ヒスイ、貝殻のアクセサリーばかりでなく、全長数センチの亀のような土偶（図2-15）、骨を連想させる不思議な造形の環状土製品（図2-16）など、不思議な副葬品もあって興味は尽きない。

縄文というと、一般的には土器や土偶にばかり関心が集中しがち、北海道まで来たことで、東京では決してみることができないものを十二分に楽しんだ。

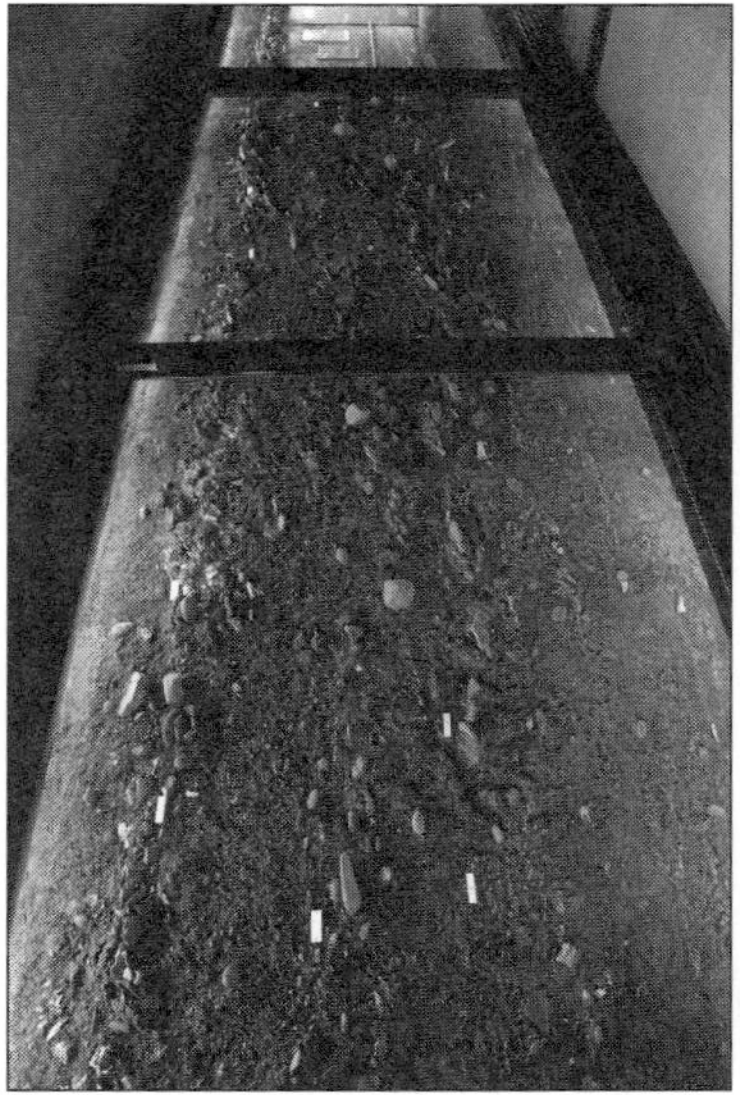

図2-14
「黒い貝塚」の断面を見る（入江貝塚公園）

図2-15
亀のような土偶、配石遺構出土遺物（入江貝塚館）

図2-16
環状土製品（入江貝塚館）

山と海に恵まれた函館の縄文秘境

さらなる縄文の深部に挑むべく、第三日目は函館に向かった。目指すは函館市縄文文化交流センター、北海道唯一の国宝「中空土偶」に会うためである。

函館駅からバスで約一時間半、バス停から徒歩約十五分、道の駅「縄文ロマン南かやべ」に函館市縄文文化交流センターがある。二〇一一年に建てられた博物館は近代的なコンクリート造りで、入口を入ると地下に潜っていく構造は秘密基地か、要塞のようでもある。

もともと、ここ南茅部地区は九十ヶ所以上の縄文遺跡があり、南茅部町が函館市と合併するタイミングで、この博物館が作られましたという。近くには、大規模な盛土遺構を有する垣ノ島遺跡や史跡公園となっている大船遺跡もある。函館市内で出土した数々の縄文遺物が集められており、津軽海峡を挟んで栄えた「北海道・北東北の縄文遺跡群」についてもよく知ることができる。

メインとなる大きな展示会場の壁には早期から晩期までの約九千年間に渡る縄文土器が時代ごとに並べられている。南北海道と北東北は、津軽海峡を挟んで各時期で同一形式の土器が出土しており、人やモノが行き交い、文化的にも栄えていたことがわかっている。

まず最初に驚かされるのが、土器の表面に鹿と落とし穴が刻まれている《シカ絵画土器》（カラーP27）である。狩猟は旧石器時代から行われていたが、縄文時代には槍に加えて、弓矢が登場し、落とし穴を用いた罠猟も行われていた。特に、シカなどの大型哺乳動物はその通り道に細長い穴をいくつも掘り、穴に落ちたところを仕留めていたという。その様子がこれほど具体的に土器面に刻まれているのは非常に珍しいことだろう。

また、大量の石鏃《せきぞく》が展示してあったことも目を引いた。石鏃とは、棒の先端に付けて、矢として用いられる石器だが、石の種類によって色が異なる。黒曜石もあるが、多くは南茅部産の頁岩《けつがん》という。糸魚川産のヒスイ、接着剤として使われた秋田産のアスファルトなども出土しており、それらは交易の証と考えられる。

壁の一角には、三角形をしたフラスコ状土坑の断面が再現されている。食糧貯蔵用に掘られたもので、木の実などの炭化物が発見されている。

もうひとつの壁面の展示は、約九千年前、世界最古の漆塗り製品（漆糸製品）が出土した埋葬の様子を見せている。この発見までは、中国長江文明の河姆渡遺跡から出土したものが約七千年前で最も古いとされていたが、現在は、日本で独自に発達した技術と考えられている。特に赤色顔料としてベンガラ（二酸化鉄）や水銀朱を使ったり、黒漆の上に赤漆を塗布する技術も用いられていた。漆塗りの注口土器や赤漆の土器片、赤色土器などを見ることができた。

図2-17、図2-18
中空土偶（函館市縄文文化交流センター）

さらに有孔石、三角形土製品、ミニチュア土器、青龍刀型石器などの遺物も興味深い。

次の展示室には「足形付土板」（カラーP27）の展示スペースがある。土板は楕円形と分銅形があり、その表面には撚糸文（撚糸を棒に巻きつけ回転させた）や組糸圧痕などの文様が施されている。小学生くらいと思われる子供の足形や手形が残っており、成人した人骨といっしょに埋葬されていたことから、早く亡くなった子の形見として土板を保管し、親といっしょに埋められたのではないかとされる。

その隣にはお目当ての「中空土偶」（図2-17、図2-18）があった。全長約四十一センチで中空構造の土偶としては国内最大、南茅部で発見されたことから「茅空《カックウ》」の愛称でも知られている。一九七五年、自宅のジャガイモ畑を耕していた小板アエさんが偶然発見した。年代的には縄文時代後期（約三千年前）のもので、中期までの土偶は妊娠表現など母性を強調しているものが多いのに対して、性的ディフォルメも見られず、髭や眉の表現などは男性的な印象を与える。スマートなフォルムと全身を覆う文様はとても素晴らしい。

二〇〇七年、中空土偶は国宝に指定され、その翌年にはCTスキャンによる土偶の内部検査が行われている。土偶の内部は丁寧に作られた空洞で設計して作られたのではないかと考えられている。なぜなら、他の土偶と同様に埋められる前に壊されたが、文様のところは壊れないようにデザインされていたという。両足の接続部には焼くときの熱逃しの穴もついている。頭の飾りと腕の部分はその後の調査でも発見することはできなかったが、埋蔵の際に副葬されていたとされている。

文様のラインも均一で綺麗に施されており、中空土偶にはそのモデルとなった人物が実在したのではないかと想像してしまう。身体にぴったりとフィットした文様は、皮膚に直接施したスカリフィケーション（瘢痕）か、タトゥーのようでもある。

博物館から大船遺跡に向かった。縄文中期のもので、竪穴建物跡が深さ二メートルを超えるものもあることから大規模集落だったとされる。この遺跡は海岸段丘にあり、山と海の大自然に囲まれ、縄文の息吹を全身で感じることができた。

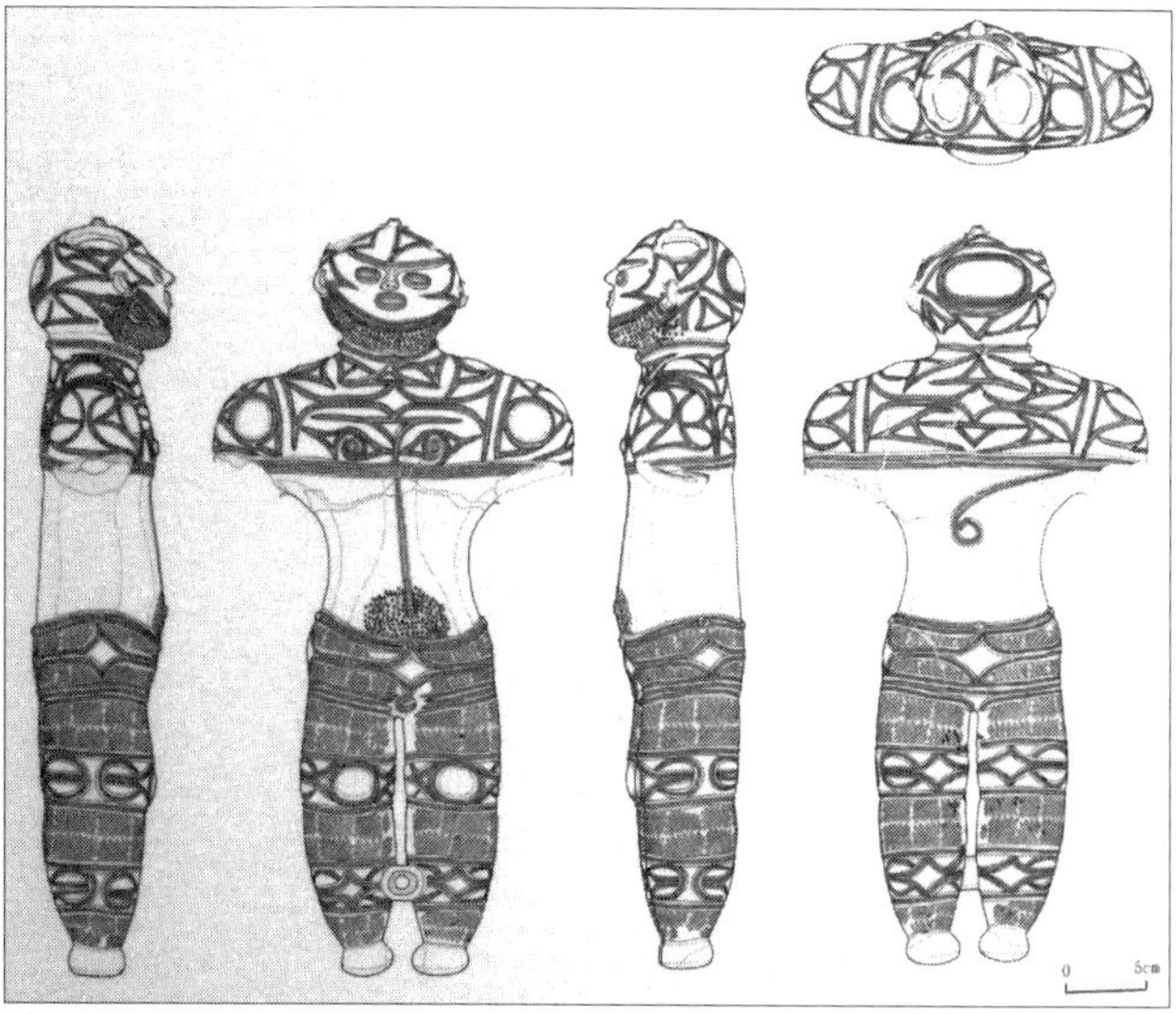

図2-19
中空土偶の文様（函館市縄文文化交流センター）

縄文遺跡からのメッセージ

中空土偶との対面を経て、北海道縄文リサーチの旅の終盤は、第四日目に「北方民族資料館」と「五稜郭」を訪ね、第五日目に「市立函館博物館」に行って、その夕方の飛行機で帰路に着いた。

北海道は、縄文時代ののち、続縄文時代（紀元前三世紀～紀元七世紀）、擦文文化（紀元七世紀～紀元十三世紀）が続き、三世紀から十三世紀までは北方先住民が北海道まで南下しており、オホーツク文化の影響を大きく受けていたと言われる。アイヌについての記述が残っているのは十三世紀からだが、アイヌが縄文人の末裔であることはＤＮＡ的には明らかで、両者の共通点から過去に北海道に住んだ人たちの暮らしを類推するのには大きな助けになる。

函館市北方民族資料館は、アイヌおよび北方民族についての貴重なコレクションを公開している。江戸、明治期に描かれたアイヌ絵、狩りの道具、武器、服飾、アクセサリーなどを見ることができる。それらは、児玉作左衛門、馬場脩《おさむ》のコレクションのもので、ウィルタなどの貴重な民族資料を見られたことは貴重だった。

次に訪れた五稜郭では、幕末から明治への北海道の歴史を知ることができる。黒船襲来によって、江戸幕府は、函館、下田を開港したが、そのときに欧州風の要塞基地として建てられたのが五稜郭だ。しかし、完成から二年で幕府が崩壊する。五稜郭は、明治以降、北の拠点として栄えた函館を象徴する場所となった。隣接した五稜郭タワーからの素晴らしい景観も見逃せない（図2-20）。

市立函館博物館は、縄文資料はもちろんだが、函館地区で生息する生物標本などもコレクションしている。来訪時には、一九三四年に起こった函館大火の資料展示などもあった。日吉遺跡から出土した珍しい双顔土製品を展示していた。

終盤の訪問地は、縄文から少し離れて、北海道の歴史を知るための旅である。五稜郭タワーからは、津軽海峡の向こう側に見える陸地の姿も確認できた。たぶん、東北側からも北海道の地が望め、誰もがその地を目指したくなっただろう。数千年前に縄文人たちが同じ想いに駆られたのなら嬉しい。

なんといっても、縄文遺跡を訪ねたことの素晴らしさは、遺跡と出土品を同時にみることができたことにある。一万年前、その周辺の環境はいまとは同じではなかっただろう。それでもなお雄大な自然に囲まれた北海道、空気、日光、臭い、それは東京、あるいは本州とは異なったものである。風土、地形ともかかわり、太古の縄文人に想いを馳せるのである。

さらにそこでは、文様の見た目といった表層的な意味を超え、人間の内面、日本列島、あるいは全人類に共通するようなＤＮＡに働きかける、根源的でピュアな表現としての文様と対面することができたのである。シンボリズムで語られるような、すべての人間に共通する、生きることへの衝動や表現の欲求、また、リラックスして解放された幸福感や満ち足りた気持ちなど、込み上げる生命のエネルギーが文様となる瞬間を感じとったのだ。北海道の縄文の旅は、一万年という時を超え、新たな気づきを呼び起こすものとなった。そのことこそが、縄文遺跡からのメッセージだと思うのだ。

図2-20
五稜郭タワーから

3

岡本太郎から学ぶ縄文

Reviving Japanese Ancient Tattooing Art Project "Jomon Tribe"

岡本太郎と縄文土器

縄文とアートについて語るなら、必ず登場するのが、岡本太郎である。「縄文族 JOMON TRIBE」にとっても、彼の縄文リサーチはとても参考になった。ここで改めて、岡本太郎と縄文についてみておこう。

まず、岡本太郎の『日本の伝統』(光文社、一九五六年。のちにみすず書房、九九年。知恵の森文庫、二〇〇六年)(図3-1)を手にとってみよう。ここにあるのは五六年刊のオリジナル版である。表紙から岡本太郎自身が撮影した縄文土器の文様をアップにした写真がグングンと迫ってくる。文庫版にも彼の写真は多数収録されているが、オリジナル版は写真の選定から装丁まで、太郎自身が関わっていたことだろう、その著書にかける意気込みが生々しく伝わってくる。

実際、『日本の伝統』はとてつもなくよく売れた。その発売年である五六年のベストセラーになっている。ちなみに、五四年刊の著書『今日の芸術』(光文社)もベストセラー入りしており、岡本太郎はまず著述家として、彼の芸術論や縄文論を世に広め、大きな反響を呼んでいた。

岡本太郎といえば、代表作《太陽の塔》や「芸術は爆発だ」という言葉の印象が強い。だが、

図3-1
岡本太郎『日本の伝統』（光文社、1956年）

一九一一年、東京の青山に生まれた彼は、現代漫画の始祖、岡本一平を父として、作家の岡本かの子を母とする芸術一家で育った。美術学校に入学後まもなく、十八歳で渡欧、翌年にはフランスのパリにアトリエを構え、のちにパリ大学でマルセル・モースに師事し、民族学を学んでいた時期もあった。一九四〇年、ドイツ軍のパリ陥落に伴い、二十九歳で帰国、まもなく一兵卒として出征、華中戦線で五年間を過ごした。そんな彼が、戦後日本において、根源的な何かを探していたとき、縄文土器との衝撃的な出会いを果たすことになる。

一九五一年十一月、岡本太郎は上野の東京国立博物館で、考古資料として陳列されていた縄文土器を発見している。当時、縄文土器は日本美術史のなかではまったく扱われていなかったという。それだけに、岡本太郎による縄文の発見は、戦後縄文ブームのきっかけとなったと言われている。翌年、彼はそのときの感動を「縄文土器論　四次元との対話」として雑誌『みづゑ』に発表した。

「激しく追いかぶさり重なり合って、隆起し、下降し、旋回する隆線紋。これでもかこれでもかと執拗に迫る緊張感。しかも純粋に透った精神の鋭さ。常々芸術の本質として超自然的激越を主張する私でさえ、思わず叫びたくなる凄みである」（雑誌『みづゑ』、一九五二年二月号。知恵の森文庫、二〇〇六年）

そう、彼は縄文土器との衝撃的な出会いを書いている。ところで、二〇一八年、東京国立博物館で開催された特別展「縄文――1万年の美の鼓動」では、このとき、岡本太郎が対面した縄文中期の土器の一部が展示されていた。それらは、粘土を紐のようにして文様をえがく隆線紋が素晴らしく、彼自身が撮影した文様のクローズアップ写真も並べられた。それらを比べると、岡本太郎が縄文土器の文様に注視し、縄文人がそこで表現しようとしたものを見極めてやろうとしていたことがわかる。現代の芸術作品を観るときと同じ態度で挑んでいたのである。もちろん、その「縄文土器論」が『日本の伝統』の中心部分を占めている。

岡本太郎はさらに縄文土器の〝凄み〟に踏み込んでいく。「縄文土器の文様や美観はいったいどこから来たのか？」「それらは、なぜ絶えてしまったのか？」と問うのだ。

そこで彼が注目したのは、「縄文式時代」は狩猟、「弥生式時代」は農耕という生活様式の違いである。

いまでこそ、そのような縄文と弥生との理解は一般的だが、彼が縄文土器と出会った当時は「縄文時代」や「弥生時代」という言葉さえ、あまり知られていなかった。当時の時代背景について、山田康弘『つくられた縄文時代』（新潮社、二〇一五年）を参照したい。

一八七七年、エドワード・S・モースが大森貝塚を発掘調査したときから、縄文土器が作られた時代は「石器時代」と呼ばれた。一八八七年、東京都文京区弥生町で「弥生式土器」が発見されるが、当初は縄文土器の一型式とされていた。一九四七年、静岡県登呂遺跡の調査が始まると、水田の痕跡や井戸の跡などから農耕をしていたことの確かな証拠とされた。そして、一九五一年には「小林行雄の『日本考古学概論』や改造社刊『考古学辞典』において、縄文式時代・弥生式時代の言葉が用いられる」とある。つまり、縄文や弥生という時代区分は戦後に生まれたものであり、「それらは表裏一体のもので、ほぼ同時に使用されるようになった」という。

再び、岡本太郎の縄文論に戻ろう。彼によれば、縄文時代は狩猟生活を営み、不猟はただちに飢を意味し、反対に大猟は歓喜であり、祭りであり、そこに神秘が潜むとした。一方、弥生時代は農耕生活は年々が一定の規律を守る繰りかえしで、安定と均衡、節度と従順、必然と依存の意識が世界観を支えているとした。

そして、そのような狩猟生活における「飢え」と「祭り」、獲物を追い闘争するダイナミズムが、縄文土器の文様として現れているとした。それに対して、弥生土器の文様はおだやかな均衡に収まっているという。

彼は、縄文土器の特徴は「アシンメトリー（左右不均斉）」にあるとし、その文様には「驚くべき空間性」があると説明する。それらは、二十世紀の前衛芸術と比べても少しも劣らない生命力を持ち、当時話題となっていたアルタミラの洞窟壁画にも並び得るものとした。「ゲシュタルト心理学」や「知覚の恒常性」などの新しい学問の動向を引き合いに出し、成層圏にある人工衛星まで例にあげ、縄文の文様が表す「空間感覚」は過去に忘れ去られた祖先の文化と芸術を、現代において共感的に再発見されるだろうとまとめている。

とはいえ、単なる立体作品（三次元）として「現代的な観念」で鑑賞するにとどまらず、「日常の約束をこえた、超自然的な、つまり四次元的性格に考察をすすめなければ、この文化を正しく理解することはできない」ともいう。ここでいう「四次元」とは、「呪術」であり、「神秘」であり、自他を区別しないレヴィ＝ブリュルの「分有の法則（融即の法則）」であり、目に見える世界と見えない世界の境界がない原始的な感性のことである。

さらに、動物を神のように崇めると同時に、獲物として仕留めて食料とする矛盾を「神を殺す」行為として、人類学者ジェームズ・フレイザーの『金枝篇』を引いて、「あの怪奇で重厚な、壮烈きわまる土器の美観に秘められてあるものは、そのような四次元との対話」であるとする。

その上で、彼の結論は「縄文土器がどんなにすばらしいとしても、過去のものです。われわれが今日の現実に直面して、それ以上に激しくたくましく生き、その表情を芸術のうえに打ちだすのでなければ、何の意味もない」と手厳しい。

ここで再び先に挙げた『つくられた縄文時代』から引くなら、「食料採集社会の『貧しい縄文時代』が行き詰まり、食糧生産社会の『豊かな弥生時代』へ移行したという発展段階的な捉え方は、一九六〇年代当時の基本的な歴史観」であったという。

岡本太郎は、日本の美術界ばかりか、考古学、さらには世間一般に信じられていた農耕生活の方が狩猟生活よりも優れているという歴史観まで敵にまわし、縄文を発見し、アピールし、そこから新たな芸術を生み出すことを宣言していたわけである。

もちろん、その背景には、パリ留学時代、一九三七年から民族学の父マルセル・モースに師事していたという大きな自負があっただろう。彼は、その年に新設されたミューゼ・ド・ロム（人類博物館）にあった民族学研究所で、実際に先史時代の遺物に囲まれながら、最先端の学問現場に身を置いていたという。

ちなみに、その研究所の設立者は「分有の法則」を唱えた人類学者レヴィ＝ブリュルである。さらに、ミューゼ・ド・ロムはパリ万博の際に収集された民族資料をもとに新設されていた。一九七〇年の大阪万博の際、《太陽の塔》の地下展示のために世界中から収集された民俗資料から、のちに国立民族学博物館が設立されたことを思い出す。

ここまで見てきたように、岡本太郎は、ドメスティックな感性から縄文に惹かれたわけではなく、むしろ縄文のなかに全人類に共通する生きるエネルギーを感じとり、欧米へのコンプレックスをはねのけ、世界に打って出られるような芸術を生み出していけると確信したのだ。

実際、『日本の伝統』には、縄文が人類の根源的なものとつながる実例として、中国の殷の銅鐸に刻まれた文様、メキシコの古代文明の石の浮き彫りなどの図版を掲載している。

そんな岡本太郎が持つ歴史的なスケール感は戦前のパリ時代に培われたものであり、縄文土器との出会いこそが世界大戦勃発と五年間に及ぶ軍隊生活という芸術家としての空白期間を吹き飛ばし、彼を日本を代表する一人の芸術家として爆発させる起爆剤となったと思うのだ。

日本美術史は縄文からはじまる

岡本太郎が「縄文土器論」に並々ならぬ覚悟で挑んでいたことを見てきた。果たして、彼の縄文論はどれほどの具体的なインパクトを与えることが出来たであろうか？

二〇一六年春、そんな疑問に答えてくれる展覧会『生きる尊厳 ――岡本太郎の縄文――』が開催された。展示会場となったのは、東京・青山にある岡本太郎記念館である。

展覧会のキュレーターを務めるのは、國學院大學博物館学芸員（当時）の石井匠氏。彼は考古学者として縄文の文様研究を専門とする傍ら、渋谷駅に展示されている巨大壁画《明日の神話》の修復に尽力するなど、縄文文化と岡本太郎のそれぞれと深くかかわってきた希有な存在である。

「日本において、縄文文化の素晴らしさを広く知らしめたのは、岡本太郎なんです。一九五一年、岡本太郎は四十歳のときに上野の国立博物館で、縄文火焔土器と運命的に出会います。それまで、弥生土器、古墳時代の埴輪、伊勢神宮の建築などが、日本美術の源流と位置づけられていました。それに対して、縄文土器は、そのような〝わびさび〟とは対極にあるものだったんです」

石井氏はそう解説する。ここで気になるのは、その後、縄文土器は日本美術史のはじまりとして広く認識されるようになっていったという話である。六〇年代になると、『日本の美術』（平凡社）や『日本原始美術』（講談社）などの美術全集において、縄文土器が大きく取り上げられるようになる。確かに、岡本太郎の縄文発見が、日本美術史のはじまりを書き換えたわけである。

その後も、太郎はますます縄文的なものに没頭し、一九五九年には沖縄・久高島の御嶽《うたき》を訪ね、石と樹があるだけの神社の原型ともいえる〝何もない〟空間に、土器とは対極にあるもうひとつの縄文的な精神世界を発見している。その後の太郎の縄文探求については、『沖縄文化論』『神秘日本』『美の呪力』などに詳しい。

「岡本太郎は、〝生きること〟こそが芸術だと語っていました。作品を作ることが芸術じゃない。人間らしく生き切ることが芸術なんだと考えました。彼は芸術家であり、思想家であり、人が思う芸術とは異なる、〝芸術を生きた人〟だったんです」

石井氏は、そんな太郎の独特な芸術観を育てたのも、縄文土器との出会いがあったからと分析する。

「太郎がいう四次元とは、見えないものとの対話。あらゆるもののいのちの交歓を経て、そこに人間としての生きる尊厳を見出していく。太郎にとって、縄文こそが、人間らしい生き方であったと思います」

そんな太郎の縄文探求におけるひとつの集大成が、一九七〇年の大阪万博で制作された《太陽の塔》である。高さ七十メートル、塔の内部には、アメーバから人類までの進化を巨大な《生命の樹》として表現した。過去から未来への何万年ものタイムトリップを体験させようというもので、それはひとつの縄文的なイニシエーションではなかったかと石井氏は読み解く。

「非情なるアシンメトリー、いやったらしいほどたのもしい、みなぎる生命感、太郎があらゆる言葉を駆使して、表現しようとした縄文の感動は、いまだからこそ、もっと広く理解してもらえると信じています」

そう石井氏は締めくくった。『生きる尊厳——岡本太郎の縄文——』は、岡本太郎の作品と言葉で、彼の縄文リサーチや作品創作の過程を具体的に辿ることができる展覧会であった。さらに太郎が沖縄で撮影した写真作品がスクリーン投影されていた他、沖縄での縄文的な体験が反映されているといわれる絵画作品《石と樹》も展示されていた（図3-2～図3-4）。

戦後日本で、岡本太郎が縄文文化に求めていたのは、全人類に共通する芸術の原点であった。縄文土器にそれを発見した彼は、古代だけにではなく、当時の日本の中で〝縄文的なもの〟を探し続けた。そして、その成果が最も凝縮された形で作品となったのが《太陽の塔》だったのであろう。

図3-2　展示風景。手前に岡本太郎《動物》、左スクリーンに太郎撮影の写真、右壁面に太郎の言葉と作品が配置された

図3-3　第二展示室には、奥のスクリーンに太郎撮影の沖縄、壁一面に絵画作品が並び、代表作《太陽の塔》の巨大模型、数点の縄文土器が展示された

図3-4　作品の解説をする石井匠氏

太陽の塔が伝える縄文の魂

二〇一九年秋、やっと《太陽の塔》の内部を体験することができた。正直、万博記念公園を訪ねるたび、ポツリとそそり立つ岡本太郎の傑作《太陽の塔》を見ては、心があたたかくなる。二〇二〇年の東京オリンピックの後には、二〇二五年の大阪万博が待ち構えている。次回の開催予定地は、大阪湾の人口島・夢洲《ゆめしま》となっているとはいえ、二度目の大阪万博でも《太陽の塔》は再び来場者たちのアイコンとしてもてはやされることになるだろう。

一九七〇年の大阪万博のために作られた《太陽の塔》は、万博閉幕後には取り壊されるはずだった。しかし、保存を望む声も多く、七五年には永久保存が決定した。さらに、九二年から翌年にかけて、外壁の補修工事がなされ、二〇〇三年からは試験的に《太陽の塔》の内部公開が始まると大きな反響を得る。一六年にやっと内部修復に着工、一八年に一般公開にこぎ着けた。同年、二〇二五年の大阪万博が決定し、《太陽の塔》は新たな生命を吹き込まれることとなる（図3-5）。

ここでまず注目したいのは、岡本太郎は縄文土器との出会いを経て、絵画から立体作品へと創作のフィールドを広げていったことである。

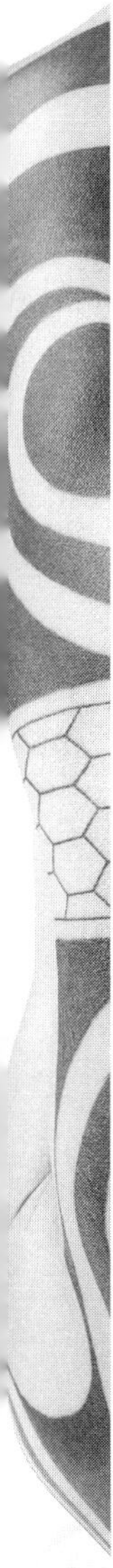

もともと彼は、一九三二年にパリの画廊でピカソの《水差しと果実鉢》を見て感動したことから、画家として前衛的な絵画の領域でのひとつの達成を目指していた。だが、一九五一年に縄文土器と出会ってからは、立体作品にも積極的に挑むようになり、多くのモニュメントや巨大彫刻を手がけてきた。そして、その集大成といえるのが《太陽の塔》なのである。

「私がつくったものは、およそモダーニズムとは違う。気どった西欧的なかっこよさや、その逆の効果を狙った日本調の気分、ともども蹴飛ばして、ぼーんと、原始と現代を直結させたような、べラボーな神像をぶっ立てた」（『太陽の塔ガイド』小学館、二〇一八年）と、岡本は《太陽の塔》に

図3-5
『岡本太郎と太陽の塔 増補新版』(小学館、2018年)

図3-6
図録『岡本太郎と縄文』(NHKプロモーション、2001年)

ついて語っている。

《太陽の塔》は、もともといわゆる〝モニュメント〟ではなく、大阪万博「ＥＸＰＯ70’」のテーマ館だった。もっと詳しくいうなら、《太陽の塔》は、その地下に作られた展示スペースと、お祭り広場から三十メートルの高さにあった大屋根の空中展示とを結ぶ、上下交通のためのエスカレーターシャフトである。つまり、テーマ館としての展示の多くは地下展示と空中展示にあり、《太陽の塔》はそれらを結ぶ通路であったのだ。

それでも、塔の内部には《生命の樹》といわれる、アメーバから恐竜、猿人を経て、ホモ・サピエンスに至る進化のプロセスを地上六階分の高さで見せる立体作品があった。当時はエレベーターで下から上っていく構造で、《太陽の塔》の腕が空中展示がある大屋根に繋がっていた。

内部が修復された現在は、この《生命の樹》を含む塔内展示と地下展示のごく一部、《地底の太陽》を配した「いのり」のゾーンの部分的な再現を観ることができる。

ちなみに、地下展示のテーマは「過去：根源の世界」で、〈カオスの道〉から〈雷光の空間〉を経て、それに続く「いのち」のゾーンでは、五億倍に引き伸ばされたＤＮＡ、ＡＴＰ、たんぱく質が浮かぶミステリアスな空間が作られ、「ひと」のゾーンでは、狩猟時代の人類の姿が模型で再現され、洞窟壁画や屈葬の遺跡が〈手の洞窟〉や〈未開の痕跡〉としてインスタレーションされた。そのあとに続く、「いのり」のゾーンには、世界中から集められた仮面、神像、民具など、およそ千四百点あまりが展示されていた（「収集した二千六百点のうち、千四百六点がつかわれた」平野暁臣『太陽の塔』小学館、二〇一八年）。それらの民族資料の多くは、万博跡地に作られた国立民族学博物館に収蔵されている。

一方、空中展示は「未来：進歩の世界」と題され、「宇宙」「人間」「世界」「生活」の各ゾーンに分けての展示が行われた。いまではそれらを再現することは不可能だが、幻となった原爆展示までも準備された。そこでは「破壊」「戦争」「平和」をフォトコラージュで表現しようというアイディアだったが、開幕一年前にお蔵入りとなった。それでも、原爆のイメージは「矛盾の壁」や「転換の壁」に織り込まれていたという。

また、空中展示がある大屋根からはエスカレーターで《母の塔》と呼ばれるプラットフォームを通過して下ることとなった。そして、「調和の広場」での地上展示には、「世界を支える無名の人々」と題した写真展示が行われた。各国のパビリオンが自国を代表するような英雄や芸術家をアピールしていたのに対し、芸術写真や報道写真も退け、世界中から名も無き民衆の生活写真六百十九枚を集めて展示したという。

こうして見てくると、岡本太郎が《太陽の塔》を通じて表現しようとしたものは、その塔の外観的なデザインばかりでなく、その内部や周辺にあった展示すべてを含めたものであることがよくわかる。そして、いま、《太陽の塔》の内部が修復され、一般公開されることによって、そのような

《太陽の塔》の役割、先の万博で「岡本太郎がやりたかったこと」について、もっと正しく振り返り、理解できるようになってきている。

「根源に立ち戻れ！　血のなかにある記憶を呼び起こせ！　原生日本を思い出せ！」（前提書）

そのようなメッセージが《太陽の塔》には託されていたことだろう。あの広場に立って《太陽の塔》と向き合うとき、それは千年後もしかしたら一万年後もあの地に存在し続けるだろうと感じられる。そして、その内部も観覧するとなおのこと、その芸術のパワーに圧倒されるばかりなのだ。

岡本太郎が生み出した〝現代の縄文〟としての《太陽の塔》は、いまも強力な呪力を未来に向かって放射し続けているように感じるのだ。

縄文を探す旅から野生の思考へ

岡本太郎を通して縄文を学ぶべく、「縄文の美の発見」と《太陽の塔》について見てきた。そして、彼の死後、それらの業績はますます大きな意味を持つものになってきている。ここでは、縄文の発見から《太陽の塔》に至る岡本太郎の活動にもう少し踏み込んでみたい。

二〇一八年、気鋭の映画監督、関根光才はナレーションを廃し、映像構成だけで見せるドキュメンタリー『太陽の塔』を作り上げ、一万年後の未来にまで残るかもしれない岡本太郎の代表作《太陽の塔》に託された森羅万象的な思想を描き出している。美術では、椹木野衣『黒い太陽と赤いカニ』（中央公論新社、二〇〇三年）、民俗学・思想史では、赤坂憲雄『岡本太郎の見た日本』（岩波書店、二〇〇七年）がそれぞれ新たな評価と解釈を与えている。

そんな中で、岡本太郎と縄文についての貴重な資料となっているものに、二〇〇一年に開催された展覧会図録『岡本太郎と縄文』（ＮＨＫプロモーション、二〇〇一年）（図3-6）がある。一九九六年の急逝から五年後、岡本太郎の再評価へのきっかけにもなった展覧会である。

「太郎さんにとって、縄文の造形の凄みというのは、それをそのまま作品に取り入れようということではなかったんですよ」

そう語るのは、仲野泰生氏。彼は川崎市岡本太郎美術館の学芸員を長く務め、岡本太郎死後の再評価のプロセスを見てきた生き証人の一人であり、〇一年の展覧会『岡本太郎と縄文』も担当している。退職後は、京都にてギャラリー「京都場」を運営し、岡本太郎のメキシコとのコネクションを独自の形で引き継いでいる。

「『みづゑ』の縄文土器論で反響を得た太郎さんは、光文社の名物編集者だった神吉《かんき》晴夫《はるお》さんと組んで、『今日の芸術』と『日本の伝統』という二冊のベストセラーを生み出します。『みづゑ』の原稿は論文調でしたが、単行本は中学生でも読めるような平易な文体で書いたんです」

仲野氏によれば、岡本太郎が縄文を通じてアピールしたかったことは、過去への回帰でなく、あくまでも「日本の現状を変えていく武器」としての〝縄文〟だった。そのことを著述家として広めていくなかで、第二段階となるのが、自らカメラを片手に日本中を旅して、庶民の生活や祭りのなかに〝縄文的なもの〟を探すことだった。

「太郎さんは『日本の伝統』のあたりから、自分で写真を撮るようになりました。五七年からは『芸術新潮』の連載取材で日本各地を訪ね、庶民のなかに〝縄文的なもの〟を探そうとしたんです。最初に行ったのは秋田県、その土地の風土は最も過酷な季節に現れるというのが持論で、真冬のナマハゲを撮っています。その後の成果は『日本再発見――芸術風土記』（一九五八年）『忘れられた日本――沖縄文化論』（一九六一年）『神秘日本』（一九六四年）の日本紀行三部作となったんです」

それらのなかでも最も評価が高かったのが一九五九年の沖縄訪問を一冊にまとめた『忘れられた日本――沖縄文化論』だった。久高島では高齢ののろと出会い、印象的なポートレート写真を残している。また、一九六六年には久高島を再訪し、十二年に一回という巫女たちの祭り、イザイホーを取材した。作風の変化についても仲野氏からの解説が続く。

「縄文土器との出会いから、確かに岡本太郎は立体作品にも積極的に挑むようになりました。一九五二年、『みづゑ』に縄文土器論を発表した年には《顔》という立体作品を手掛けています。三体作って、ひとつは父・岡本一平の墓碑にしているほどです。さらに、絵画作品に縄文的なものの影響を見られるようになるのは六〇年代、『沖縄文化論』以降、『芸術は呪術だ』といい始めてから。具象的な要素が消え、書道のような筆のダイナミズムの動きで抽象的な作風へと変貌します。その作品の意味は太郎さんにしかわからない。ある種、呪文のような絵画を手掛けるようになりましたね」

そう言って、仲野氏は、呪術的な作例として、《装える戦士》（一九六二年）や《エクセホモ》（一九六三年）などを挙げた。

岡本太郎の縄文的なものを探す旅、その第三段階は海外へと展開されていく。一九六七年、彼はテレビ局同行でメキシコへと出発する。だが、ここで同時に、縄文という武器を存分に役立てる、もっと大きなステージが準備されることとなる。二ヶ月に渡るメキシコ旅行の出発直前に万博のテーマ館プロデューサーに就任したのだ。

「メキシコの国際ホテル、オテル・デ・メヒコの巨大壁画《明日の神話》に挑んでいたとき、《太陽の塔》のアイディアが生まれています。それは自己発見があると同時に、既成の価値観を転換させるような、人間の本質的なものを問いただすようなものだったと思います」

岡本太郎が万博のテーマ館プロデューサーに選ばれた理由のひとつに、一九三七年のパリ万博を観ていたということがあった。そのとき、ピカソはスペイン館で巨大絵画作品《ゲルニカ》を発表している。大阪万博において、岡本太郎はあくまでテーマ館のプロデューサーであり、モニュメント制作を依頼されているわけではなかった。だが、メキシコのホテルのメモ用紙に描かれたアイディアはすでに両手を開いた塔の形となっていた。万博に向けて、ぜひとも自分の代表作となり得るようなものを作りたい、ピカソへのライバル意識があったのだろう。

「縄文の発見も《太陽の塔》も、太郎さんがパリ時代に得たことが大きかったでしょう。民族学を学んだマルセル・モースもそうですが、もう一人のキーパーソンは、ジョルジュ・バタイユ。岡本太郎は、アセファル（無頭人）というバタイユ主宰の秘密結社に所属していたこともあるんです。簡単に言えば、理性で考えちゃダメ、身体で考えろってことなんだけど。《太陽の塔》って、金色の顔の部分と胴体が切断されているじゃない。不思議なんだよね、近代の知性、あるいはモダニズムに対するアンチテーゼというか」

仲野氏に言わせれば、《太陽の塔》はアンドレ・マッソンが描いたアセファルの絵を連想させるという。また、バタイユが編集長を務めた雑誌『ドキュマン』（一九二九年〜一九三〇年）で、中谷治宇二郎が縄文土偶八点を紹介したこともあったという。岡本太郎がそれを見ていたのかどうかはわからないが、縄文の発見に至る伏線が戦前のパリ留学時代にあったことは納得できる。

レヴィ＝ストロースの『野生の思考』（一九六二年）という本がある。仲野氏は、『岡本太郎と縄文』図録の巻末の論考で、冒頭に「野生の思考」という言葉を登場させている。

「岡本太郎は野生の思考を持っていたからこそ、美術という領域を自然に、そして自由に逸脱し、多面的な活動ができたのではないだろうか」

レヴィ＝ストロースは、レヴィ＝ブリュルが「分有の法則」によって、文明人と未開人を二分したことを批判している。レヴィ＝ストロースからすれば、人間はすべて「野生の思考」を持っており、文明人が未開人よりも優れているということはないとした。岡本太郎が提唱する「対極主義」に照らすなら、対立するはずの科学と神話が衝突して融合した形が《太陽の塔》ということになる。

さらにいうなら、岡本太郎が探求した縄文は、過去へのノスタルジーを超え、過去と未来を融合して現在の問題を打破していこうという積極的なラジカリズムがつらぬかれている。

だからこそ、ポストモダンの時代が到来した二十一世紀にこそ、《太陽の塔》がより広く受け入れられ始めているのだと思うのだ。

ケルトと縄文に共通する世界観

一九六七年のメキシコに始まる岡本太郎の世界の旅は、万博に向けての準備と並行して進められた。『芸術新潮』での連載「わが世界美術史」は、一九七〇年に一年間続き、『美の呪力』（新潮社、一九七一年）としてまとめられている。

文庫版の解説で、ケルト研究家の鶴岡真弓は、その内容を「ユーラシアの極西の『ケルト』から、極東の『縄文』まで世界を太郎は踏破し、透視していた」とまとめている。もちろん、ここで最も重要なのは「ケルトと縄文」である。

問題の章「宇宙を彩る――綾とり・組紐文の呪術――」を見てみよう。まず、組紐文とは何か？岡本太郎の説明はこうだ。

「アイルランドの最北端、カーンドナに立つ石の十字架。十字架にちがいないのだが、その表面には不思議な線刻がうねうねとはいまわっている。それはひどく素朴だが、しかしおおらかに力強く、みちわたり、いきいきとうねり、くぐり抜けて回帰している。俗に『組紐文』と呼ばれる独特の抽象文様だ」

これは、七世紀ごろのもので、同様のものをアイルランドには多くみられるという。

「いったいどこからこのような文様の伝統が来たのだろうか。定説はない。北方起源説、オリエント説、いろいろに言われているが。何れにしても民族大移動期のゲルマン諸部族の間で極めて激しく発達し、広がって行ったことは確かだ。そのムードはスキタイ、アルタイ、シベリア、さらにエスキモー、日本の縄文土器や蝦夷文様とさえ相通ずる響きを伝えている」

ここでいう蝦夷文様とは、アイヌ文様のことだろう。そして、縄文とケルトの文様的な類似性をはっきりと認めている。また、ここでの論考は、『美の世界旅行』（新潮社、一九八二年）にも引き継がれている。

「驚くのは、このケルトと縄文文化に、信じ難いほどそっくりなのがあることだ。地球の反対側といってもいい程、遠く離れているし、時代のズレがある。どう考えても、交流があったとは思えない。そして遺物も、一方は狩猟・採取民が土をこねて作った土器だし、片方は鉄器文化の段階にある農耕・牧畜の民のもの、石にほられたり、金属など。まるで異質だ。しかし、にもかかわらず、その両者の表現は双生児のように響きあっている」

そう、興奮気味に書いている。この論考を引き合いにして、神道研究家の鎌田東二は「ケルトと縄文について、その本質的類似性を岡本太郎が誰よりも早く見ぬいたのである」(『ケルトと日本』角川選書、二〇〇〇年)と断言している。

実際のところ、この文様の類似はどこから来るものだろうか?

まず、ケルトについておさらいしよう。ケルト人はいち早く鉄器を用いており、ローマ帝国の支配下でも文化的影響を残し、アイルランドを中心に、スコットランド、ウェールズ、ブルターニュ(フランス)、ガリシア(スペイン)などに住んでいた。十九世紀には、フランス民俗学の推進者ポール・セビオ、その後継者ヴァン・ジュネップらが中心となって、長らく忘れ去られていたケルト文化が復活してくることとなった。また、アイルランド人のアメリカへの大量移民や大英帝国内でのケルト系民族の自立などの歴史的な背景と相まって、ケルト・リバイバルが進んだ。確かに縄文もエドワード・S・モースに発見されたのは、十九世紀（一八七七年）であった。だが、縄文は遺物の年代鑑定から五千年前から一万年以上前にまでさかのぼれるのに対して、ケルトは紀元前千年程度である。

そのため、ケルトと縄文における文様の伝搬などの可能性を検証するのは現状では難しい。だが、岡本太郎も指摘している通り、文様として表現された世界観においては共通するところも多いだろう。

「組紐文を動物的といったが、たとえば、シュメール文化の、二匹の蛇がからみあう、あの生命感を底に負うているように思える。事実、抽象的に錯綜した組紐文に、蛇の頭の痕跡を残しているものが多い」（『美の呪力』）

そう、岡本太郎は分析している。組紐文がもともとからみあった蛇から発祥していたとするならなおさらだ。

また、「宇宙を彩る」（『美の呪力』）において、組紐文について語る前に導入として綾とりの話から始めている。子供の遊びと思われるかもしれない「綾とり」に潜む神秘、組紐文がもともと実物の組紐に由来するなら、それらもまた相通ずるものである。

岡本太郎は、綾とり、ケルトの組紐文、そして縄文、それらに共通する、中心の不在、人格神の不在、観念的なものに頼らずとも文様そのものの視覚効果から神秘の世界とつながることができることに注目する。

　そこに、人間の根源的なものを見出している点において、岡本太郎は、ケルトの文様にも美と感動を発見しているのだ。

　ちなみに、現代のタトゥーカルチャーにおいて、ケルト文様もタトゥーデザインとして取り入れられており、「ケルティック・タトゥー」というひとつのジャンルになっている。

「私の感動するものといったら(中略)、まず日本の縄文文化。ヨーロッパではケルト。そしてユーラシア大陸の東と西にまたがったスキタイはじめ騎馬遊牧民の諸文化。これは朝鮮半島まで流れ込んでいる。中国では殷周の銅器。それに北はエスキモーから、中南米のプレ・コロンビア文化……考えてみると、これらはとかく古拙だとか蛮族の遺物などと片づけられて、どれもオーソドックスな美の体系には組み込まれていない」(『美の世界旅行』)

　そう嘆いているが、岡本太郎を揺さぶるような根源的芸術のほとんどは、過去においてはタトゥーとして身体に彫られていたものかもしれないとさえ思えてしまう。それぐらい、原初的な文様は身体性と密接に関わっているのだ。

4

「縄文族 JOMON TRIBE」の全貌

Reviving Japanese Ancient Tattooing Art Project "Jomon Tribe"

ブラックワークのスペシャリスト大島托との遭遇

縄文時代のタトゥーについて本気で調べ始めたのは、タトゥーアーティストの大島托（図4-1）との出会いがきっかけだった。

二〇一二年十月半ば、『タトゥー・バースト』（コアマガジン、二〇一三年一月号）の取材のため、大島托のスタジオ「APOCARIPT（アポカリフト）」を訪ねた。

マンションの大きめのワンルームには、カーテンで区切ることができる三つの作業ブースと、資料の書籍が詰まった本棚を背に大きなテーブルのある打ち合わせスペースがあった。無精髭のまま、玄関先で出迎えてくれた男こそ、大島托であった。粗野ではあるが、がっしりとした体格に世界を旅し、プロとして幾多の困難を乗り越えてきたであろう風格が漂う。

一九七〇年福岡県生まれ、大学時代は人類学を学び、卒業後の九三年から世界放浪の旅へ。最初に訪れたインドで世界のヒッピーたちが集まる街ゴアにハマり、タトゥーとも出会う。旅をしながらでも稼げる仕事として彫師を志し、海外の彫師たちからタトゥーの手ほどきを受け、東南アジア、カナダ、アメリカ、ヨーロッパなどを旅してきた。

大島托は、黒一色の文様で身体を飾る「ブラックワーク」のスペシャリスト。九〇年代には「トライバル・タトゥー」として一世を風靡したスタイルは、民族タトゥーの復興から先進的なボディデザインまでを含み込み、近年は「ブラックワーク」とも総称されている。

二〇〇一年から日本に拠点を移した彼は、世界中の民族タトゥーを現地リサーチして感性と技術を鍛え上げ、そのジャンルの世界のトップランナーの一人として、日本と海外シーンをつなぎ、愛好者たちの幅広い要求にこたえている。

最も原始的なタトゥーの現場を訪ねて

タトゥーは海外で学んだそうですね。

「ええ。最初、世界一周が夢だったんです。当時はテレビで猿岩石が流行ってて、大学卒業後、世界放浪の旅に出たんですが、インドのゴアにすっかりハマってしまったんですよ。そこでタトゥーと出会って、フェリックス・ルーに学んだスイス人彫師ラブー・ローランド（Raboo Roland）の弟子になりました。他にはアマー・ゴーセム（Amar Goucem）やバーニー・ルーザー（Bernie Luther）とも交流しましたね」

図4-1
大島托（2019年10月撮影）Taku Oshima

図4-2
縄文族の皆さんと。VICE UKのドキュメンタリー取材にて2016年

しばらくはずっと海外で活動されてたんですか？

「そうですね。旅をしながら、オン・ザ・ロード（店を持たずに旅先でタトゥーを彫ること）という感じで」

自分のスタイルが出来てきたのは日本に帰ってからですか？

「日本で彫り始めたのは〇一年頃ですね。国内情報だけだといろいろと限られるので、トライバル・タトゥーの発祥地といわれる地域を旅して、実際に見て学んできました」

本物の民族タトゥーを見るために実際に初めて現地を尋ねるようになったのはいつですか？

「〇五年頃、ボルネオ島に。イバン族のお爺さんに会いたくて行ったんですけど」

どんなコネクションで行かれたんですか？

「インドネシアのバーニー・ルーザーのスタジオを訪ねたんです」

そこで最初に接触した部族は？

「カリマンタン（ボルネオ島のインドネシア領）のダヤク族です。タトゥーデザインの基本はイバン族と同じですね。ボルネオ島には、ダヤク、イバン、カヤン、ケンヤーなどの部族がいて、彼らはみな首狩族（図4-3）で、同じ島の中で、お互い戦いながら交易もするから、文化的な基盤は同じなんです」

どのくらい滞在しましたか？

「二ヶ月くらいです。イバン族の彫師エルネスト・カールム（Ernesto Kalum）と友達になって、僕は釣りが好きなんですけど、彼も釣り好きで、毎日二人で釣りばかりでしたね（笑）。そのときに彼からもらった本『ASAS UKIRAN IBAN』は今でも宝物です」

理想的な文化交流をしましたね。

「例えば、縄文人というと遠いファンタジーに感じますけど、ボルネオや世界各地でタトゥー文化を残す部族の人たちと接してみてわかったのは、僕らとそんなに変わらないんだってことですね」

他に秘境と言われる場所に行ったことは？

「インドネシアのスマトラ、シベルト島というところに行きましたが、そこは石器時代同然でしたね」（図4-4）

行くだけで大変なんじゃないですか？

図4-3
ボルネオ島の先住民は古くは皆、首狩族だった。（Photo by Taku Oshima）

「小さい木造船で十数時間かかるけど、問題は言葉なんです。英語がしゃべれるメンタワイ人はほとんどいないので」

苦労して行って、タトゥーを見せてくれるんですか？

「彼ら、フンドシしかしてないんで（笑）」

そこにもしばらく滞在されたんですか？

「二週間ほどですね。それぞれの村にシケレイと呼ばれる呪術師がいて、外国人を泊めたりする役目なんです。その呪術師の中で、手先が器用な人が棒に固定した安全ピンの針の部分で彫るんですよ。彼らのタトゥーは長い直線と点で構成されている、全身を覆うもので、最も原始的だと思います」

他の地域の首狩族の人たちとの交流はありましたか？

「インドとビルマの国境近くに住むナガ族に会いに行ったことがあります。首狩りの風習はなくなっているので、七十歳くらいじゃないと、実際に狩ってた人はいないんですけど、タトゥーの儀礼的なシステム自体は残っているんです。そこの戦士の胸には、首狩戦士の証であるV字のタトゥーがあるんです。そして、その奥さんも旦那が首狩戦士であるという証として同じタトゥーを入れるんです。ナガ族の中のコニャック族（図4-5）には顔面タトゥーも残っていました」

図4-5
インド、ビルマ国境に近くのナガ族、顔面タトゥーも残っている。(Photo by Taku Oshima)

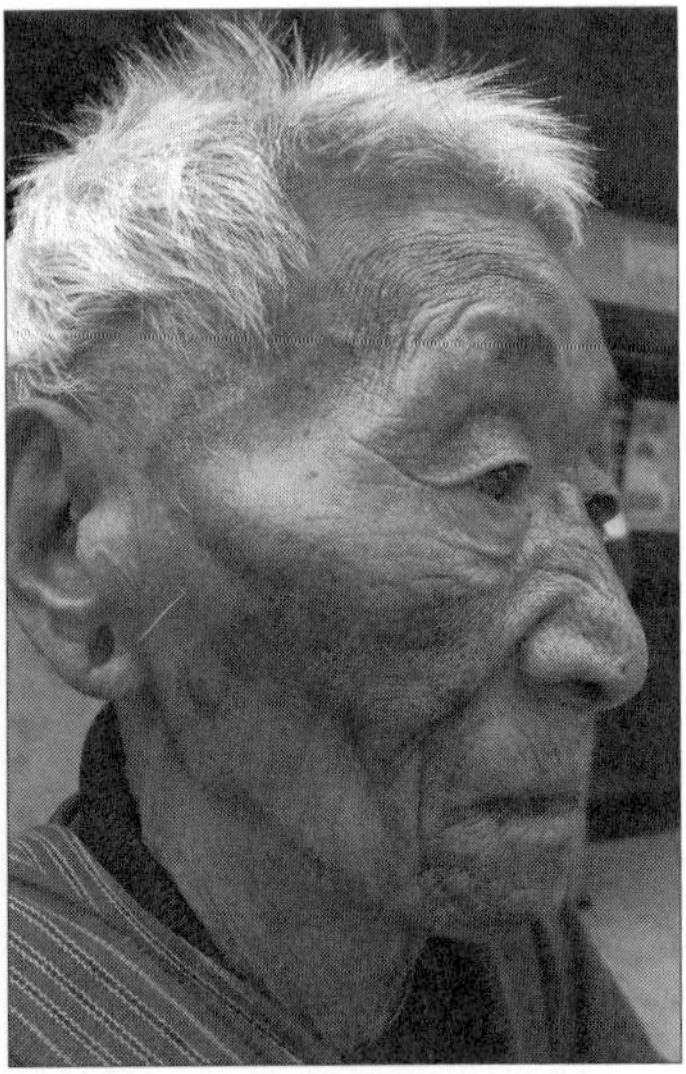

図4-4
スマトラ・シベルト島の先住民メンタワイ族。(Photo by Taku Oshima)

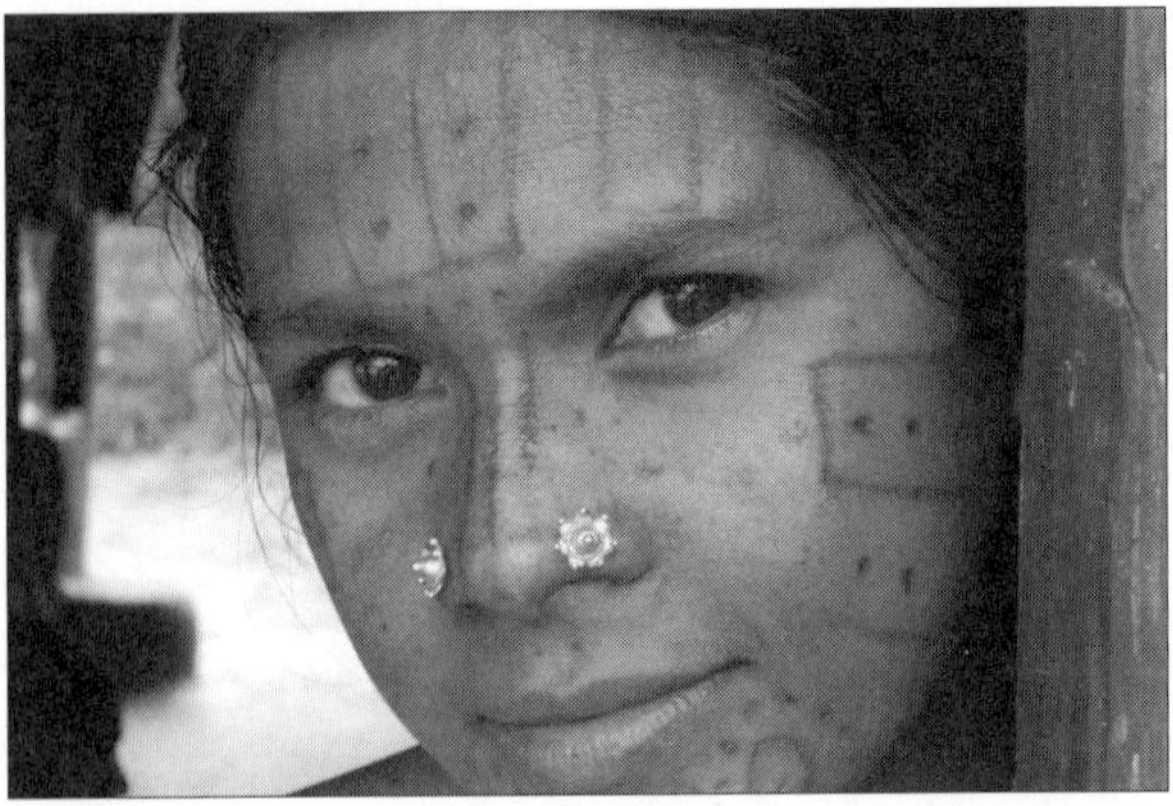

図4-6
インド東部オリッサの女性は結婚すると顔面にタトゥーを施す。(Photo by Taku Oshima)

民族タトゥーの復興とブラックワークの未来

ポリネシアにも行かれていますね。

「二〇一〇年にタヒチ島に行って、『マナオ・タトゥー（Mana'o Tattoo）』というところでゲストワークをしました」

ポリネシアの印象はどうですか？

「ポリネシアでもタヒチは比較的伝統デザインが残っているんですけど、彫師たちは皆、昔の人類学者のカール・フォン・デン・シュタイネン（Karl von den Steinen）の本を資料にしているんですよ。フォン・デン・シュタイネンがすべての部族を調査できているわけじゃないけど、一度タトゥー文化が断絶してしまうと、再構築する過程では残された資料に頼るしかない。そういう意味ではポリネシアの民族タトゥーは伝統というよりも、洗練された現代的なタトゥーなんですよね」

大島さん自身のこれからの方向性を教えてください。

「ひとつは、日本ではトライバル・タトゥーというとボルネオのタトゥーをモチーフにしているというイメージがありますけど、世界には民族文化としてのタトゥーがもっとたくさんあって、リアルなトライバル・タトゥーというものがいっぱい存在することをもっと広く知って欲しいですね。もうひとつは、現代的な、都市のものとしての『ブラックワーク』、例えば、『ドットワーク（点描タトゥー）』もそうですけど、伝統に根ざしてなくて、未来まで繋がっていくものを推し進めていきたいと思っています」

そういう中で、オリジナル・デザインを創出していくと。

「そうですね。自分の作風としては、黒い部分の比率をもっと引き上げていきたいです。お客さんには、小さなサイズを希望する場合でも、もっと全身のスケールで自分を眺めて欲しいですね。みんな近くで見がちなので、最低でも五メートル以上は離れて鏡を見て欲しい。ドカンと黒が入っていても全体として上手くバランスがとれることがわかると思うんです」

文化的民族的な側面では？

「マニアックな要望を持ってるお客さんの助けになりたいです。例えば、ソロモン諸島のモチーフを入れたいというのであれば、僕自身、綿密な調査を重ね、それをちゃんと再現できるようにしたい。そういう受け皿になりたいんです。スタジオのホームページにも、世界各地の部族的なタトゥーについての情報を載せているので参考にして欲しいですね」（図4-7）

大島さんは、トライバル・タトゥーを通じて、世界規模、人類史的にタトゥー文化を見てきました。現代におけるタトゥーの意味について、どう思われますか？

「日本において部族的、民族的なタトゥーをやるということは、個人呪術だと思ってます。お客さん自身で、いろいろな意味合いを持たせられますから。現代のライフスタイルの中でのタトゥーのオーダーは、もっと自由に考えていいと思うんですよ。例えば、三角というモチーフを希望するなら、それがその人にとってどういう意味であるのか、自分自身で組み立ててしまっていい。そのモチーフがポリネシアではどんな意味なのかについての知識やアドバイスはありますけど、もっと自分だけの呪術という感覚で、オリジナルを選ぶことに自信を持って欲しいです。とにかく、最終的には自分自身で決定すること。最後のスイッチは自分で押す、『自分で決める』瞬間が一番重要なことなんです」

図4-7
Tribal Tattoo APOCARIPT（http:／／www.apocaript.com）

九〇年代の世界的なタトゥー流行

タトゥーというと、「アメリカン・トラディショナル」といわれるような「ドクロ」「薔薇」「蝶」などの図柄のものをイメージするだろうか。あるいは「リアリスティック・タトゥー」と呼ばれるモノクロやカラーの写実的な作風を見たことがあるかもしれない。だが、そのような具象的な図柄とは異なり、文様だけの抽象的なデザインを身体に施すものを「ブラックワーク」と呼ぶ。以前は「トライバル・タトゥー」と呼ばれていた黒一色の文様タトゥーだが、ポリネシアの民族タトゥーが「タタウ」として蘇ったことで、現代のトライバル・タトゥーと民族的なタタウをすべてまとめて、「ブラックワーク」と総称されている。

ここでは、タトゥーにあまり馴染みがない人のために、世界的なタトゥー流行とトライバル・タトゥーについて補足しておきたい。

もはや三十年も前のことになるが、一九八九年にベルリンの壁が崩壊し、その後東西ドイツが統一され、世界が大きく激変した。その同じ年、アメリカ西海岸を中心に盛り上がりつつあったタトゥーとピアスのムーブメントが『モダン・プリミティブズ』（図4-8）という本にまとめられて出版された。

「モダン・プリミティブズ」とは直訳すれば「現代の野蛮人」という意味だが、その本のなかでは、タトゥーやピアス、さらに切傷で図柄を刻むスカリフィケーションなどを含む「身体改造（ボディ・モディフィケーション）」は太古から存在し、世界各地の民族にみられる全人類共通のカルチャーであるとアピールされた。

特に大胆に身体に配置された黒一色の〝トライバル〟の衝撃は、一九九〇年代の世界的なタトゥー流行のきっかけとなり、それまでのタトゥーイメージを覆すものとして大きく注目された。七〇年代以来、アメリカのアウトローたちの間で定着していたタトゥーのイメージとは一線を画する抽象的で洗練された黒一色の文様タトゥーの衝撃は幅広い層に受け入れられ、米ソ冷戦終結や東西ヨーロッパ統一といった時代の変化と呼応するように世界的なタトゥー流行を急成長させた。そのようなグローバルな「タトゥー・ルネサンス」を経て、タトゥーデザインの可能性は無限大に拡大し、一方で民族タトゥーの習俗を失っていたポリネシア（タヒチ、ハワイ、サモア、ニュージーランド）などでは、その復興が進んだ。

さらに二〇〇九年に『ブラック・タトゥー・アート』(〝Black Tattoo Art〟Edition Feuss, 2009)（図4-9）が出版され、民族起源を持つものから実験的なボディアートまで、黒一色で身体をデザインするタトゥーの総称として、「ブラック・タトゥー（ブラックワーク）」という言葉が用いられるようになり、ジャンルとしての強度を増した。

そして、それらの文様の多くが民族タトゥーに起源を持つため、それぞれの意味や由来を理解するばかりでなく、大胆に身体に配置することで現代的に表現することが求められ、トライバルに特化した専門の彫師たちが世界に多く登場した。

日本でも何人ものトライバルの名手たちが活躍しているが、昨今、その存在が際立っているアーティストの一人が、タトゥースタジオ「APOCARIPT（アポカリフト）」の大島托であった。

図4-8
”Modern Primitives”（RE／search）

図4-9
”Black Tattoo Art”（Edition Reuss）

なぜ、縄文人はタトゥーを彫るのか？

二〇一九年十一月、国内では二度目の個展となる「縄文族 JOMON TRIBE 2」が開催された。それから三年前の最初の展示のときには「これ、ボディペインティングですか？」とよく聞かれたものである。最近では、本当に彫っていることは当然として、「なぜ、タトゥーを彫るのか？」という疑問をぶつけられることが多い。

もちろん、縄文族のモデルたちにも個々の思いはあるだろう。だが、タトゥーデザインに関しては「縄文時代のタトゥーを現代に復興する」という趣旨のもと、タトゥーアーティストの大島托にすべて委ねられている。それがアートプロジェクトである所以だ。

現代におけるタトゥーを彫る理由は個々それぞれ多種多様だ。一般的には「自分は何者であるのか」といった自己のアイデンティティに関わると説明される。だが、守護、記念、単なるファッションだと主張する人もいる。

では、縄文人はどうだったのだろうか？　たとえば、五千三百年前のミイラ「アイスマン」は全身に約六十一ヶ所のタトゥーをしている。それらがツボの位置にあり、複数回施術されていることから治療的呪術的な理由があったとされている。また、部族民族の習俗では、成人となる通過儀礼やシャーマンの呪術行為と強く結びついている。縄文人にも同様の理由はあっただろう。

さらに、僕らは土器は人間の身体を象徴していたととらえ、縄文土器にみられる文様はタトゥーとして人間の身体に彫られていたと考えている。タトゥー視点から縄文文化を眺めると、すべての文様はタトゥーの図柄のようであり、縄文土器は総身タトゥーであり、縄文人になるためには文様をタトゥーすることが当然のように思えてくる。

そして、それこそが縄文族のモデルたちが賛同したタトゥーを彫る理由でもある。「タトゥーとして彫りたい！」と思えるほど、縄文の文様の呪力は強いのである。

原始的な手彫りと最新のタトゥーマシーン

「縄文族 JOMON TRIBE」のタトゥー作品はどのように彫られるのか、説明したい。

まず、誤解のないように前置きしておくと、タトゥーアーティストの大島托がこのプロジェクトのために手掛けているタトゥー作品のほとんどすべては、最新のタトゥーマシーンによって彫られている（図4-10）。

また、ギャラリー等でのパフォーマンスでタトゥー実演が伴う場合には、原始的な手彫りの技法を用いている。あえて、原始的な手彫りにもこだわる理由は、縄文時代にあっただろうタトゥーが持っている儀式性に積極的にアプローチしていこうと考えているからだ。また、当時のタトゥーの技法を再現することでどの程度のものを彫ることができたのかを検証することから、タトゥーデザインの可能性を広げていきたいからでもある。

原始的な手彫りには、大きく二つの技法がある。

まず、ひとつは「タッピング（ハンドタップ）」。一本の棒に垂直方向に針を固定し、もう一本の棒で叩きながら彫っていく技法だ（図4-11、図4-12）。縄文時代には動物の骨や植物のトゲなどが使われていたかもしれないが、現代では衛生上の理由から滅菌可能な金属針を用いている。タッピングは、台湾からフィリピン、インドネシア、メラネシア、ポリネシアと南方エリアに伝播したタトゥー技法で、もし金属の針がなくとも、叩くことで先端が皮膚下に入り、インクを落としてくれる。そのことで彫るスピードもそこそこ速い。

もうひとつは「ポーキング」。鹿の角などの先端に金属の針をつけ、そのまま突くようにしてインクを入れる技法だ（一五二ページ）。カムチャッカ半島からアメリカ新大陸へ、北方エリアに伝播した技法とされている。日本はそれらの二つの技法の中間的な位置にあって、古代には両方の技法が行われたかもしれない。

また、タトゥーインクについてもよく質問される。黒インクは煤を液体に溶けば作ることができる。火の発見以降、鍋底などから煤が取れるのでインクの調達には困らなかっただろう。

さらに付け加えるなら、最も原始的な身体改造行為は、切傷で身体に痕跡を残す「スカリフィケーション（瘢痕）」であると考えられる。煤がなくても、切傷に色のついた泥や植物の液を刷り込むことでタトゥーに似た痕跡を残すこともできる。これは「インクラビング」という。

たとえば、アイヌのタトゥーは、小刀（マキリ）や剃刀で皮膚を切ったのちに煤から作ったインクを刷り込む方法で行われており、技法としては「インクラビング」に分類される。

このように、原始的な手彫りにも道具や技法の違いがある。様々な調査や再現もまた、民族タトゥーの復興では重要になっている。

タトゥーデザインについても補足しておきたい。基本的にデザインは大島托にお任せで、縄文タトゥー作品のシリーズとして仕上げている。

「縄文族 JOMON TRIBE」の基本方針は、土偶ばかりでなく、土器の文様もタトゥーとして人間の身体に彫られていたと考えている。

さらに現代人の身体に施すことから、ソフィスティケートされた現代のタトゥー作品としても素晴らしいものに仕上げることを目指している。蛇のウロコをヘキサゴン（六角形）で表現している作品群では、縄文から一歩進んで現代的なデザインの作風を強張している。また、シンプルな文

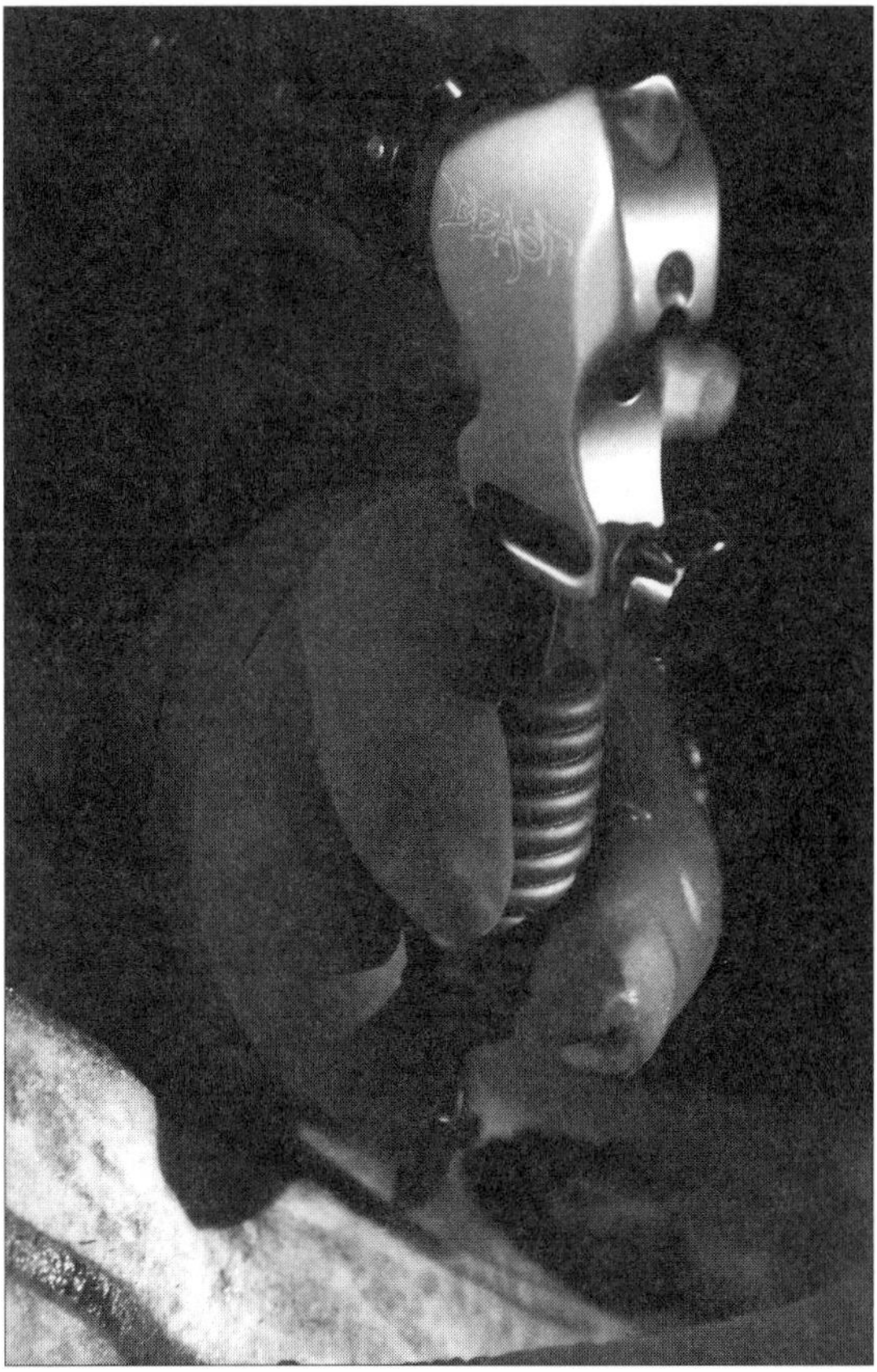

図4-10
ほとんどすべての作品は最新型のロータリー式タトゥーマシーンを使用

様をモチーフとしながらもネガポジ反転の発想で、ほとんどの皮膚面を真っ黒に彫り潰してしまう「ヘビーブラック」の手法も取り入れている。縄文の文様の力を借りながらも未来に開かれたタトゥー作品に挑んでおり、考古学的な再現やリサーチに縛られないところが国際的なタトゥーシーンにおいても高く評価されている理由であろう。そのような斬新さゆえに、大島托が手掛ける縄文タトゥー作品は、幅広い層からの関心を集めることに成功している。

アートギャラリーでの展示と海外進出

「序章」でも書いたように、縄文時代のタトゥー復興アートプロジェクト「縄文族 JOMON TRIBE」が本格的に始動する大きな原動力となったのは、岡本太郎だった。

日本の縄文ブームの火付け役といわれる岡本太郎がどのように縄文と出会い、何を発見し、それを自らの作品にどのように活かしてきたのかリサーチできたことは、アートプロジェクトとしての明確なコンセプトを構築する上でたいへん役立った。

二〇一六年、「縄文族 JOMON TRIBE」は、同名の初個展を阿佐ヶ谷ＴＡＶギャラリーで開催した（カラーＰ25）。

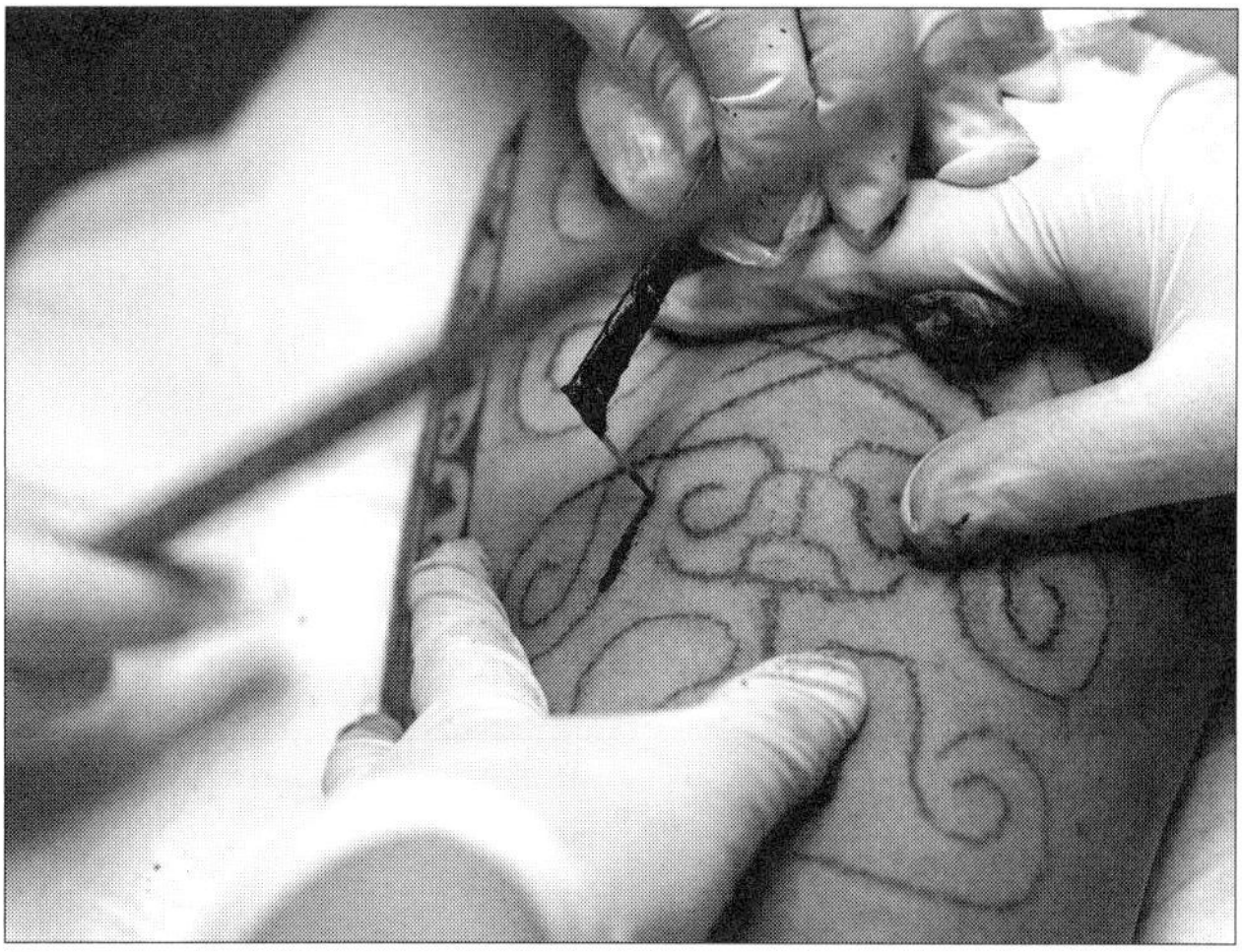

図4-11
タッピングは針がついた棒をもう一本の棒で叩く

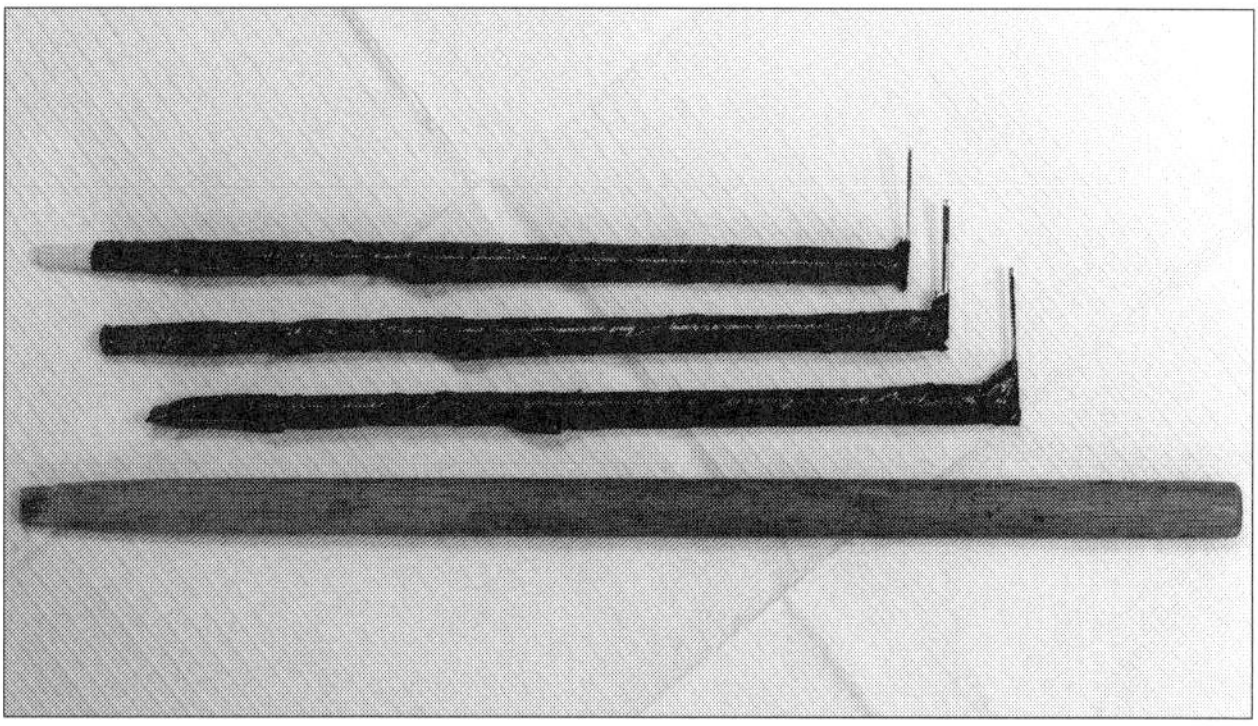

図4-12
タッピングの道具

大島托が手掛けた縄文タトゥー作品を筆者がスタジオ撮影し、最長百五十センチというＢ０サイズでプリントして展示した。巨大サイズのタトゥー作品は、実物の人間で見るよりも大きいぐらいで、作品を巨大なサイズで見せることも展示の重要なポイントだった。

また、「The First Jomon Man」と題して、縄文タトゥーの実演を含むパフォーマンスも行った（図4-13、図4-14）。そこで表現したかったのは、タトゥーという痛みの伴う行為を通じて、頭のなかの世界と現実の世界が連結されるというものである。そして、その証が文様として身体に刻まれることから、人間としてのアイデンティティに目覚めたのではないかと考えたのだ。

初個展には海外からも取材者や訪問客が多く訪れ、ドイツ・フランクフルトから来た写真家でキュレーターのヴェルナー・ロルケ氏は展示を見るなり、翌年のフランクフルトでの展示を即決してくれた。二〇一七年は、フランクフルトの美術大学ＨｆＧでの展示が実現した（カラーＰ25、図4-16、図4-17）。この年、ドイツ・カッセルで五年に一度の国際芸術祭ドクメンタが開催されており、市内の会場をレンタルして一日だけのサテライト展示を行った。また、日本のＮＰＯ法人JOMONISMが主催するアートグループ展「ARTs of JOMON」にも参加している。

そして、二〇一九年、三年ぶりに阿佐ヶ谷ＴＡＶギャラリーで二度目の個展を開催した（カラーＰ24、図4-14、図4-15）。初回に比べ、縄文タトゥーというものの認知が大いに高まり、作品を素直に受け入れてくれる人たちが増えているように感じた。

図4-13
Performance "The First Jomon Man" @TAV Gallery 2016

図4-14
Performance "The First Jomon Man" @TAV Gallery 2016

the japan times
On Sunday
JOMON REVIVAL
Interest in Japan's indigenous hunter-gatherers grows
Page 2
Pundits deliver their verdicts on 2019's hit products

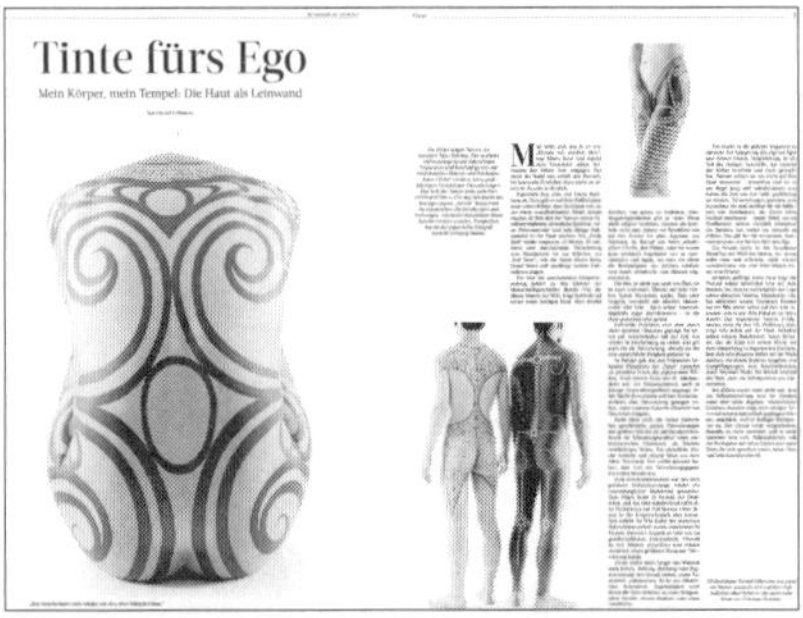

Tinte fürs Ego
Mein Körper, mein Tempel: Die Haut als Leinwand

図4-15
フランクフルトの展示は地元新聞の見開きで紹介された。
"FR7 MAGAZINE 02"（Frankfurter Rundschau）2017

図4-18
日本の英字新聞ジャパンタイムズ日曜版の一面で紹介された。The Japan Times On Sunday "Jomon revival" 2019

図4-16
Performance "The First Jomon Man" @HfG Frankfurt 2017

図4-17
オリバー・ベッカー、ヴェルナー・ロルケ、ケロッピー前田、大島托、フランクフルトにて
Oliver Becker, Werner Lorke, Ryoichi Keroppy Maeda, Taku Oshima
"Jomon Tribe" @HfG Frankfurt 2017

図4-19
「縄文族　JOMON TRIBE 2」@ TAV Gallery 2019

図4-20
「縄文族　JOMON TRIBE 2」@ TAV Gallery 2019

パフォーマンス

“THE FIRST JOMON MAN”「縄文族の誕生」

「縄文時代にタトゥーはあったのか?」という疑問に私たちは現代人の身体を使って具体的にその返答を試みようと思います。

最初にThe First Jomon Manがいました。彼は、縄文土器のような形状にあります。とはいえ、いまだ現実の世界に物質的に存在しているものなのかどうかはわかりません。

The First Jomon Manが物質的に存在するためには、生きている身体にJOMONを彫り込む技術が必要でした。

あるとき、一人の人間が観念の世界と現実の世界を連結する方法を発見し、思わず最初の言葉を発します。

Ta !

その言葉は音となり、リズムとなり、踊りとなり、その証を身体に刻む技術となりました。

The First Jomon Manが物質的な存在として生み出されました。それは人類のはじまり、知性の目覚め、最初の言葉、ヒトの皮膚に彫られる最初の芸術行為としてのタトゥーのはじまりなのです。

確かに縄文時代にタトゥーはあった!

ステートメント

『縄文族 JOMON TRIBE』とは、タトゥーアーティストの大島托とフォトグラファーのケロッピー前田によるアートプロジェクトである。

「縄文時代にタトゥーはあったのか?」

いまだに答えの出ない太古の謎に、私たちは実際に現代人の身体にタトゥーを彫り込むことで実践的に返答しようと試みている。

たとえば、1969年に考古学者の高山純は『縄文人の入墨』を著し、縄文時代の土偶にみられる文様はタトゥーではないかと指摘した。また縄文時代とタトゥーが関連づけられるもともとの根拠は、『魏志倭人伝』に日本人が文身(タトゥー)をしていた記述があることによる。

このプロジェクトは縄文の文様を抽出し現代的なタトゥーデザインとして身体に刻むことで、人類の原始的な精神が21世紀を生き抜くためのアイデンティティとなり得ることを示している。

約一万年前の文様から創造する縄文タトゥーの世界。そこに映し出されるビジョンは単に過去を再現するということにとどまらず、現代人の身体を用いて、縄文文様をさらに未来の一万年後にまで届けようという野心的な挑戦である。(ケロッピー前田)

展示歴

2020	2/25 - 3/9 個展「縄文族 JOMON TRIBE」BEAMS JAPAN(東京)
2019	11/15 - 12/1 個展「縄文族 JOMON TRIBE 2」TAV Gallery(東京)
2019	7/6 - 7/21 グループ展「MID CORE」TAV Gallery(東京)
2017	6/17 - 8/13 グループ展「ARTs of JOMON」ISETAN THE CUBE(クアラルンプール、マレーシア)
2017	6/11 サテライト展示「JOMON TRIBE」SeminarRoom,Motzstrasse 1(カッセル、ドイツ)
2017	6/5 - 6/18 個展「JOMON TRIBE」RMZ Galerie(フランクフルト、ドイツ)※appointment only
2017	6/2 - 6/3 個展「JOMON TRIBE」HfG(フランクフルト、ドイツ)
2016	9/16 - 9/27 個展「縄文族 JOMON TRIBE」TAV Gallery(東京)

※ケロッピー前田個人としての展示歴については巻末の英文資料参照

イベント

2020　1/26 “ONENESS MEETING” @UNIT/B1FLAT
2019　11/23「藝大で縄文の話をしよう」@東京藝術大学上野キャンパス
2019　11/17「Meet The サイボーグ 2」@阿佐ヶ谷ロフトA
2019　1/24「Meet The サイボーグ」@阿佐ヶ谷ロフトA
2018　12/10「日本のタトゥー問題を考える! Round 2」@Dommune
2018　4/24「Tattoo & Party」@高円寺パンディット
2018　3/14「日本のタトゥー問題を考える!」@Dommune
2017　9/22「縄文時代にタトゥーはあったのか?」@ゲンロンカフェ
2017　6/30「EXPRESSIONS」@LOFT9
2017　1/29「オキュパイ・スクール 縄文スペシャル」@白夜BSホール
2016　11/26「オキュパイ・スクール」@白夜BSホール
2016　11/19「縄文族&改造人間ミーティング」@高円寺パンディット
2016　11/11「一万年前/一万年後」@東京ワンダーサイト本郷
2016　8/9 実写版「CRAZY TRIP」@Dommune

メディア

2019　Alex Martin “Jomon revival” www.japantimes.co.jp
2019　笛木あみ「縄文人はタトゥーをしていたか?」和楽web
2019　都築響一 “ROADSIDERS' weekly”(11月13日号)
2019　ケロッピー前田『クレイジーカルチャー紀行』(KADOKAWA)
2018　ケロッピー前田(責任編集)『バースト・ジェネレーション』(東京キララ社)
2018　『いま蘇る縄文』(ダイアプレス)
2017　“FR7 MAGAZINE 02” (Frankfurter Rundschau)
2016　『WWB ワイワイブック 2016』(準備室)
2016　Jonathan DeHart “Forbidden Ink” thediplomat.com
2016　ケロッピー前田『クレイジートリップ』(三才ブックス)
2016　Lars Krutak “Japan's Blackwork Master” larskrutak.com
2015　“TATTOO MASTERS FLASH COLLECTION” (Editions Reuss)
2015　『TH(トーキングヘッズ叢書』No.62(アトリエサード)
2015　“Ink Fashion” No.10″ (Paisano Publications)
2014　“THE WORLD ATLAS OF TATTOO” (Yale University Press)
2013　『タトゥー・バースト』2013年1月号(コアマガジン)
2010　『タトゥー・トライバル』Vol.41(富士美出版)

メイキング・オブ「縄文族 JOMON TRIBE」大島托×ケロッピー前田

いつかは誰かがやらなきゃいけない

ケロッピー前田（以下ケロ）「最初にインタビューしたとき、托さんから縄文の話があったじゃないですか。それが具体的にアートプロジェクトになって、国内外のギャラリーでの展示を経て、こうして、ひとつの成果としてまとめられるのは嬉しいです」

大島托（以下托）「いつかは誰かがやらなきゃいけないことだったと思っていました。世界のトライバル・タトゥーを牽引している彫師たちから望まれていたことですから。彼らは、本当にいろんなことをよく調べています」

ケロ「九〇年代に世界的なタトゥー流行があって、黒一色で文様を刻むトライバル・タトゥーの登場は、従来のタトゥーのイメージをくつがえすという意味でも衝撃的で大人気となりました。その後、そこからトライバルな文様の発祥になった国や地域で、もともとのタトゥー文化のリバイバル運動が起こっていきます。ゼロ年代には、ポリネシアのタトゥー文化が『タタウ（タトゥーの語源のポリネシア語）』として、ポリネシア文化全体の復興の象徴になっていきました」

托「ニュージーランドのマオリ族は有名ですよね。モコといわれる顔面のタトゥーが蘇り、マオリ語を公用語にするとか、国旗までマオリのものに変えるという話もあって」

ケロ「二〇一九年に日本で開催されたラグビーW杯でも、ニュージーランド選手のタトゥーが取りざたされましたけど、彼らにとってはタトゥーこそが民族の誇りだから」

托「西洋人に植民地にされたときに自分たちの文化を奪われ、そのなかでも最も象徴的なものだったのがタトゥーでしたから。そういうものが二十一世紀になってリバイバルしているわけですよね」

ケロ「テン年代は絶滅寸前のタトゥーを掘り起こし、調査に行ったり、タトゥーを通じて歴史の空白を埋めるような動きが起こっています」

托「ラース・クルタクのドキュメンタリーシリーズ『タトゥーハンター』(″Tatto Hunter〃 Discovery Channel, 2009) ですね。人類学者が未開の部族の村を訪ねて、最も原始的なタトゥーを体験的にレポートするという」

ケロ「托さんにしても、ラースにしても、部族的民族的なタトゥーを探求していくうちに、現代でも最も原始的なタトゥー文化を残す人たちを追いかけるようになっていきました」

托「タトゥーのはじまりに、みんな興味がありますからね。縄文時代は約一万五千年前に始まっています。もし縄文時代にタトゥーがあったなら、そこには人類の原初的なタトゥーの形が残されていたんじゃないかって、誰でも思いますよ」

ケロ「縄文時代のタトゥーを復活しようとしたとき、托さんが素晴らしいのはポリネシアやボルネオだけでなく、さらに秘境に挑み、最後の首狩族といわれたインドのナガ族、スマトラのシベルト島で石器時代同然の暮らしをしているメンタワイ族などを実際に訪ねていることです」

托「僕は基本的に秘境と言われるようなところを旅するのが好きですからね。彼らと直接に会ってみて一番良かったことは、ここ数万年、人間は全然変わっていないことを実感できたことです。つまり、石器時代同然の暮らしをしている人たちも、タトゥーを入れることによる高揚感は僕らと何ら変わらないんです。言葉が通じないから、身振りや手振りでコミュニケーションするんですが、同じところで笑ったり、身体感覚から生まれる世界の捉え方は変わりません。もちろん、彼らなりのタトゥーの社会的儀礼的な意味はありますが、一番最初の衝動は〝楽しい〟から。最も原始的と思える部族の人たちがタトゥーを彫るのが楽しいというのは、もはや絵を描く快楽に先行しています。洞窟壁画を描く感性を持つ以前に、すでにタトゥーはあり得たということでしょうね」

ケロ「もし、タトゥーを彫る喜びが、地域や時代を超えて、人類共通のものであるなら、縄文時代にあったといわれるタトゥーもまた、現代の日本で蘇らせることができるわけですよね」

托「そうですね。僕は、縄文の文様は〝蛇〟であったと思っています。蛇というのはタトゥーの重要なモチーフで、日本を中心に世界をみるなら、南方はフィリピンなど、綺麗な柄を持つ毒蛇などがいて、その柄やウロコをそのままタトゥーにしています。一方、北方はシベリアなど、蛇が小さく細く、色も地味なので、その動きや形が文様となっています。そう考えると、縄文の螺旋や渦巻きは蛇の動きや形で、土器や土偶にみられる線刻は蛇のウロコのようにみえます」

ケロ「確かに、托さんのタトゥー作品にみられるジオメトリックな視覚効果は、いまにも蛇が動き出しそうにみえます。もちろん、それらは、縄文の土偶や土器などからモチーフを借りながらも、現代的にアレンジされ、かなりソフィスティケートされたものですけど」

托「世界的にみて、トライバルやブラックワークを得意とする彫師は、パターン（文様）の分析、抽出、再構成に優れた人たちなんです。たとえば、九〇年代のトライバル・ブームは、ボルネオのイバン族やダヤク族のタトゥーの文様を現代的なデザインに置き換えていました。でも、世界中にはもっとたくさんのタトゥーの文様が残されているんです。だから、僕らはそれぞれの文様から法則性を抜き出し、オリジナルの美しさや意味性を損なわないようにしながら、大胆に再構成しています。そのような創作のプロセスは、他のアートの形式にはみられない、人間の身体に直接施すタトゥーならではのものでしょうね」

〝最初の縄文人（The First Jomon Man）〟の登場

ケロ「僕らにとって、二〇一六年の北海道縄文リサーチの旅はすごく重要でした。特に、『縄文族 JOMON TRIBE』というプロジェクトをどのように進めていくかについて、お互いの共通見解として、〝縄文タトゥー〟というものを設定する必要がありました」

托「正直、北海道に行って、それまでの縄文時代に対するイメージが覆りました。もちろん、それまでも博物館などで土器や土偶はじっくりと鑑賞してきましたけど、石器や骨角器、それに東京では決してお目にかかれない、なんだかわからないものまで見られましたから。釣針、縫い針、アクセサリーなど、これだけの工作能力があれば、タトゥーを彫るための道具も作れるでしょう。とにかく、縄文時代を原始時代のようにとらえることからは離れられました。あまりにも実力があるんで、本当に狩猟採集民でいいのかなって思ってしまうくらいです」

ケロ「そうなんです。その上、情報が多すぎてとらえどころがないとも言えます。いったいどこから手をつけたらいいのかまったくわからない。縄文時代は年代的にもとても古いし、歴史も長いから当然かもしれないですけど、遺物がたくさんありすぎます。文様のバリエーションもこれでもかというくらいに次々に出てきます」

托「たとえば、土器のレベルからその当時のタトゥーのレベルを判断することができるとするなら、世界の他の民族例と比べても異常なレベルです。縄文人は、本当に高度な狩猟採集民で、僕が実際に会ってきた、メンタワイ族やナガ族では全然かなわないと思います」

ケロ「僕らは、最初の文様はタトゥーとして人間の身体に彫られたと考えています。それが土器に転写されて〝縄文土器〟として残されたんじゃないかと。それからすると、土器を作る人とタトゥーを彫る人は同じだったかもしれないですね」

托「いっしょでしょうね。ただ、縄文中期にはド派手な土器がたくさん作られましたが、土器の方に気持ちが移ってしまうとタトゥーは疎かになってしまわないかと心配になります」

ケロ「鋭い指摘ですね。カナダ先住民ハイダ族を取材したとき、トーテム・ポールを作るカーバー(彫刻師)がタトゥーの彫師も兼ねていたので、西洋人に奪われた文化を取り戻す過程では、トーテム・ポールに全力を注いだため、タトゥーの復興は後回しになったと聞きました」

托「僕が見てきた範囲でいうと、縄文時代の文様については、地域的な特色よりも共通性の方が目立っているんです。もっとバラつきがあっていい。そうでないと、それぞれの地域のアイデンティティを識別できないんじゃないかと思ってしまうんですよ」

ケロ「現代的に解釈すると、縄文時代は交易が盛んだったからではないでしょうか。たとえば、新潟県の糸魚川《いといがわ》産のヒスイが北海道にもあったわけですから。これは僕の勝手な想像ですが、あるとき、非常に素晴らしい縄文タトゥーを全身にまとった人物が出現し、その人が〝最初の縄文人(The First Jomon Man)〟として、日本中に文様を伝えたんじゃないかというイメージはあります」

托「最初の段階では、彫ること自体が最大の関心事だったと思います。そこでは勝手に実験していく感受性の強い奴がいて、次にその成果を見て体系化していく奴がいて、そこから最初の形が出来ていったんじゃないかな。合理性がなくても、何かを作れる人というのは、頭の中にすでにそれがあると思います」

ケロ「もちろん、日常的にはそういうことの積み重ねから〝何か〟は生まれていると思います。でも、長年、世界のカウンターカルチャーの現場を見てきた立場からいえば、やっぱり、みんなをびっくりさせるような人物が出現して、それに触発されて人々が動き始めると思っています。たとえば、トライバル・タトゥーの創始者レオ・ズルエタは、彼自身の背中全面に彫られた黒一色の文様作品(エド・ハーディ作)が典型的な作例となって多くのフォロワーを生んだわけじゃないですか。実際に素晴らしい傑作が登場して、びっくりして真似する人たちが出て、この作品のイメージがどんどん広まっていきました」

托「縄文時代の文様はすごく不思議ですよね。北海道に行って、僕らはそういうアイディアに至るのかみたいな」

ケロ「そうなんですよ。古代においても新しいカルチャーとしての縄文時代が始まるためには、〝最初の縄文人(The First Jomon Man)〟が必要だと思うんですよ。もしかしたら、タトゥーも文様ももっとずっと以前からあったかものかもしれないけど、ある人がビジョンを掴んで、それを具現化し、文様として日本中に広めるきっかけを作っていかないと。それは個人ではなく、集団かもしれないし、多くの人を介して長い時間をかけて拡散していったものかもしれませんけど」

托「そのビジョンというのはどこから来るんですかね」

ケロ「本当は托さんが〝最初の縄文人（The First Jomon Man）〟でもあるんです。文様をみんなに分け与えることができるし、そのことで広めていけるわけじゃないですか。このプロジェクトの面白いところは、タトゥーとして人間の身体に実際に彫ってしまうことで、フィクションから始まったのかもしれないものがリアルなものとして出現することです。縄文タトゥーはあったかなかったかを超えて、実はもう目の前にあるわけです」

※二〇一五年二月二十五日、二〇一六年五月二十六日、二〇一九年七月二日に収録した対談素材を構成しました。

TAKU OSHIMA × RYOICHI KEROPPY MAEDA

JOMON TRIBE

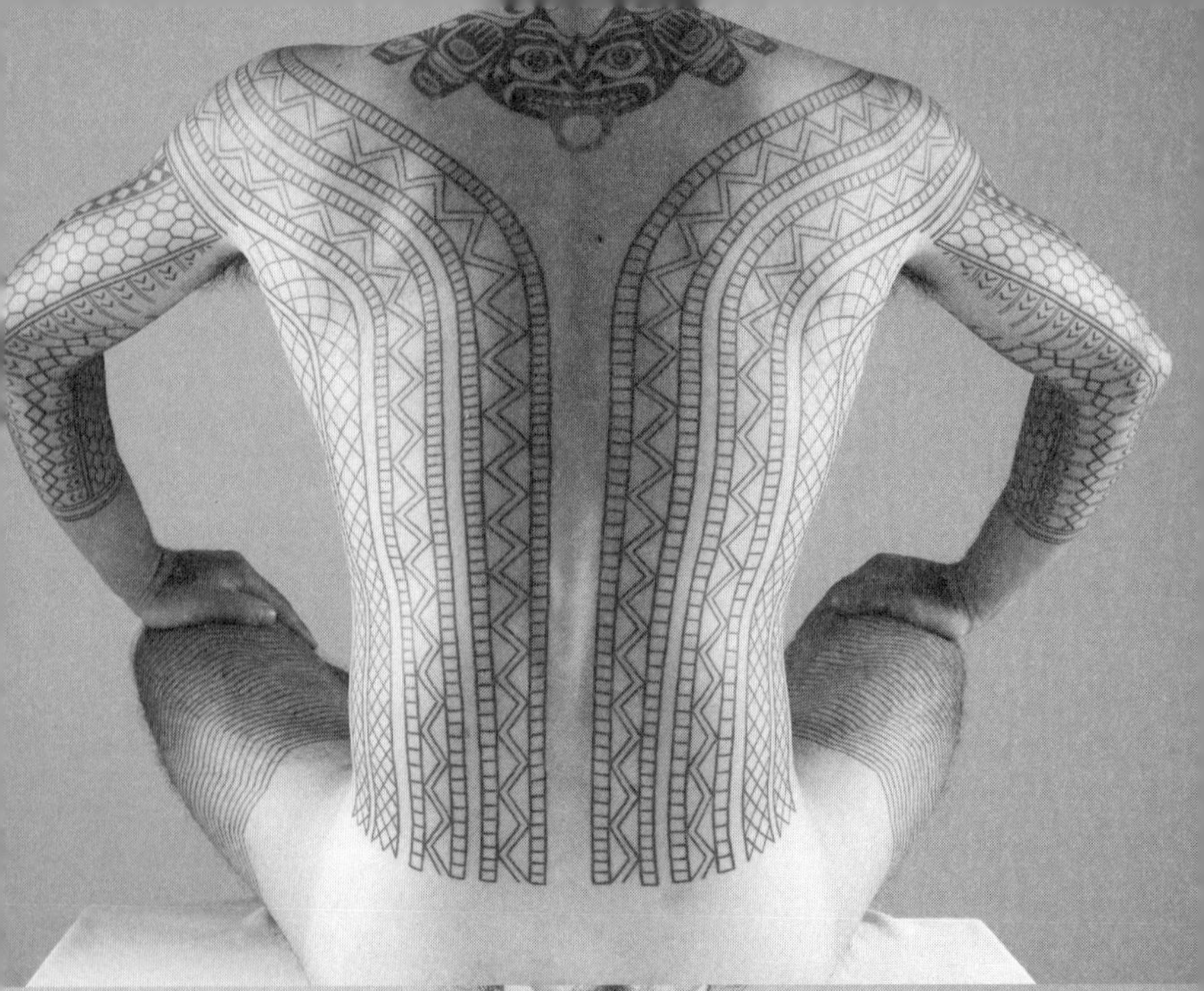

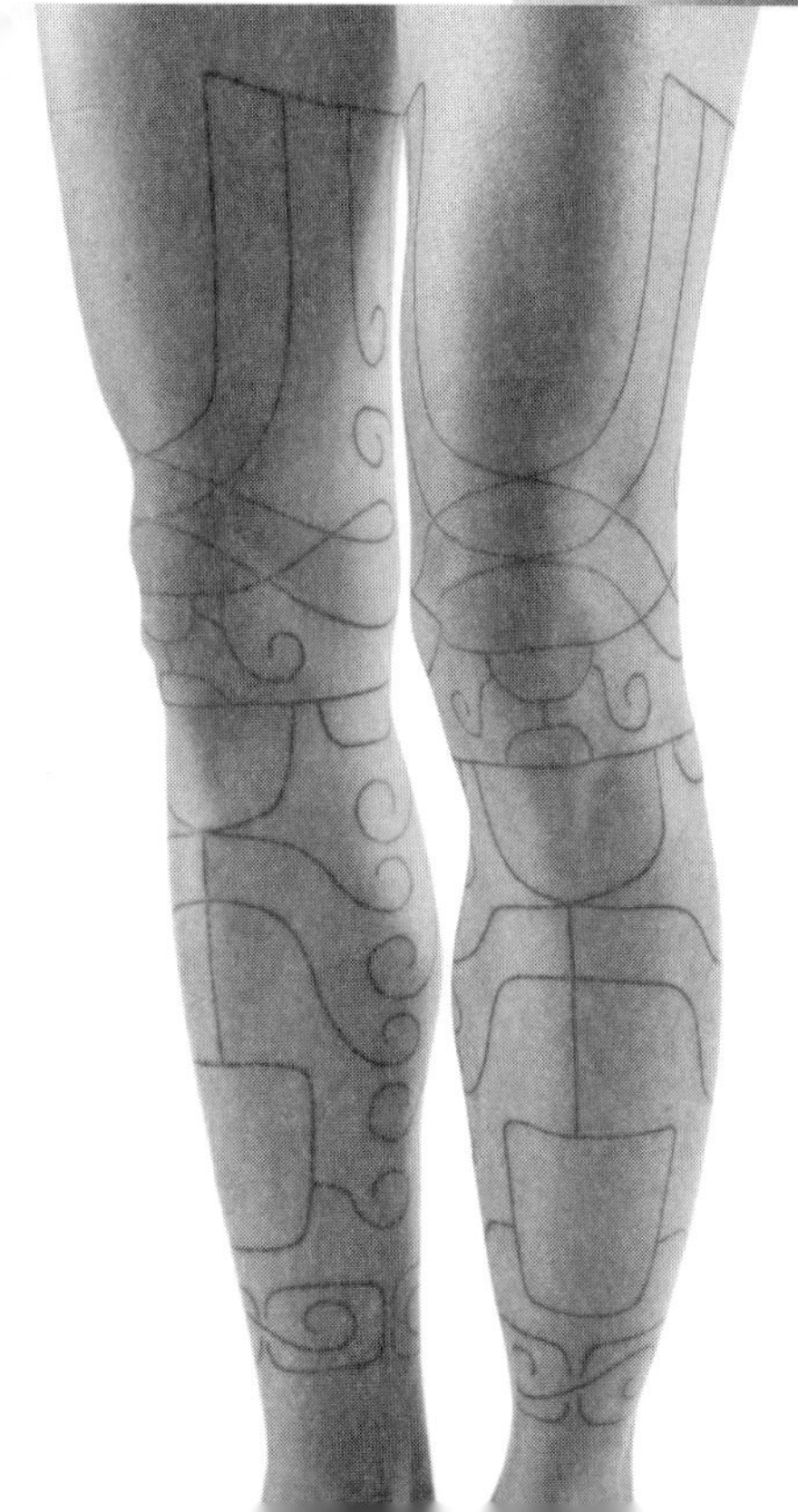

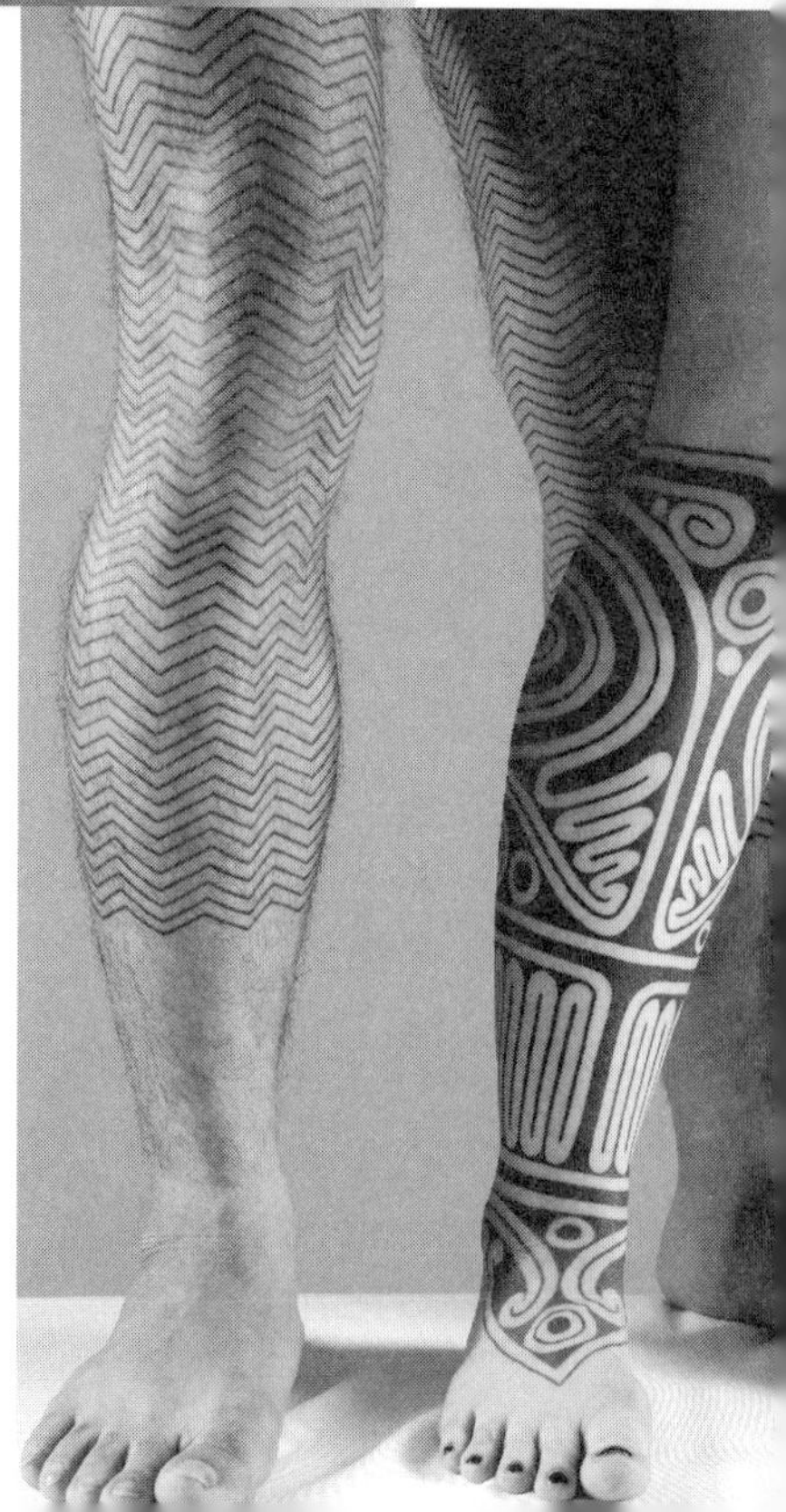

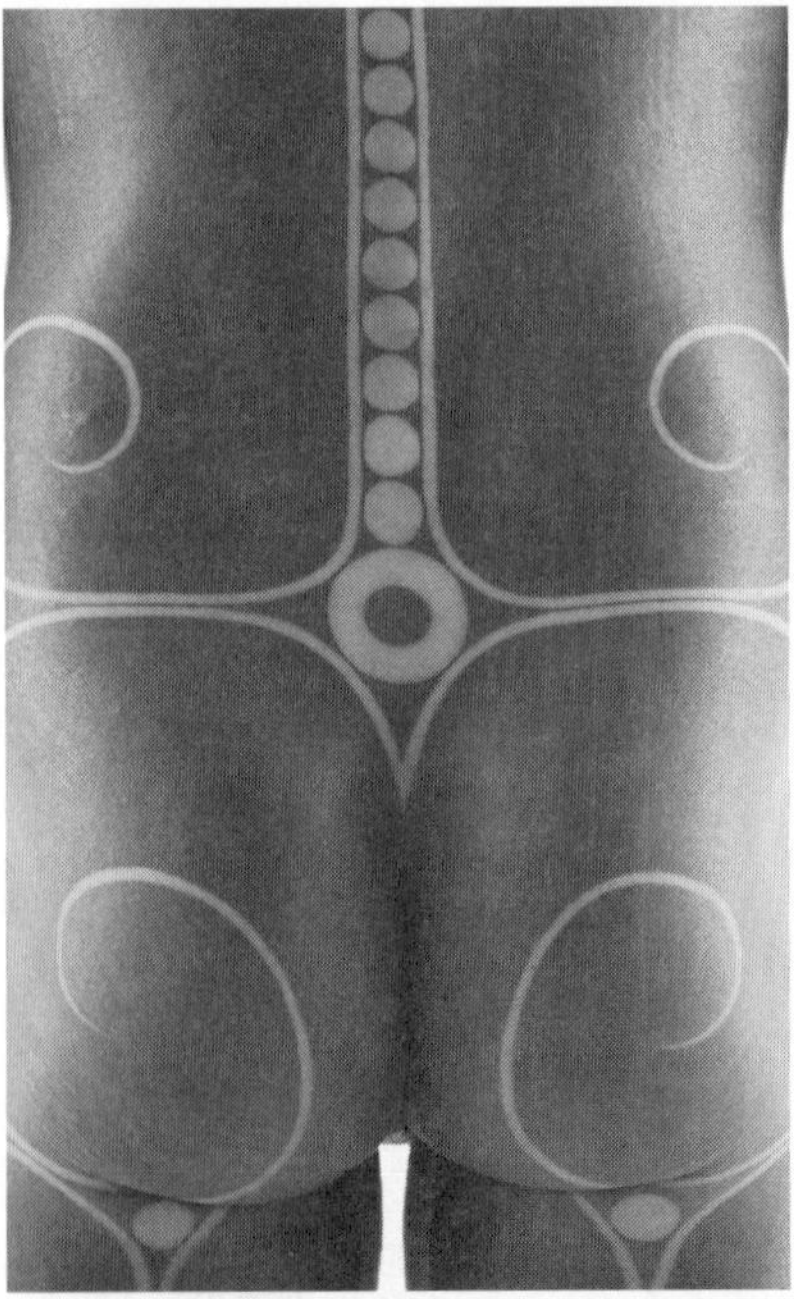
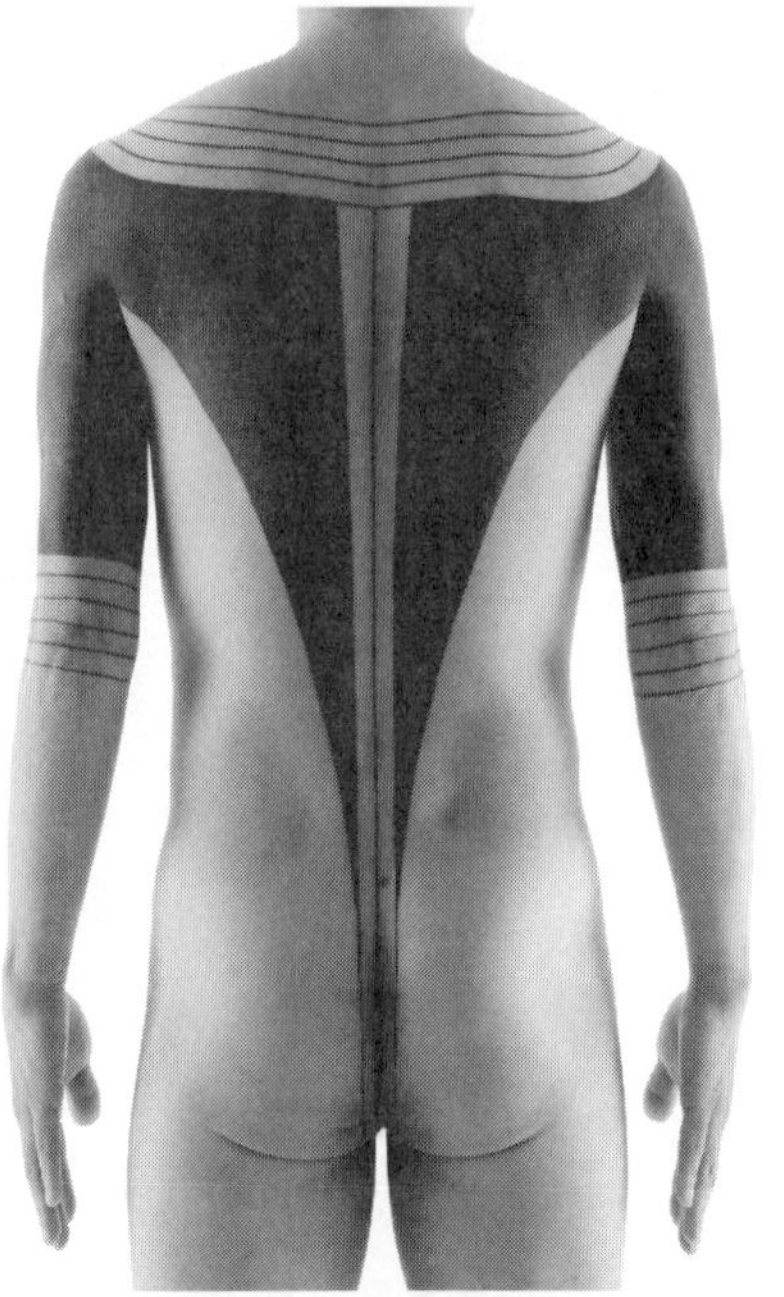

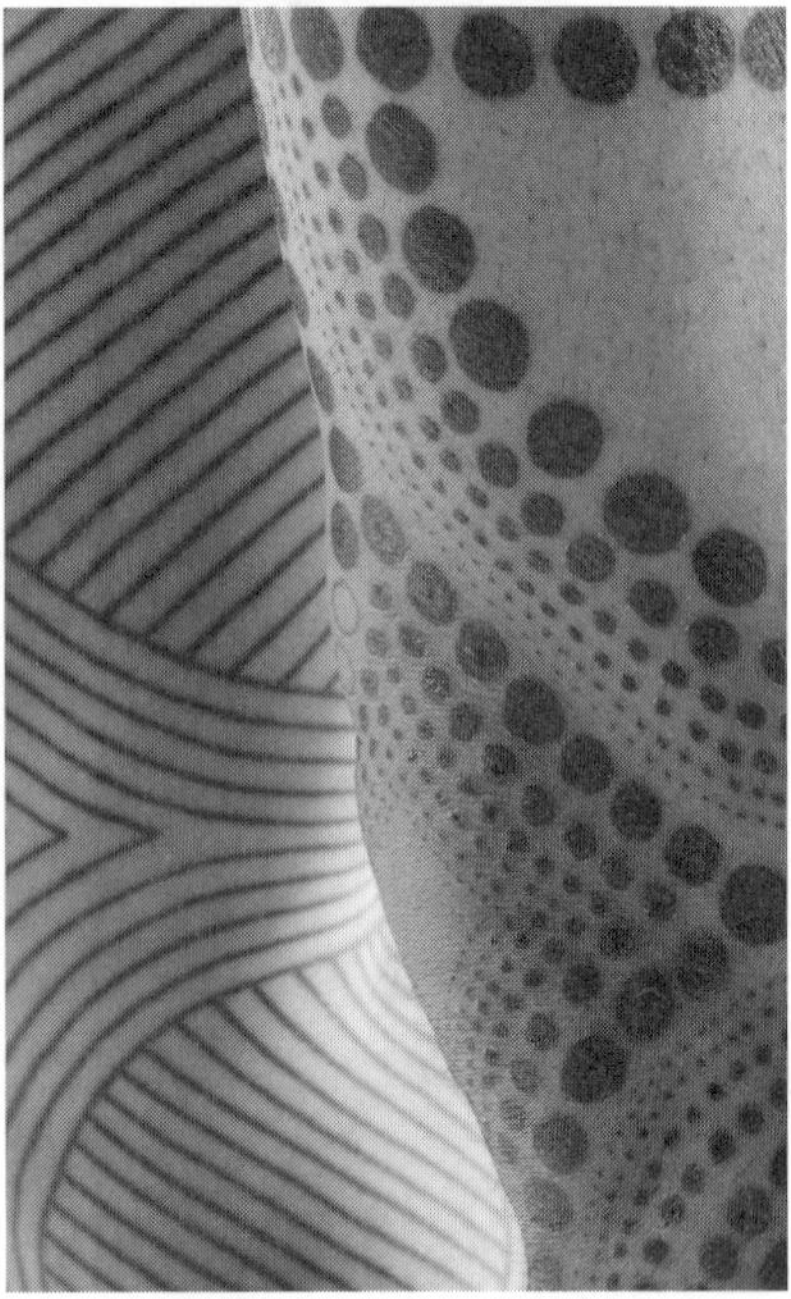

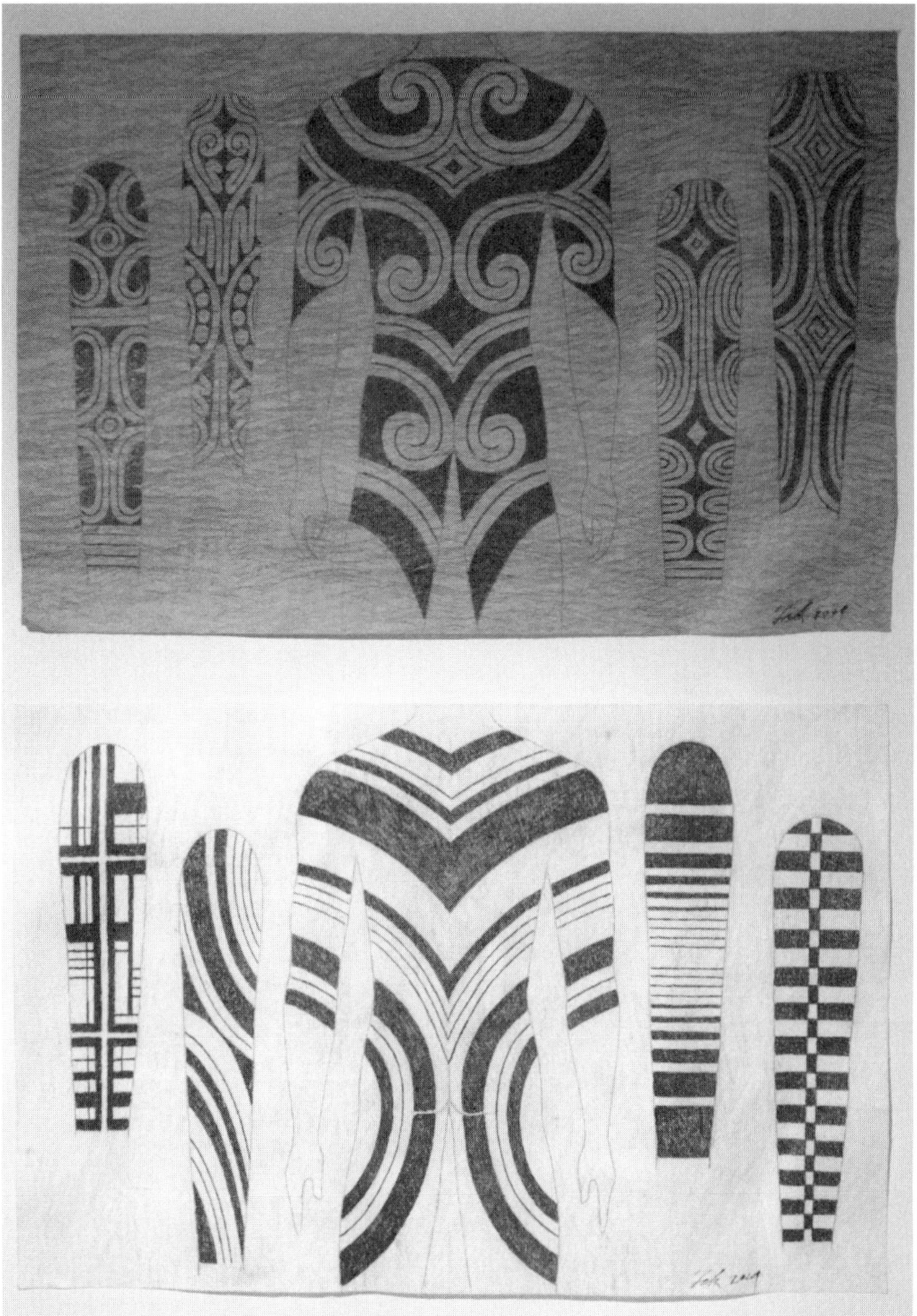

Drawing on Thai paper by Taku Oshima

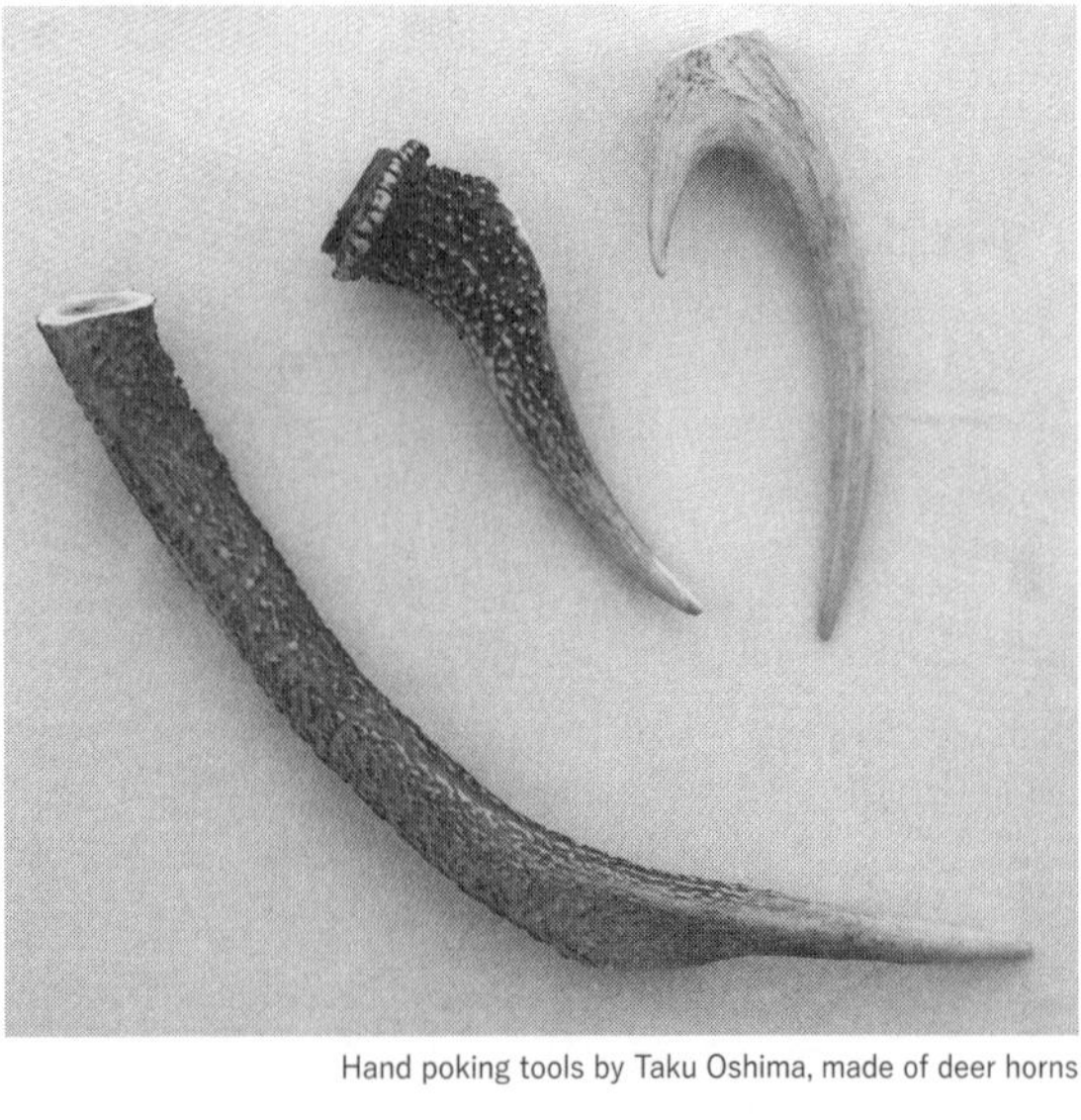

Hand poking tools by Taku Oshima, made of deer horns

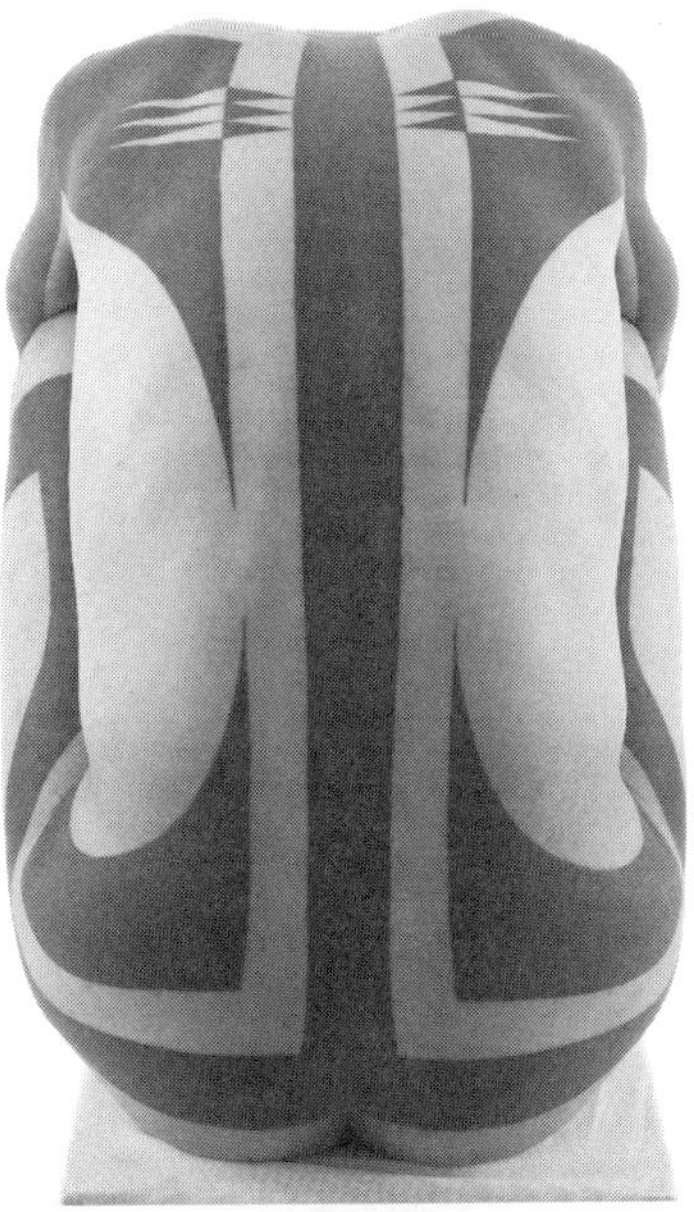

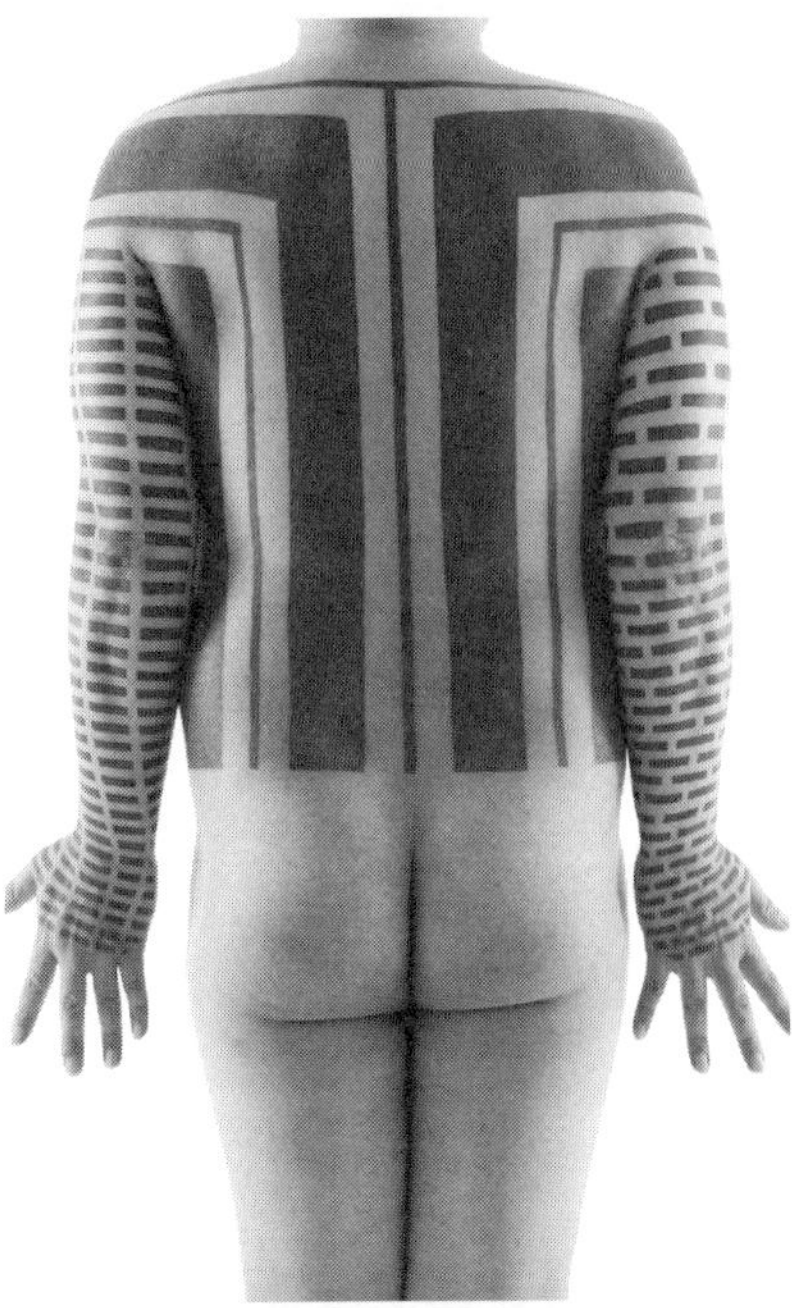

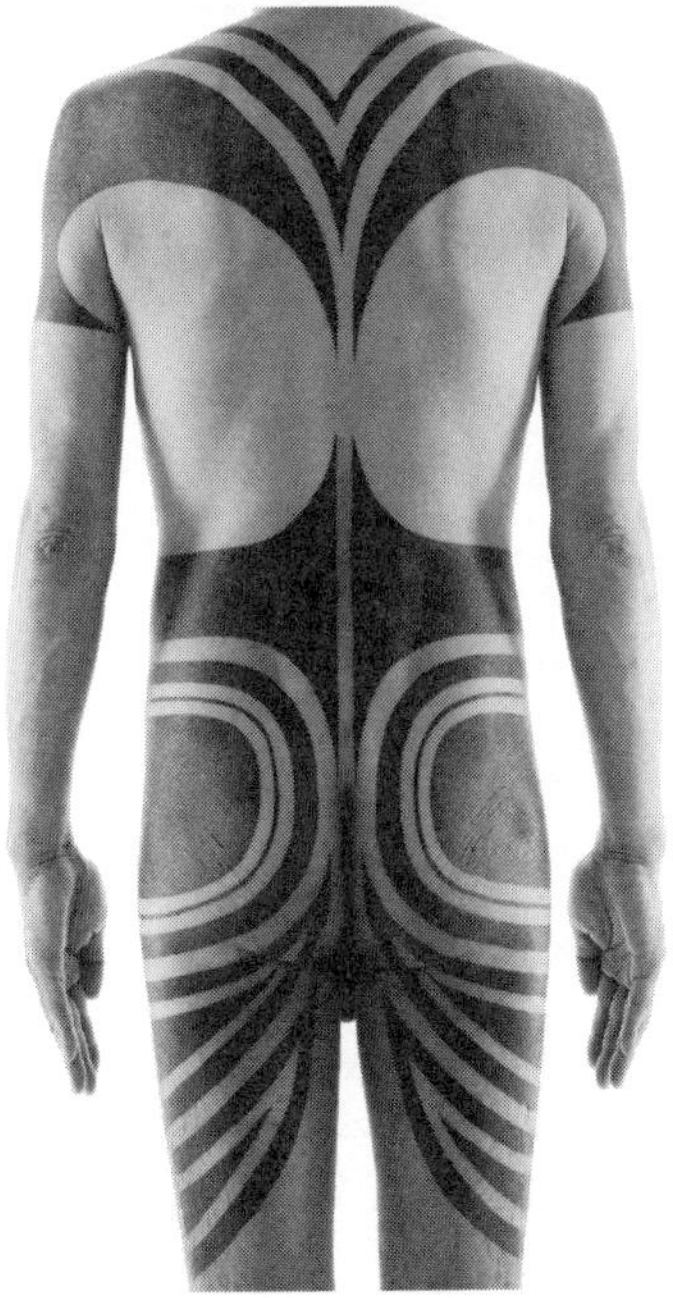

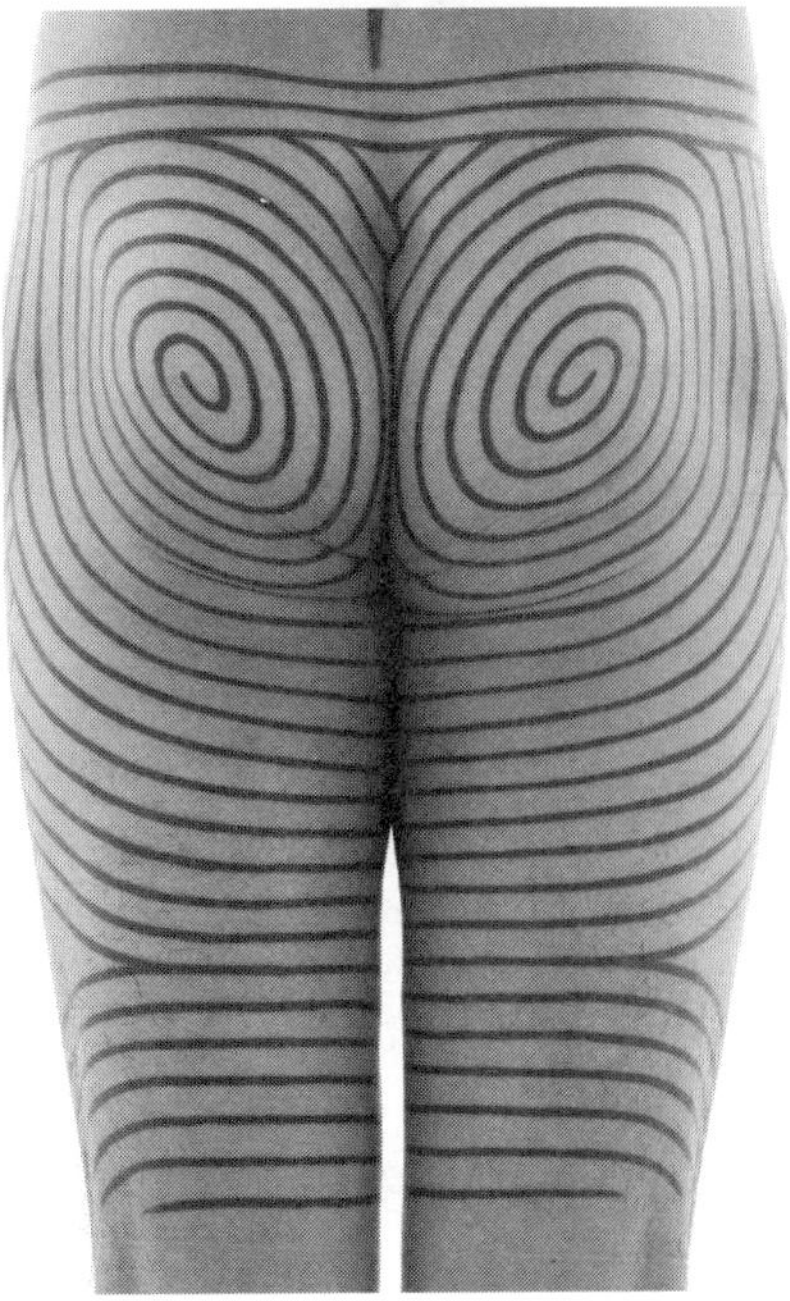

5

パリ、ケ・ブランリ美術館のタトゥー展

Reviving Japanese Ancient Tattooing Art Project “Jomon Tribe”

タトゥー人気を象徴する大規模展示

二〇一四年、フランス・パリのケ・ブランリ美術館（図5-1）で、タトゥーをテーマとした大規模な展覧会『TATOUEURS, TATOUÉS（タトゥーを彫る人、彫られる人）』が開催されて話題となった。この展示は二〇一四年五月六日から二〇一五年十月十八日まで、約一年半もの長期間に渡った。

ヨーロッパでも有数の豊富な民族資料を誇るミュージアムがタトゥーを大きくフィーチャーしたことは、欧米におけるタトゥーの認知がどれほど進んでいるかを象徴する出来事であった。

ケ・ブランリ美術館は、エッフェル塔のほど近くに二〇〇六年にオープン。フランス政府が長年収集してきた世界の民族資料を芸術的な視点から展示することを特徴としていた（図5-2）。もともとはルーブル美術館の原始美術部門の構想から生まれたものだが、現代アートを市民に開かれたものとしてアピールしたことで大成功を収めたポンピドゥー・センター（一九七七年開館）に習い、民族文化を洗練された形で見せることを目指していた。

今回の展示が実現した背景には、九〇年代以来の世界的なタトゥーの大流行がある。ちなみに、展覧会のプレス資料には、欧米のタトゥー人口は、アメリカでは成人四人にひとり、フランスでは成人十人にひとりとある。世界的には、タトゥーはすでにポップカルチャーのひとつとして受け入れられているという事実を知っておいて欲しい。

図5 - 1
ケ・ブランリ美術館 www.quaibranly.fr

図5-2
ケ・ブランリ美術館の常設展

なぜ、世界的なタトゥーブームが起こったのか？

二十一世紀となった今、世界的にタトゥーはひとつのカルチャーとして幅広く受け入れられている。パリのケ・ブランリ美術館でタトゥー展が行われていること自体がその証であるが、どうも日本ではその事実がなかなか理解されないようだ。

九〇年代、世界的なタトゥー流行の最初のきっかけとして、象徴的に語られてきたのは、前述した通り、一九八九年に出版された『モダン・プリミティブズ』であった。

「モダン・プリミティブズ」という言葉の発案者であるファキール・ムサファー(Fakir Musafar)は、アメリカ先住民の儀式「サンダンス」で行われていた、身体にフックを貫通して吊り下げられる「ボディサスペンション」を現代的に蘇らせ、モダン・プリミティブズの典型的な実践とした。

また、ファキールは、ボディピアッシングを現代医学の知識をもとに確立し、一九七五年にジム・ワード（Jim Word）が世界最初のピアス専門店「ガーントレット（Gauntlet）」をオープンするときにも大いに助けていた。

一方、『モダン・プリミティブズ』におけるタトゥーの部門を支えたのは、エド・ハーディ（Ed

Hardy）とハンキーパンキー（Hanky Panky）という、いまやレジェンドとなっている二人の彫師であった。

　エド・ハーディといえば、日本では服飾ブランドとして知られている。しかし、彼こそが「タトゥー・ルネサンス」と言われるタトゥーの新時代を準備した最重要人物である。

「タトゥー・ルネサンス」という言葉は、『マークス・オブ・シビライゼーション』（〝Marks of Civilazation〟, Museum of Cultural History University of California, Los Angels, 1988）の編著者アーノルド・ルービン（Arnold Rubin）が提唱しているもので、戦後にプロの彫師として活躍し始めたライル・タトゥル（Lyle Tuttle）、クリフ・レイバン（Cliff Raven）、エド・ハーディら数名の名前を挙げ、彼らが欧米タトゥーに新時代をもたらしたというのである。ルービンは、一九六〇年代から従来の欧米タトゥーの様式から脱出し、大胆で大きく芸術的なタトゥー作品が登場して始めたという。このことはタトゥーを現場を知っている人たちならわかるだろう。つまり、あらかじめ準備されたタトゥーの下絵（フラッシュ）から好みのものを選んで彫ってもらう「フラッシュ・ワーク」が一般的であったところから、お客に合わせて一点一点デザインする「カスタム・ワーク」へと移行したということなのである。

「タトゥー・ルネサンス」のけん引役となったエド・ハーディは、七〇年代から日本をたびたび訪れ、伝統刺青をリサーチするなかで「カスタム・ワーク」の手法を学んでいった。そのことは欧米の幅広い層の人たちの目を開き、世界的なタトゥーブームに繋がっていく。

一九八二年、エド・ハーディは自らが編集長となって『タトゥータイム』（図5-3）を創刊、トライバル・タトゥーを大特集して、フィリピン系アメリカ人の彫師レオ・ズルエタ（Leo Zulueta）らを紹介した。レオはのちに、自らデザインした黒一色の文様で背中全面を覆い（エド・ハーディ作）、『モダン・プリミティブズ』にその作品が掲載されたことで多くの追従者を生み、トライバル・タトゥーの創始者として知られるようになった。同じ作品は『マークス・オブ・シビライゼーション』の表紙も飾っている（図5-4）。

アメリカ西海岸で始まったタトゥーやピアスの流行は、ハンキーパンキーがアムステルダムで国際規模のタトゥー・コンベンションを仕掛けたことでヨーロッパに飛び火していく。ハンキーが仕掛けたコンベンションで一番人気のスター的な存在となったのが、若くして日本で刺青を学んだフィリップ・ルー（Filip Leu）であった。

写真家から彫師に転身したハンキーは、もともとジャーナリスティックな視点を持ち、タトゥーの歴史や資料収集に熱心で早くからタトゥー・ミュージアムの構想を持っていた。詳しくは後述するが、ハンキーのリサーチの成果は、ケ・ブランリ美術館のタトゥー展も大いに役立っていた（図5-5）。

アムステルダム・タトゥー・コンベンションに続くように、ベルリン、バルセロナ、ミラノ、ロンドン、パリなど、ヨーロッパの各都市で国際規模のタトゥー・コンベンションが盛んに行われるようになった。

また、「モダン・プリミティブズ」というキーワードは、タトゥーやピアスを通じて、非西洋文化への新しい関心を呼び覚ました。特に全身を覆う文様のタトゥー文化を持っていたポリネシア（太平洋諸島）や古代文明の時代にピアスやスカリフィケーション（瘢痕《はんこん》）も含めた身体改造が盛んだったメキシコなどでは、植民地時代に奪われた自分たち文化を取り戻したいという理由から、タトゥーや身体改造が盛り上がっている。

図5-3
トライバル・タトゥー特集号 "TATTOO TIME"（Hardy Marks Publication, 1982）

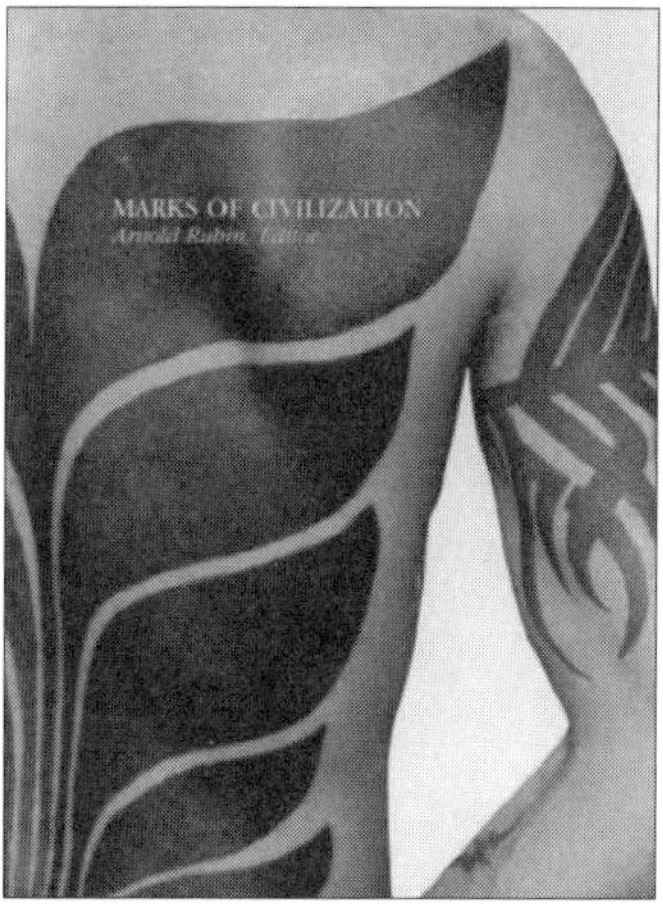

図5-4
レオ・ズルエタ自身の背中の作品が表紙を飾った Arnold Rubin "Marks of Civilization"（Museum of Cultural History, 1988）

さらにゼロ年代に入ると、二〇〇五年に始まる『マイアミインク（Miami Ink）』というタトゥーショップの日常を描くリアリスティックテレビ番組が世界的に大ヒット。その後もシリーズ化され、タトゥーブームは世界規模の大きなムーブメントとして勢いを増している。この頃から、セレブやスポーツ選手らの間でもタトゥーが広まり、ひとつのポップカルチャーとして定着していった。

こうしてタトゥーの一般化が進んだからこそ、『TATOUEURS, TATOUÉS』が開催されたわけである。この展覧会は、もともとの愛好者たちにはタトゥーのマニアックな知識や情報を提供し、一般鑑賞者たちにはタトゥーの歴史や文化的な背景を教え、タトゥー作品の素晴らしさに触れる絶好のチャンスを与えていた。

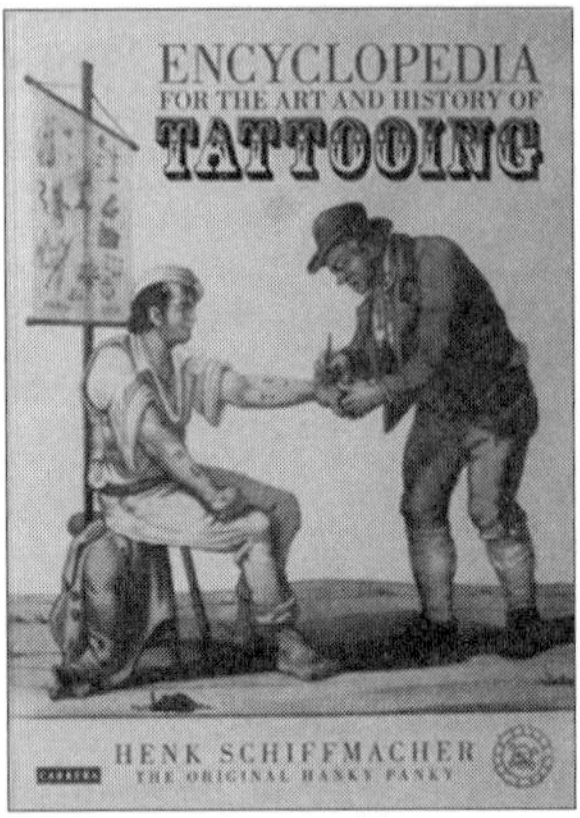

図5-5
ハンキーパンキー執筆のタトゥー百科事典 Henk Schiffmacher "Encyclopedia For the Art And History Of Tattooing" (Carrera, 2010)

古代、すべてのタトゥーをした人たち

ここからはタトゥー展の展示順にそって、人類史におけるタトゥーの変遷を見ていきたい。最初のセクションは「オール・タトゥード（すべてのタトゥーをした人たち）」と題された古代から。そこには、タトゥーをしたミイラの腕（図5-6）や皮膚、ドット文様を施された土製人形（図5-7）などが並び、太古の時代から世界各地にタトゥーが行われていたことが強調されている。

展示会場の解説にはこうある。

「すべてのタトゥーをした人たち。地球規模のタトゥーの歴史をみてみると、身体に印を刻むことを通じて、ある集団が持つ技術、道具、顔料、図像学的な解釈を知ることができる。人がタトゥーをする理由は、治療、崇拝、神格化、周縁化、征服、罰、拡大のためで、その人自身の価値を左右する場合もある。先史以来、タトゥーは抽象的、文様的、具象的というあらゆる形で存在し、新石器時代の関節炎の治療も含めて、古代エジプトの宗教的カルト集団や南シベリアの偶像崇拝への承認出会ったりもする。しかしながら、すべてについていえることは、皮膚に印を残すことは、社会的な意味でその身体の帰属を明確にする。つまり、タトゥーの図像学的な意味がわからなくても、そこにははっきりとした痕跡が残り、それが帰属の証であったり、彫る人と彫られる人との関係を反映している」とある。

そのような古代の時代が過ぎると、ヨーロッパではキリスト教の広がりとともに、タトゥーの風習は失われ、十五世紀の大航海時代を経て、十九世紀に再び、タトゥーへの関心が高まっていく。

次に、刑務所の囚人や兵士、放浪民たちのセクションが続く。キリスト教がタトゥーを排除する時代になると、西洋文化圏でタトゥーを

図5-7
頭部のない土製人形 Egypt 2000-1200 BC

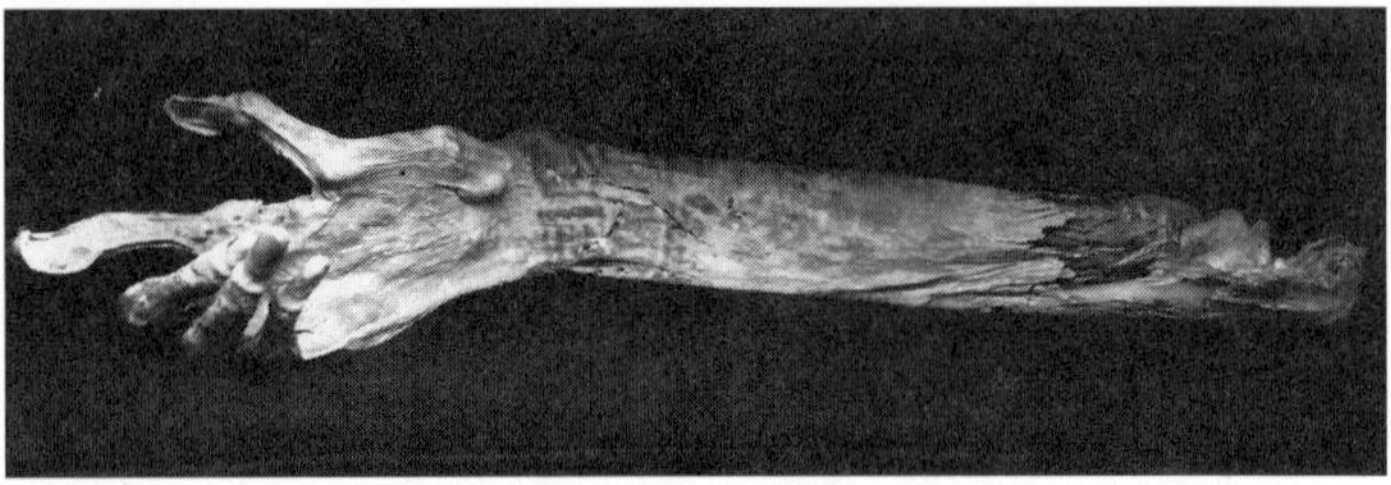

図5-6
タトゥーを施されたミイラの腕（Trujillo, Peru）

するのは、彼らのようなアウトサイダーたちとなった。そこには、犯罪者ばかりでなく、二十世紀初頭に国を追われたアルメニア人たち（図5-8）の隷属の証、ユダヤ人が強制収容所で彫られた囚人番号なども含まれた。

刑務所タトゥーといえば、旧ソ連時代に看守をしながら囚人たちのタトゥーの図柄を収集したダンジグ・バルダエフ（Danzig Baldaev）（図5-9）がよく知られる。彼のコレクションは全三巻の書籍にまとめられて異例のロングセラーとなった。冷戦時代の社会主義国では、ほとんどがタトゥーを禁止していたが、旧ソ連ではスターリン時代に粛清《しゅくせい》が横行《おうこう》し、多くの政治犯が強制収容所や刑務所に収監された反動として、刑務所タトゥーに反体制的なメッセージが図像的に隠されることになった。幼いときに父親が政治犯として獄中死したため、看守になるしかなかったバルダエフが、囚人たちのタトゥーをイラストで記録し続けたこともまたすごい。

また、一八九〇年から一九三〇年にかけてのフランスの刑務所タトゥーの写真（図5-10）が大量にみつかり、それらを公開するとともに、フランスのタトゥー雑誌の編集長ジェローム・ピーラット（Jerume Pierrat）が書籍にまとめている。

刑務所タトゥーは基本的に囚人同士が退屈しのぎに行うものだが、彼らの内面に秘められたユーモアや死生観が映し出されており、独特の味わいがある。

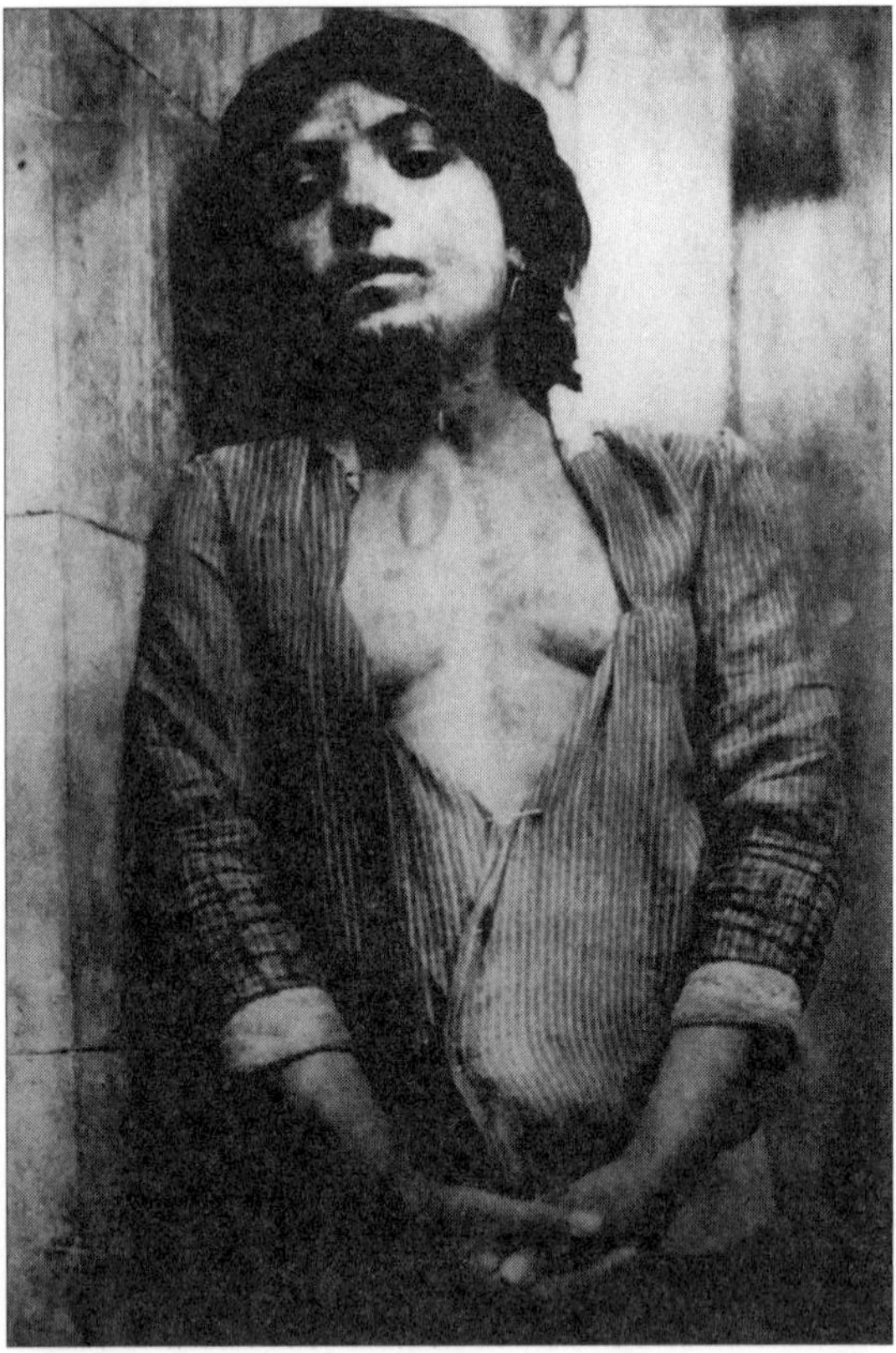

図5-8
奴隷の刻印を施されたアルメニア人女性 1919

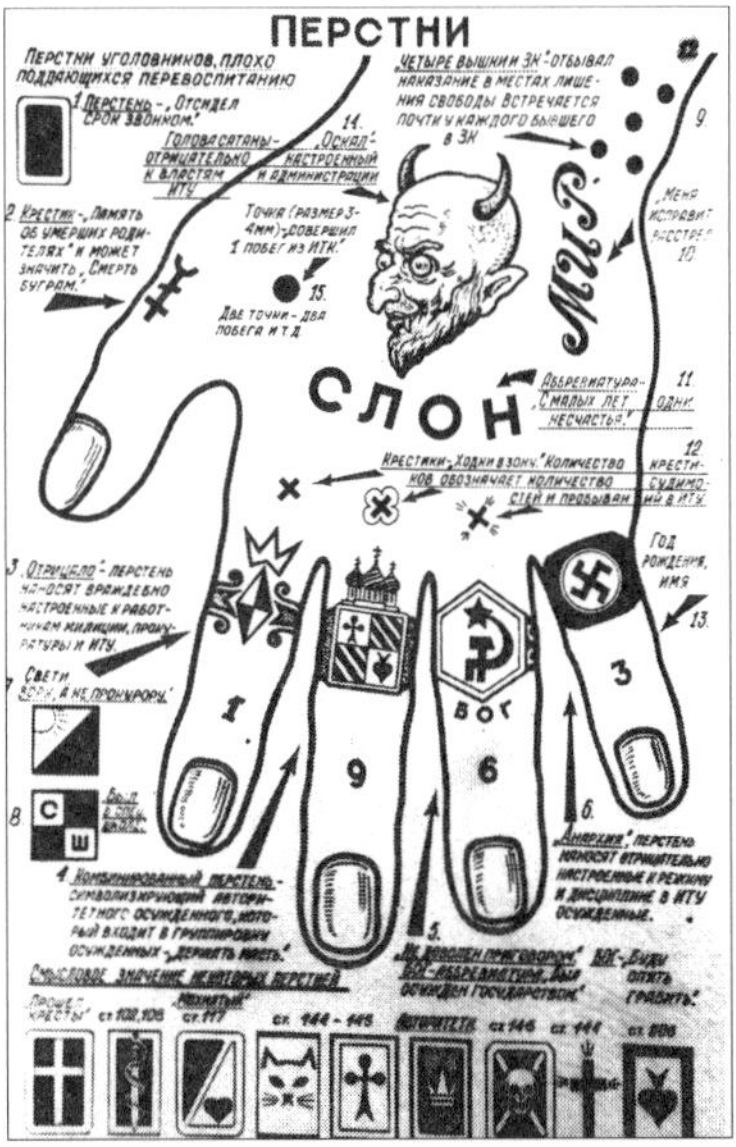

図5-9
ロシアの刑務所タトゥー Illustration by Danzig Baldaev

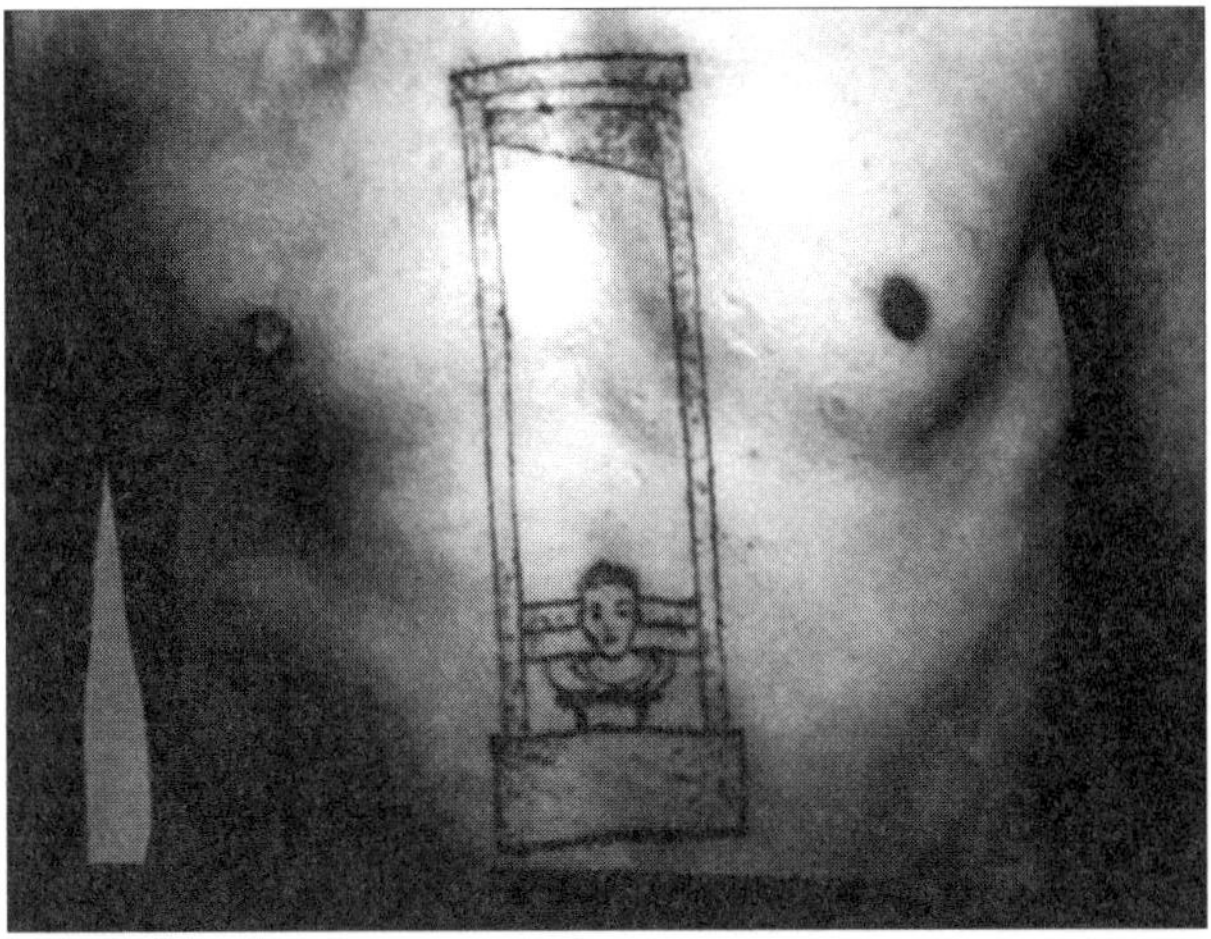

図5-10
フランスの刑務所タトゥー Jerome Pierrat collection 1890 - 1930

タトゥーマシーン登場と日本の刺青

続いて、サイドショー（サーカス、見世物小屋）のセクション。十七世紀の大航海時代から、未開地域に住む全身にタトゥーをした現地人たちが物珍しさから欧州に連れて来られていたが、十九世紀になると、彼らはサイドショーの見世物となり、人気を博していた。

一方、一八九一年、サミュエル・オライリー（Samuel O'reilly）がエジソンの電気式穿孔機のアイディアを応用し、人間の皮膚にインクを刻み込む機械の特許（図5-11）を申請した。そのマシーンは回転モーターを用いたロータリー式といわれるものだったが、一九〇四年、オライリーの弟子チャーリー・ワグナー（Charlie Wagner）は電磁石のオンオフで針を上下させるコイル式のマシーンを開発する。当時、コイル式はロータリー式よりも小型で扱いやすく、タトゥーマシーンの駆動方式として広く普及することになる。二十一世紀になって音が静かでパワーに優れた新型のロータリーマシーンが登場まで、コイル式は長く君臨し続けた。

二十世紀初頭、電気式タトゥーマシーンの登場を一番に大歓迎したのは、サーカス業界だった。すぐに全身タトゥーの女たち（タトゥードレディ）（図5-12）が量産され、サイドショーの人気者となっていく。タトゥーマシーンの生みの親であるオライリーやワグナーは、ともに彫師としてサーカスの女たちにタトゥーを彫っていた。

サイドショーの隆盛は、二つの世界大戦の勃発によって、大きく中断される。だが、軍隊のなかでのタトゥーへの関心が高まり、別のタトゥー需要を生み出すことになる。

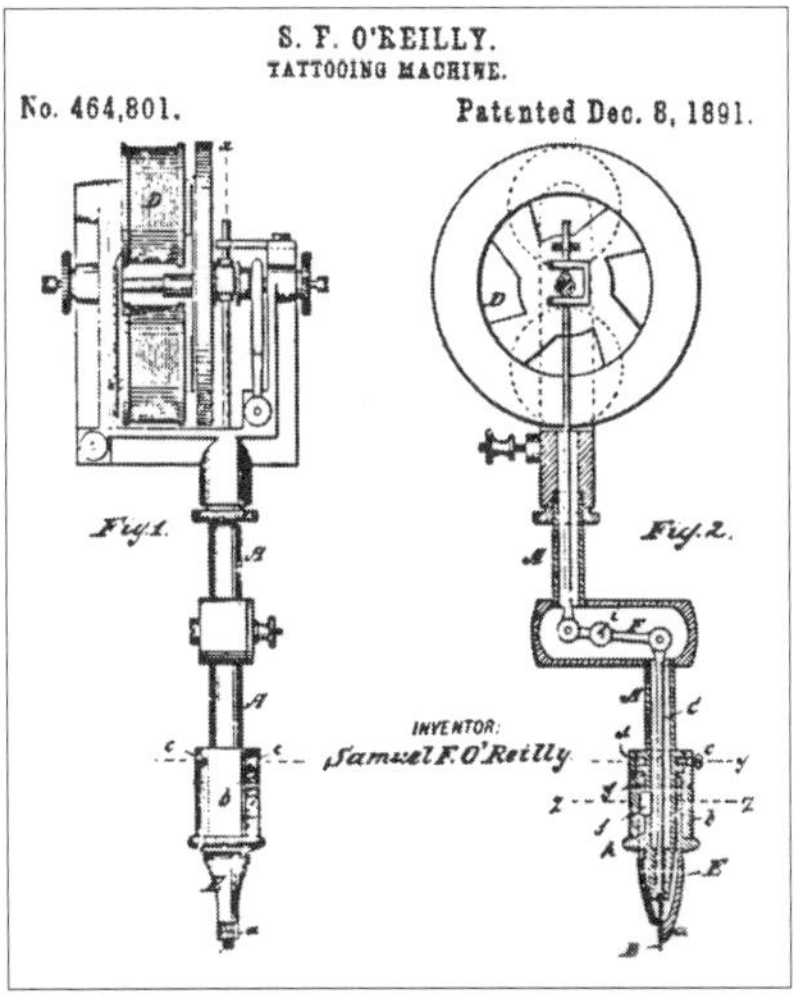

図5-11
世界最初のタトゥー・マシーン Samuel O'Reilly 1891

図5-12
サーカスのタトゥード・レディ Lady Djita Salome 1915

日米開戦をきっかけに、ハワイが初めて軍事拠点となったことから、海兵たちはそこを訪れた記念にタトゥーを彫った。そのときのタトゥーは、主に「水夫のタトゥー」と呼ばれる船や旗（国旗）、ピンナップガールなどをモチーフにしたものだった。ハワイで初めてタトゥーを入れた米兵たちは、その後、日本に駐留して日本の刺青とも出会っており、アメリカのタトゥー流行の下地になったともいわれる。

アメリカで最初にタトゥーが広く知られるようになったのは、一九七一年に彫師ライル・タトゥルが人気ロックシンガーのジャニス・ジョプリンにタトゥーを彫ったからといわれる。その後、タトゥーは、ミュージシャンやバイカーなどの間で広まっていった。

また、サイドショーの全盛期には、剣を飲んだり、身体に針を刺したりする身体芸も盛んであったが、そのようなサイドショーも現代的なパフォーマンスとして復興している。一九三〇年代、「シマウマになりたい」と考えて、全身にシマ模様のタトゥーを彫ったゼブラマンこと「ザ・グレイト・オミ（The Great Omi）」（図5-13）は、その先駆として知られている。そのようなあるコンセプトをもとに全身改造することを「コンセプト・トランスフォーメーション」と呼ぶが、九十年代には「猫になりたい」カッツェン（Katzen）（図5-15）や「トカゲになりたい」リザードマン（Lizardman）らが登場した。また、全身をタトゥーで真っ黒にしようとしたラッキー・ダイヤモンド・リッチ（Lucky Diamond Rich）（図5-14）も同様である。

図5-13
「1930年代から40年代（イギリス／アメリカ）
ザ・グレイト・オミ（1892-1969）あるいはゼブラマン。全身と顔にオセアニア影響されたシマ模様を施していた。それを彫ったのはジョージ・バチェット、オミ（本名、ホレイス・リドラー）は歯を削り、鼻と耳たぶにピアスをした。1930年代から40年代、サイドショーの人気者となった」（展示解説より）

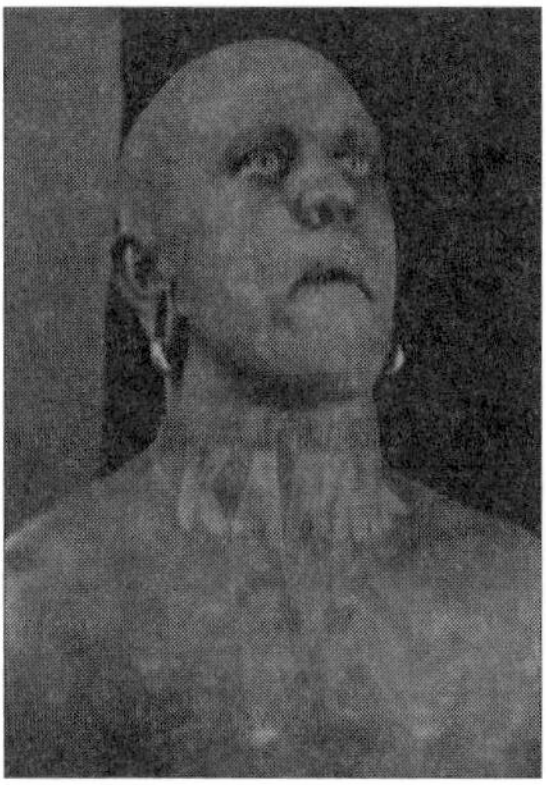

図5-14
ラッキー・ダイヤモンド・リッチ
Lucky Diamond Rich

図5-15
カッツェン Katzen

ところで、ラッキー・ダイヤモンド・リッチの「全身を真っ黒にしたい」というタトゥー計画を請け負った彫師ゼッド・ラヘッド（Xed LeHead）が、均一に広い面積を真っ黒に彫り潰すためにパワーのあるマシーンが必要となり、最新の電子部品で新しいロータリーマシーンを作ったことが、昨今のロータリー式の再評価に繋がったことを記しておきたい（『タトゥー・バースト』二〇〇四年七月号）。

その後も世界的に全身タトゥーまみれの改造人間たちが増殖を続けていることはについて、拙著『クレイジーカルチャー紀行』（KADOKAWA、二〇一九年）を参照していただきたい。

写真、映像、絵、道具など、膨大な資料を集めた展示会にあって、前半部の大きな見せ場となっているのが、日本セクションである。その充実ぶりは圧巻で、伝統刺青がどれほど突出したものであるかがよくわかる。日本における刺青（図5-16）は、古くは浮世絵、戦後には映画などの大衆文化とむすびつき、常に世間の注目と人気を集めてきたカルチャーであった。それは、三代目彫よし（図5-17）を始めとするベテランの伝統刺青師に守り育まれると同時に、それに続く新世代によって、その可能性はさらに拡張されているといえるだろう。

展覧会の図録『タトゥー』〝TATTOO〟musée du quai Branly,2014）では、日本セクションを山本芳美氏が解説している。その日本語訳は『イレズミと日本人』（毎日新書、二〇一六年）で読むことができる。

さらに、この展示会における斬新な試みとして、人工皮膚を貼付けた原寸のシリコン製のボディに、現代の人気彫師たちがタトゥー作品を施して展示している。そのアイディアは素晴らしく、展示全体としても、タトゥー文化に対するリスペクトの高さが伝わってくる良質なものとなっている。

図5-16
タトゥーショップ Tattoo Parlor, Virginia USA 1936

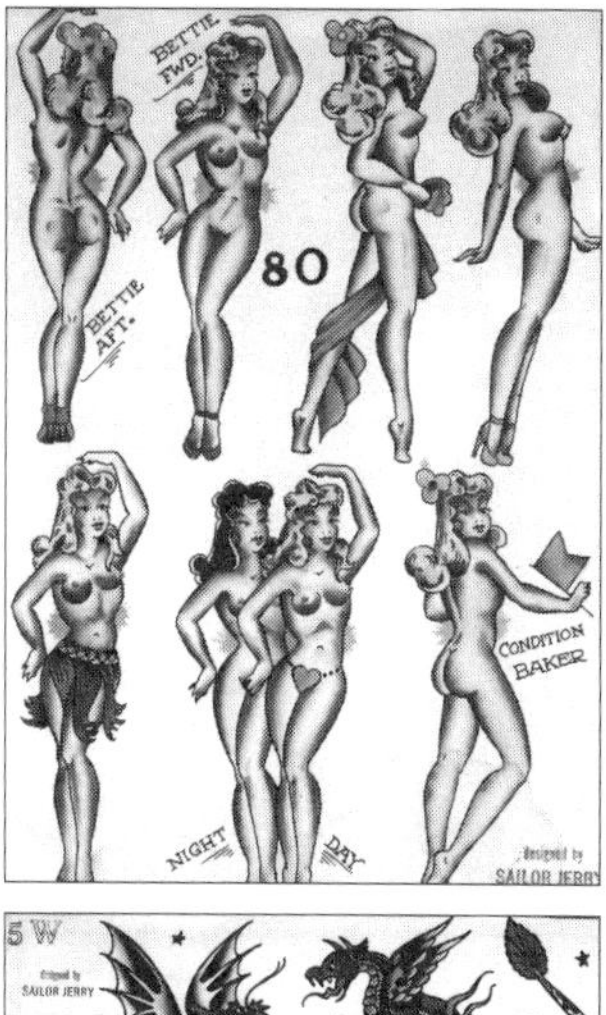

図5-17
タトゥーフラッシュ(下絵)
Tattoo Flash by Sailor Jerry

図5-18
タトゥーフラッシュ(下絵)
Tattoo Flash by Sailor Jerry

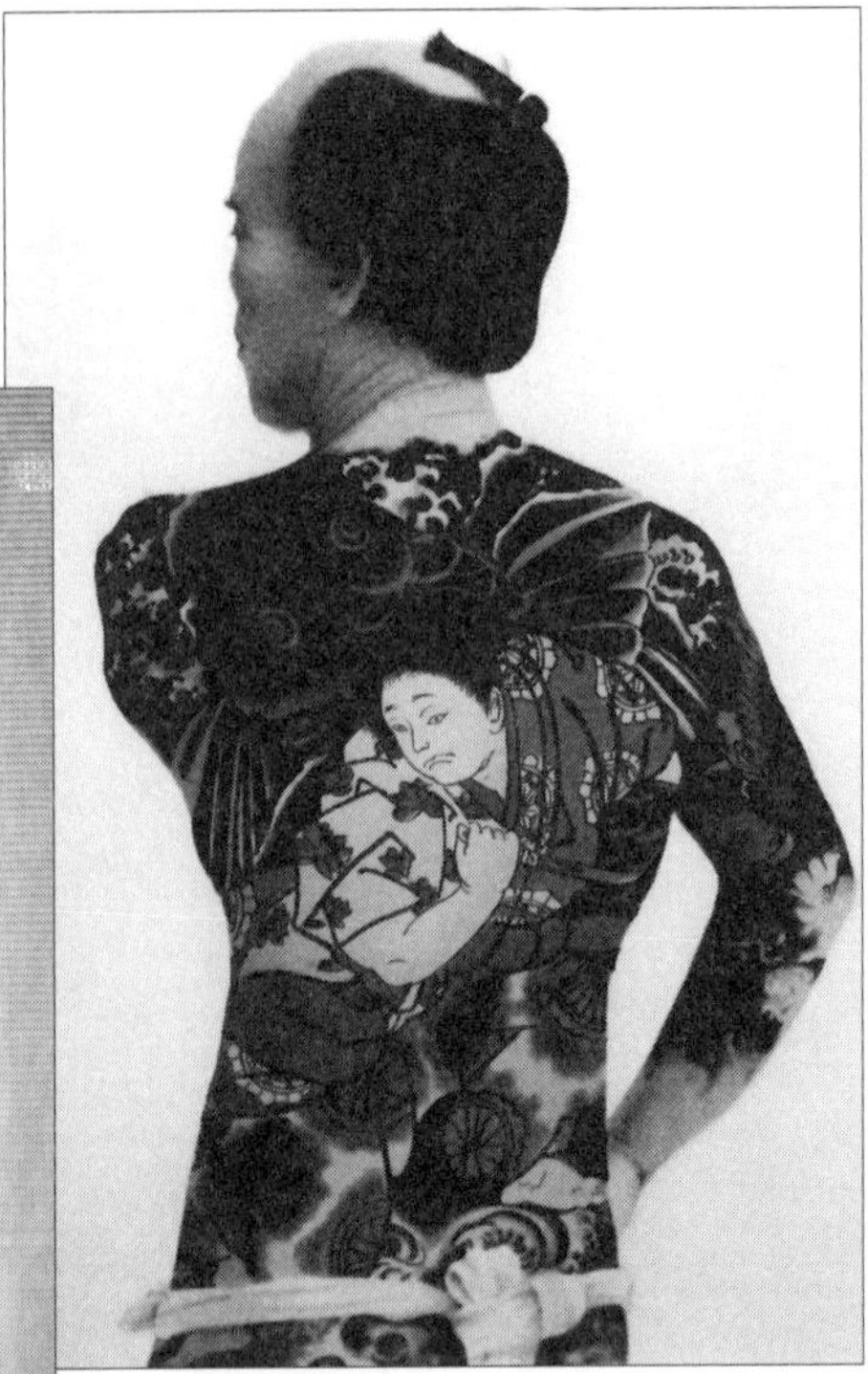

図5-19
日本の刺青 Full Japanese tattoos, Wilhe
lm Joest 1887

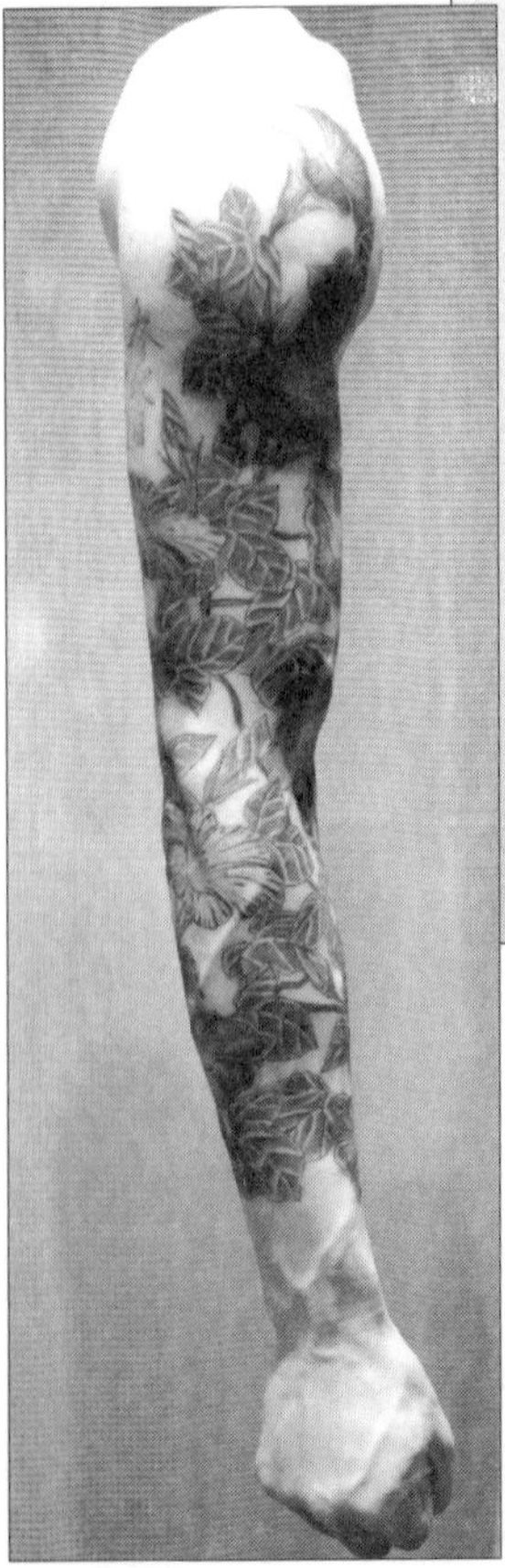

図5-20
三代目彫よしの作品 Tattoo
design by Horiyoshi III

民族タトゥーの復興と現代のタトゥー

民族タトゥーのセクションでは、太平洋諸島（ポリネシア）もまた壮観である。ハワイ、ニュージーランド、イースター島を頂点とする三角形に囲まれた地域がポリネシアと呼ばれ、それぞれの地域に特徴的な文様があり、黒一色のタトゥーで全身を飾っていた。タヒチ（マルケサス）（カラーP29）やニュージーランド（マオリ）（図5-21）は、素晴らしい文様の文化があったが、植民地時代にはそれらのタトゥー文化は廃れてしまった。

特にハワイ（アメリカ領）、タヒチ（フランス領）、サモア（元ニュージーランド領）、ニュージーランド（元イギリス領）はそれぞれ異なる国の植民地となったため、共通の言語（ポリネシア語）も奪われていた。それゆえに、世界的なタトゥー流行を経て、「タタウ（ポリネシア語でタトゥーを意味する）」こそがポリネシアの島々に共通する文化として見直されるようにもなっていく。

サモアの彫師パオロ・スルアペ（一九九九年没）は原始的な手彫りの技法を継承した人物として、「タタウ」によるポリネシア文化復興に大きく貢献した。展示会場にあるタトゥーの歴史を総覧するパネルにも彼について以下のような記載があった。

図5-22
マオリ族の仮面 Koruru or parata mask, New Zealand

図5-21
ボルネオのエルネスト・カールムの作品
Tattoo design by Ernest Kalum Umpie

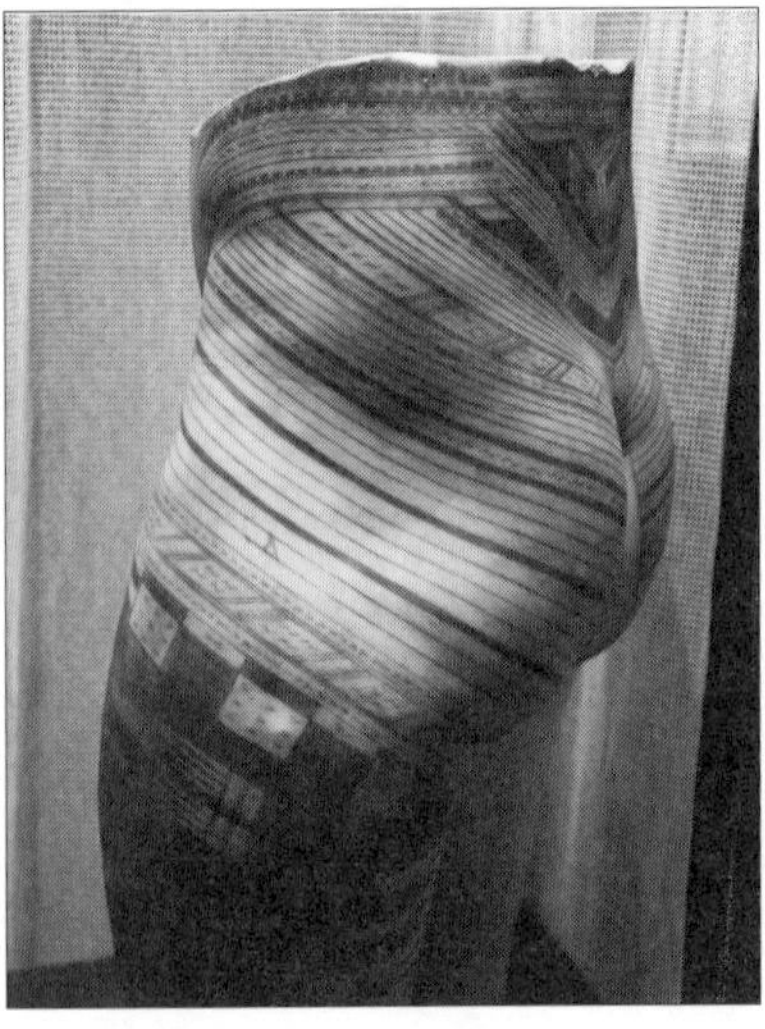

図5-23
サモアのペテロ・スルアペと息子たちの作品
Tattoo design by Su'a Sulu'ape Alaiva'a Petelo and sons

「スア・スルアペ・パオロ二世（Su'a Sulu'ape Paulo II）。ポリネシアのタトゥーの復活において、多くのポリネシアや他の国々の彫師にその知識を伝えて中心的な役割を果たした。一九九九年には、サモア諸島で最初の国際的なタトゥー・コンベンションを開催した」

スルアペ・ファミリーのペテロ・スルアペによる作品も展示されていた（図5-23）。

一方、失われつつタトゥー文化を現在も残す地域がある。自らも原始的なタトゥーを実体験しながら取材研究する人類学者のラース・クルタク（第七章）は、カリマンタン（ボルネオ島のインドネシア領）に住むイバン族やカヤン族、フィリピンの首狩族カリンガなどを自ら撮影した写真と解説で見せている。たとえば、メンタワイ族は、ほとんど石器時代のような暮らしを現在も続けているが、だからこそ、最も原始的なタトゥー文化を残しているともいえる。アメリカ先住民や中国の少数民族（カラーP29）の貴重なタトゥー資料もあった。

さらに、絶滅寸前のタトゥー文化の現代的な復興ムーブメントの成功例として、カリンガ族をはじめとするフィリピンの民族タトゥー復興を推進するロサンゼルスのフィリピン系アメリカ人彫師エル・マナ・フェスティン（第六章）の活動も紹介されていた。

タイの仏教寺院などで行われる宗教的なタトゥー「サクヤン」については、全身をサクヤンで覆うムエタイ選手（図5-24）らのポートレイト、アジャーン（タトゥーマスターの意）の儀式的な施術を行う様子（図5-25）が動画で展示された。サクヤンの図柄の多くはヒンズー仏教の伝統に根ざす神聖な動物や幾何学模様、お経などで、長い柄の金属製の手彫り道具で墨を入れていく。古いタトゥー文化が持つ儀式性を色濃く残しているものとして他の地域とは異なる魔術的神秘的なものである。

中国、チカーノ（メキシコ系アメリカン）などは、近年のタトゥー流行とともに、彼らの文化を反映した現代的なタトゥーを大きく躍進させている。中南米は古代文明の時代から身体改造が盛んだった（カラーP28）ことはよく知られており、顔面タトゥーにも寛容なメキシコを中心に中南米のタトゥー&身体改造の大流行は世界のメジャーメディアも注目する近年のトピックスのひとつである。

最後のセクションでは、現代のタトゥー文化が紹介されている。欧米タトゥーを支えてきたアメリカン・トラディショナルとも、民族的な文様とも異なるソフィスティケートされた斬新な作風としては、ラクガキ風の線と図像のコラージュが混在する「アール・ブリュット」など、あらゆる視覚芸術を取り入れて発展している。タトゥーというボディ・アートに、さらなる可能性が探求されていることがよくわかるのだ（図5-26）。

最後に展示作品のなかから、本文では触れられなかった注目の海外彫師たちを挙げておこう。

フランスのティンティン（Tin-Tin）、ヤン・ブラック（Yann Black）、イギリスのゼッド・ラヘッド（Xed LeHead）（カラーP28）、スイスのフィリップ・ルー（Filip Lue）（図5-27）、アメリカのポール・

ブース（Paul Booth）、グライム（Grime）、ジャック・ルディ（Jack Rudy）、レオ・ズルエタ（Leo Zulueta）（カラーP28）、ニュージーランドのマーク・コープア（Mark Kopua）、タヒチのシーメ（Chime）、ボルネオのエルネスト・カルム・ウンピー（Ernest Kalum Umpie）（図5-21）。

ちなみにこの展示は、パリでの展示ののち、カナダ・トロントおよびアメリカのロサンゼルスとシカゴを巡回し、二〇一九年から二〇二〇年にかけては台湾の高雄で開催された。

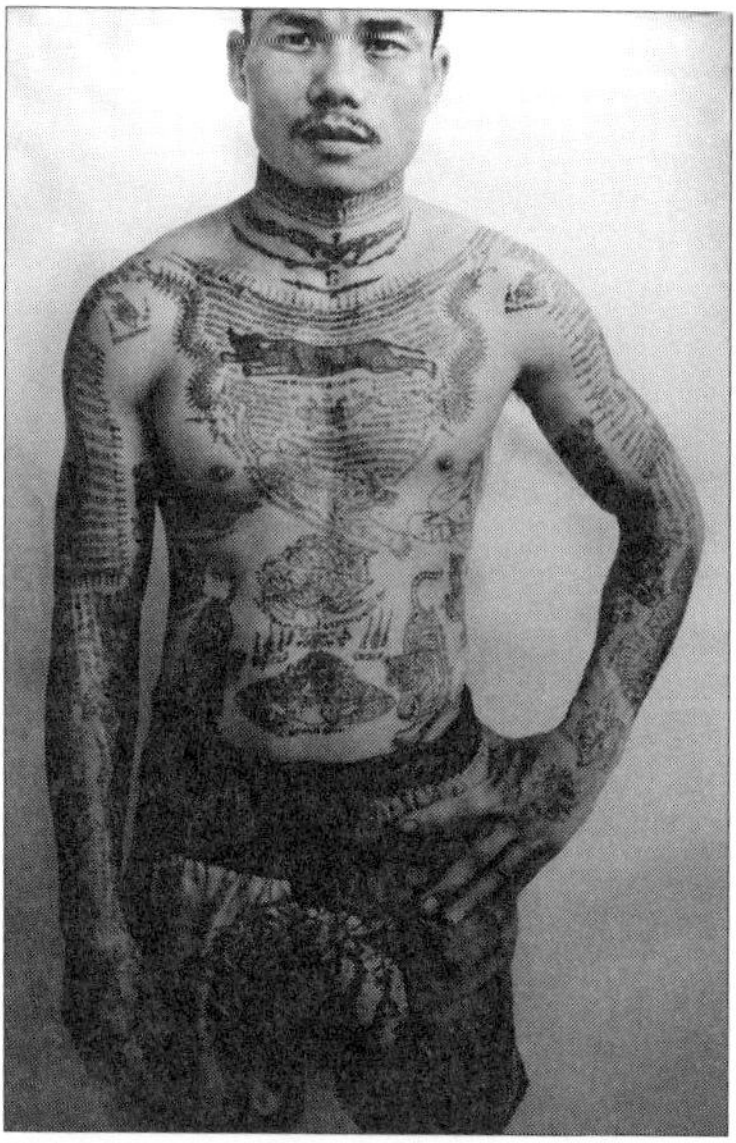

図5-24
タイのムエタイ選手 Muay Thai boxer

図5-25
アジャーン（マスターの意）のトーイ（Ajahn Toy）による儀式的な施術の様子（タイ）

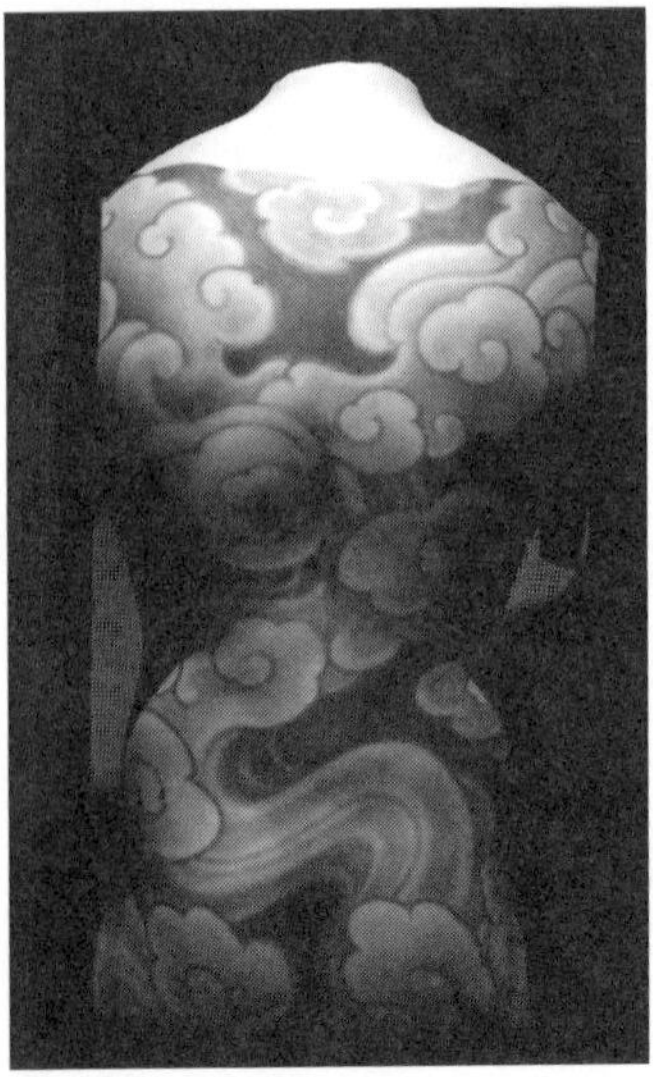

図5-27
フィリップ・ルーの作品
Tattoo design by Filip Leu

図5-26
Tattoo by Kostek

図5-28
ヨナス・ナイバーグの作品
Tattoo by Jonas Nyberg

アカデミックな世界でタトゥー研究が進んだ理由

ケ・ブランリの展覧会を見ながら、ここ数十年のタトゥーの歴史についても大雑把に記述してきた。

筆者がミュージアムでのタトゥー展を初めて取材したのは、二〇〇〇年、ニューヨークの自然史博物館で開催された『Body Art: Marks of Identity』展であった。半年間の展示期間があったが、それほど大きな展覧会ではなかった。

二〇〇四年には『タトゥー・バースト』（二〇〇五年一月号）で大英博物館を取材、ロンドン大学人類学部でタトゥー研究を牽引するニコラス・トーマス（Nicholas Thomas）教授のインタビューを行っている。

教授は、サモアの彫師パオロ・スルアペの原始的な手彫りの実演「ペア」を見たのがタトゥー研究を始めるきっかけだったという。

「太平洋諸島の人々がタトゥーに文化的なアイデンティティを求めていることにすごい衝撃を受けました」

そう語る彼は、太平洋諸島の現代美術のリサーチが専門であったが、そこからタトゥーにシフトし、キャプテン・クックに着目する。十八世紀に西洋人が初めて太平洋諸島を発見し、文様のタトゥーで全身を覆った現地人と遭遇したときに互いにどんな文化的な影響が生じたのかを調べている。

「ここには明らかに文化の交差がありました。西洋人は、太平洋諸島でタタウと出会ったことで、水夫のタトゥーという西洋のタトゥー文化が始まったんです」

彼は著書『オセアニック・アート』（〝Oceanic Art〟Thames & Hudson, 1995）を発表したのち、二〇〇二年には展覧会『SKIN DEEP』を主催しており、ポリネシアを専門とする日本人の文化人類学者・桑原牧子のタヒチのタトゥー研究についての指導教官も務めていた。桑原は研究の成果を『タトゥー：人類学』（〝TATTOO an anthropology〟Berg, 2005）にまとめている。また、トーマス教授が監修した論文集『タトゥー：太平洋と西洋の身体、芸術、交換』（〝TATTOO : Bodies, Art and Exchange in the Pacific and the West〟Reaktion Books, 2005）には、桑原を始め、タトゥーに注目してポリネシア研究をした研究者たちの成果が集められていた。

また、ポリネシアのタトゥー研究において、キャプテン・クック以前のポリネシア文化を政治制度などと対比しながら調べているアルフレッド・ジル（Alfred Gell）〝Wrapping in Images: Tattooing in Polynesia〟（Oxford: Clarendon Press, 1993）の名前も上がった。

大英博物館には、植民地時代に世界中から収集された資料や記録が多く眠っている。失われたタトゥー文化を研究するには、現地に行くよりヨーロッパに残された記録を調べた方がいい場合もあるという。

欧米諸国でのタトゥーブームの深層には、植民地時代や非西欧文化に対する逆コンプレックスが見えるとともに、どうしても埋められないそのギャップにこそ、真摯な学術研究が入り込む余地があるようにも思えた。

百年前にもあった世界的なタトゥー流行

二〇一〇年六月、筆者はオランダのアムステルダムにいた。世界的なタトゥー流行の仕掛け人であるハンキーパンキー（図5-30）から、二〇一一年にタトゥー・ミュージアムがオープンするというビッグニュースを聞き出していた。

「最近、アカデミックな世界でタトゥー研究が盛んになっていることは非常に重要なことなんだ。たとえば、ハワイの『ビショップ・ミュージアム（BISHOP MUSEUM）』では、現地の人たちがそこの図書館で、キャプテン・クックの本に載っているシドニー・パーキンソン（Sydney Parkinson）の絵を通じて、自分たちの民族タトゥーについて知り、ポリネシアのタトゥー・リバイバルが始まったんだ」

そう、ハンキーは早口でしゃべる。ハンキーパンキーこと、ヘンク・シフマッヒャーは一九五二年生まれ。写真家を経て彫師となり、一九七八年には刺青に憧れて日本を訪れている。ハンキーは、国際型のコンベンションの主催者として名を上げたばかりでなく、レッド・ホット・チリ・ペッパーズのメンバーにタトゥーした彫師としても有名で、積極的にマスコミに露出してタトゥーのメジャー化に大きく貢献してきた。

「もうひとつ重要なことは、今から百年前にタトゥーが盛んに研究された時代があったこと。当時、ヨーロッパ各国の王室貴族や国家要人の間でタトゥーが流行していて、イギリス王室、チャーチル、スターリン、ルーズベルトも、みんなタトゥーをしていた。だから、タトゥー研究も盛んで、特に犯罪学の研究のために刑務所のタトゥーが調査されていたんだ」

ハンキーは、二〇〇九年には、オランダ・ライデンにあるシーボルトハウス記念館で展覧会『JAPAN TATTOO』を開催した。それは、オランダと日本の三百年に渡る交流が生んだ刺青研究の成果とも言えるもので、そこには『日本の刺青と英国王室』（藤原書店、二〇一〇年）（図5-29）の著者・小山騰もわざわざ足を運んだという。

小山のこの本は、ハンキーが語る百年前の世界的なタトゥー流行を、幕末から明治にかけて日本を訪れた英国王室の王子たちの記録から解読しようという野心的な内容である。

ハンキーによれば、百年前のタトゥー研究者としては、イタリアのセザール・ロブローゾ（Cesara Lombroso）、ポール・カタニ（Paul Cattani）、フランスのラカサーニュ（Lacassagne）、ドイツのプリンツホルン（Hans Printzhorn）、らがいたが、二つの世界大戦がヨーロッパを襲ったことで、そのようなタトゥー研究は途絶えてしまったのだという。

図5-29
小山騰『日本の刺青と英国王室』（藤原書店、2010）

夢のタトゥー・ミュージアムが残してくれたもの

二〇一一年三月二十二日、ハンキーパンキーの誕生日に、アムステルダム・タトゥー・ミュージアムはオープンした。筆者がそこを訪れたのはそれから一年後、自治体の支援を受け、観光バスのルートのもなっていたので、一日に数回は大勢の観客で溢れるときもあった。

ハンキー自身、ポリネシアやボルネオなどを訪れた経験から、現地のタトゥーの施術現場をいくつも再現した展示スペースは非常に贅沢なものだった（図5-31）。開館後しばらくは、それらの地域から彫師を招いて、原始的な手彫りの実演などを披露していたという。

また、タトゥーマシーンやタトゥーフラッシュ（下絵）のコレクションも膨大で、ヨーロッパ各国の彫師たちのネットワークを知ることができる手紙や写真のアルバムなども集められていた。「見る人が見れば、価値がわかる貴重なものばかり」というハンキーの言葉に偽りはない。

とはいえ、ハンキーパンキーのミュージアムは、経営難から閉館してしまった。それでも、彼が切望したタトゥー・ミュージアム構想は、形を変えてケ・ブランリ美術館の『TATOUEURS,TATOUÉS』に引き継がれているように思う。

世界的なタトゥー流行から、アカデミックな研究や民族文化復興へと展開し、タトゥー展の世界巡回に触発されるように、様々な形でのタトゥー文化の新しいムーブメントが動き始めている。

僕らの「縄文族 JOMON TRIBE」もまた、そのような世界的なタトゥー文化の隆盛に背中を押されるように、日本から世界に発信するカルチャーとして動き出したものなのである。

図5-30
ハンキーパンキー(Hanky Panky)

図5-31
サモアのタトゥー実演ブース Hanky Panky / Amsterdam Tattoo Museum

図5-32
ボルネオの原始的な手彫り道具など Hanky Panky / Amsterdam Tattoo Museum

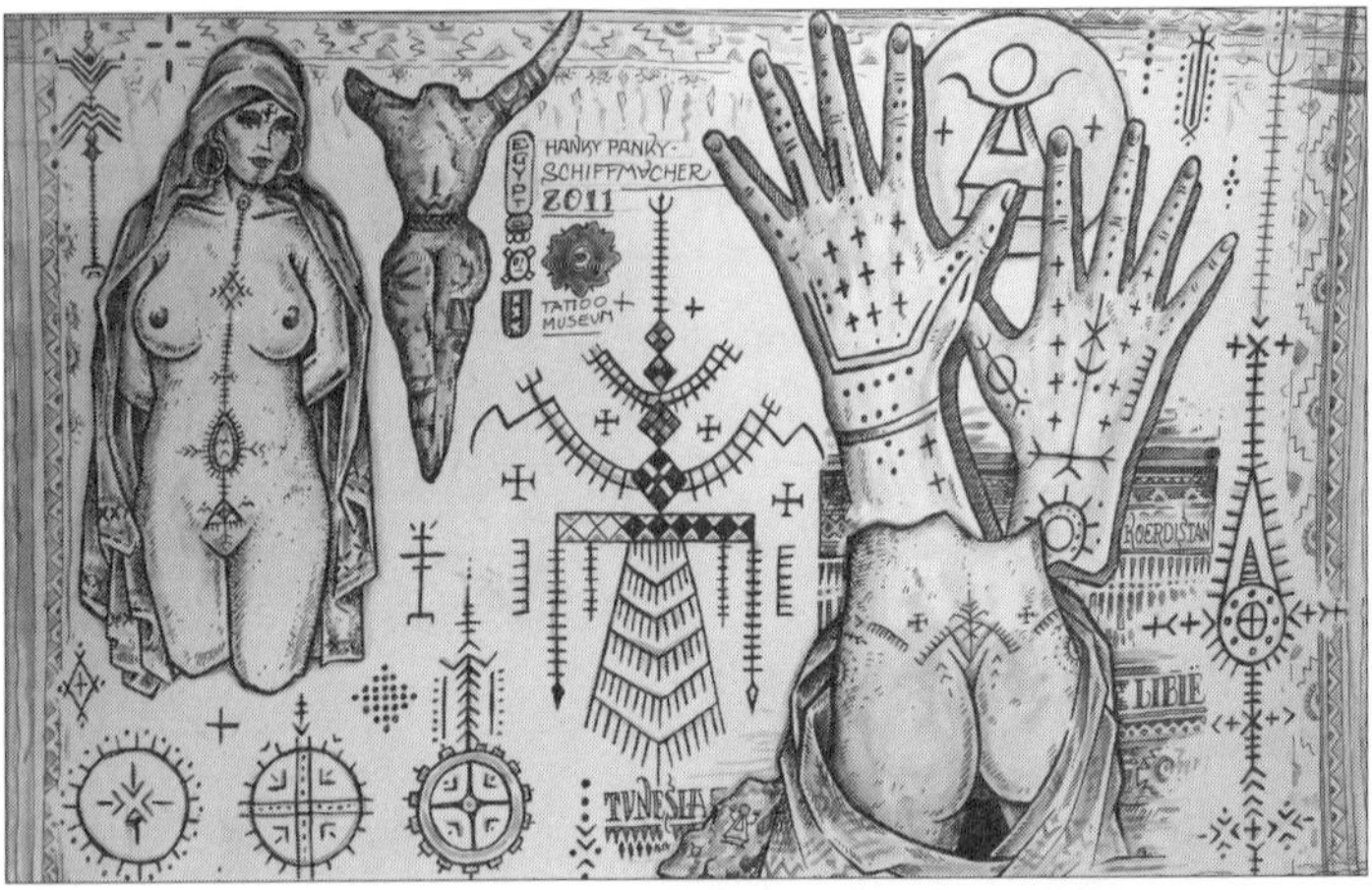

図5-33
エジプトの女性のタトゥー図柄スケッチ Hanky Panky / Amsterdam Tattoo Museum

図5-34
数々のロータリーマシーン Hanky Panky / Amsterdam Tattoo Museum

図5-35
ミュージアム来訪記念のタトゥー

#6

失われつつあるタトゥー文化を復興せよ！

Reviving Japanese Ancient Tattooing Art Project "Jomon Tribe"

図6-1
エル・マナ・フェスティン、首狩りのナタを持って Elle Mana Festin

ロスで体験したフィリピンの原始的な手彫り

ここまでみてきたように、近年、世界的にアカデミックな領域でタトゥーを文化的歴史的に研究していこうという傾向が強まっている。

特に重要なのは、長く顧みられてこなかった部族や民族の貴重なタトゥー文化が絶滅寸前となったタイミングでその再評価が進行しており、同時に、失われつつあるタトゥー文化のリバイバル運動が世界各地で起こっていることである。

そんななかでもひとつの成功例として目立った存在となっているのが、ロス在住のフィリピン系アメリカ人の彫師エル・マナ・フェスティン（Elle Mana Festin）（図6-1）である。彼は、一九九七年からフィリピンのタトゥー文化のリバイバル運動「マークス・オブ・ザ・フォーウェーブズ（Marks of the Four Waves）」（図6-2）を主宰してきた。二〇一〇年、タトゥー人類学者として知られるラース・クルタクの著書『カリンガ・タトゥー』（〝Kalinga Tattoo：Ancient and Modern Expressions of the Tribal〟 Edition Reuss,2010）（図6-3）の表紙を飾ったことから、部族タトゥー復興の牽引者として世界的な知名度を獲得している。

筆者がエルの店を訪問したのは、人気テレビ番組『クレイジージャーニー』（TBS系）の取材だった。二〇一九年七月二十四日に放送されたロサンゼルス取材では、メインはドラゴンレディという改造人間だったが、番組後半で、エルのお店が登場した。筆者がエルに原始的手彫りのタトゥーを彫ってもらっているところが放送されたのだ（図6-4、図6-5）。

「ザクッ、ザクッ」と、束ねた針が皮膚に刺さる音も聞こえていたが、気がついてくれただろうか。時間的には短い放送だったが、全国の視聴者の皆さんにも、失われつつあるタトゥー文化の復興が世界のタトゥーシーンではひとつのトレンドになっていることが見せられたことは大変嬉しい。

もともとフィリピンはタトゥーが盛んで、様々な原始的な手彫りの技法や文様のバリエーションを持っていたが、植民地時代にそれらの文化は廃れてしまった。ロスを拠点に活動するエルは、本国フィリピンで絶滅寸前となっていたタトゥー文化をアメリカのフィリピン系移民の間で現代的に復興し、ひとつのムーブメントにまで押し上げたのだ。

一九七七年、フィリピンで生まれた彼は、十一歳のときに家族とともにロスに渡り、アメリカの経済的に恵まれた環境で成長した。だが、十六歳のとき、彼はハワイを旅し、ポリネシア文化復興運動に出会って衝撃を受ける。ここでいうポリネシア文化とは、ハワイ、サモア、タヒチ、ニュージーランドといった太平洋諸島に広がるもので、それぞれの島々が特徴的な文様を持つタトゥー文化を育んできた。フィリピンもまた、およそ七百もの小さな島からなり、ポリネシア文化圏に属し、

図6-2
カリンガ族のグループ（c）Elle Mana-Festin ／ Mark of the Four Waves

図6-3
Lars Krutak "Kalinga Tattoo"

もともと独自の文様のタトゥー文化を持っていた。

エルは、ハワイの彫師のアイゼア（Aisea Toetu’u）やポイノ・ユロンディ（Po’oino Yrondi）と親しくなり、フィリピンのタトゥー文化を復興するために彫師となることを決心する。それが九十七年だった。

そのような失われたタトゥー文化を現代に蘇らせる運動は、近年の先住民文化の保護などとリンクして、世界的に広く支持されている。

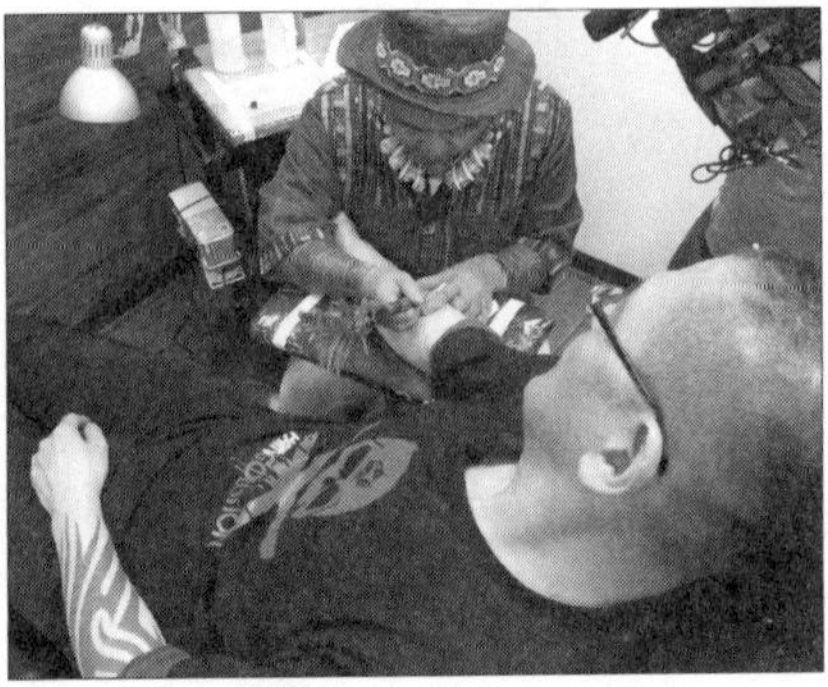

図6-4
エルのタトゥー施術を受ける筆者

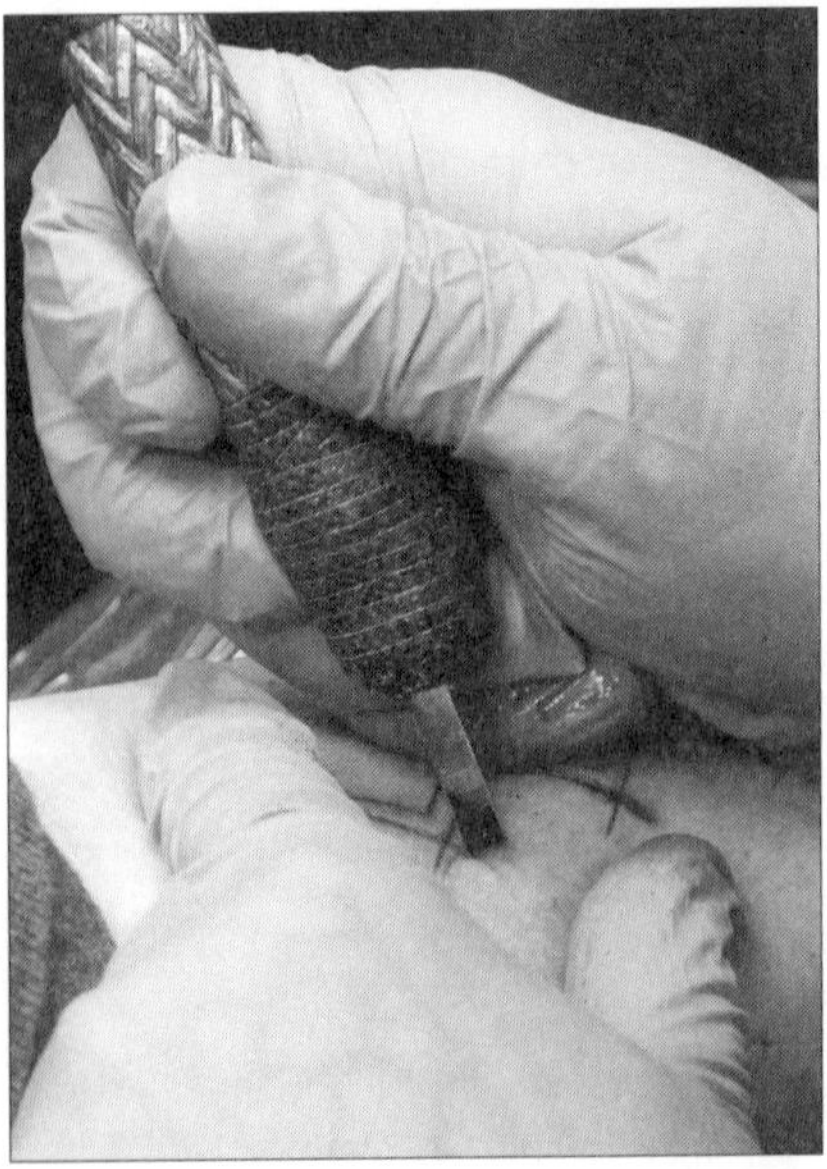

図6-5
原始的な手彫りの技法で施す

絶滅寸前の首狩族カリンガのタトゥー

ここでもう一人、重要な役割を果たしているのが、アメリカの人類学者ラース・クルタクである。彼は、ディスカバリー・チャンネルのドキュメンタリー番組『タトゥーハンター』に出演し、絶滅寸前のタトゥー文化を追って辺境を訪ね、その地に残るタトゥーの文様や原始的な技法をレポートするばかりか、その場で自らの身体にそれらを施してきた。フィリピン・ルソンの山岳先住民族カリンガ族も『タトゥーハンター』を通じて、世界的に知られるようになったと言っていいだろう。

もはや老人だけしか、カリンガ族のタトゥーをしているものはおらず、その村でタトゥー文化を守っていたのは、（二〇一九年で百二歳になる）高齢の女性彫師のワン・オドゥさん（第七章図7-7）だけだった。彼女は『タトゥーハンター』のなかで、「私が死ねばカリンガ族のタトゥーもなくなる」とコメントしていたが、その間接的な後継者として、カリンガ・タトゥーをはじめとするフィリピンのタトゥー文化をリバイバルさせたのが、ロスのエルだった。

「現在、たくさんのフィリピン人が、世界中に住んでいます。僕もそうでしたが、家族とともにアメリカに渡り、英語を話し、フィリピンとは異なる文化の中で育つと、『自分はいったい何者なのか』

がわからなくなってしまう。自分たちのルーツを求めたときに出会ったのがタトゥーだったんです」

そう熱く語るエルは、ポリネシアのタトゥー文化復興を見習って、自分たちのフィリピンのタトゥー文化の復興に挑むが、そんなに簡単なことではなかった。

なぜなら、ポリネシアは、西洋人が接触した初期段階で現地の生活や文化が絵や文章で盛んに記録された。もちろん、そこにはタトゥーの文様を写し取ったものも多くあった。それに対して、フィリピンの文様タトゥーは、西洋人の興味の対象にならず。しっかりとした記録が残されることはなかったという。

「最初の数年は、ひたすら文献でタトゥーについて調べていました。具体的な文様のデザインは残されていないので、木彫像や布の柄などを参考にしています。同時に、原始的な手彫りの技法を習得し、アメリカに住むフィリピン人を中心に、彼らのルーツとなる部族タトゥーを彫っていくようになりました」

失われたタトゥー技法と文様を蘇らせる

現在、エルの自宅は、フィリピンのタトゥーのプライベートミュージアムになっている。

まずは、原始的な手彫りの道具を見せてもらった（図6-6）。エルによれば、原始的手彫りには「タッピング（棒の先端に垂直方向に針をつけて肌に当て、もうひとつの棒で叩いて墨を入れる）」「ポーキング（棒の先にまっすぐに針をつけて墨を入れる）」「インクラビング（皮膚を切ってそこに墨を刷り込む）」などがあり、彼はそのどの技法についてもリサーチし、現代的に再現している。さらに、彼は原始的な手彫りの技法を習得したのちに、同様の作風をマシーンでも手掛けているという。

見せてくれた道具は、すべては自分の手作りという。同じフィリピンでも地域によって道具も彫り方も違うという。現在は金属針だが、もともとは魚や鳥の骨などが使われ、タトゥーを彫ってもらったお礼は豚一匹だった。

変わったタトゥー道具に蛇を形どったというS字の手彫り道具（図6-7）があった。これは面白い。北部のティンギヤン族に伝わるもので、蛇が噛んでいるみたいに首を振るように彫っていく。重さがあるが、タッピングする必要はないという。

また、首狩りとタトゥーが長く結びついてきたため、植民地になって首狩りが禁止されると、首狩りの証として彫られていたタトゥーも禁止されるようになり、「タッピングだと、彫っていることが音でわかってしまう」という理由で、叩いて彫る技法から突いて彫る技法に移行したという。そのこともあって、ポーキングの技術もよく発達している。道具や技法のバリエーションをみるだけでも、フィリピンでいかにタトゥーが盛んだったかがよくわかる。

「タッピングとポーキングと、どっちで彫って欲しい?」

そう、エルは筆者に聞いてきた。エルが手彫り道具をずらりと並べてくれたので、そのなかから道具の見た目で選ぶことにした。筆者の施術は、ポーキングで行われることになった（図6-4）。

さらに筆者が今回ゲットした文様（図6-9）についても説明をしよう。

テントが四つ並んでいるように見えるかもしれないが、これは「ゴング（銅鑼）」と呼ばれる円形の鐘を意味し、中央の「点」はゴングの「ヘソ」を表すという。テントのような形の先端に飛び出た「Vの字」は手に持つときの把手だという。この文様は、村に良いことがあったときに「ゴングを鳴らしてお知らせする」ということなのだ。そればかりか、ゴングの音でみんなが踊り出し、精霊まで寄ってくるという。

僕の職業がジャーナリストだから、皆にお知らせをすることを意味する文様がぴったりだろうとエルに言われたのだ。

さらにもうひとつ、この文様を選んだ理由に、エルの身体に彫られている文様（図6-8）のなかから、どれかひとつを分けてもらいたかったということがあった。当然のことながら、筆者はフィリピン人ではない。だから、エルと同じ文様を共有することが、彼らのタトゥー文化に対するリスペクトの気持ちの表現でもあった。

そして、文様の意味について、さらに付け加えなければいけないことがある。カリンガ族は首狩族だったのだ。「首狩り」と聞くと、それだけで震え上がってしまう人もいるかもしれないが、彼らにとって、それは成人の儀式とも結びつき、タトゥーとも繋がっていた。つまり、首を狩って戦士として認められたものだけがカリンガ・タトゥーを施してもらえることができたのである。

だから、村人たちにとっての最も嬉しい〝お知らせ〟は、新しい首が狩られ、若者が戦士となって帰還することであり、ゴングを打ち鳴らして、村中に知らせるべき大ニュースだった。

ちなみに、僕に彫られた文様にあった「Vの字」の把手は、本来ならば、人間の下顎の骨が使われていたという。

カリンガ族にとって、首狩りの成功を知らせる楽器がゴングだったのだ。

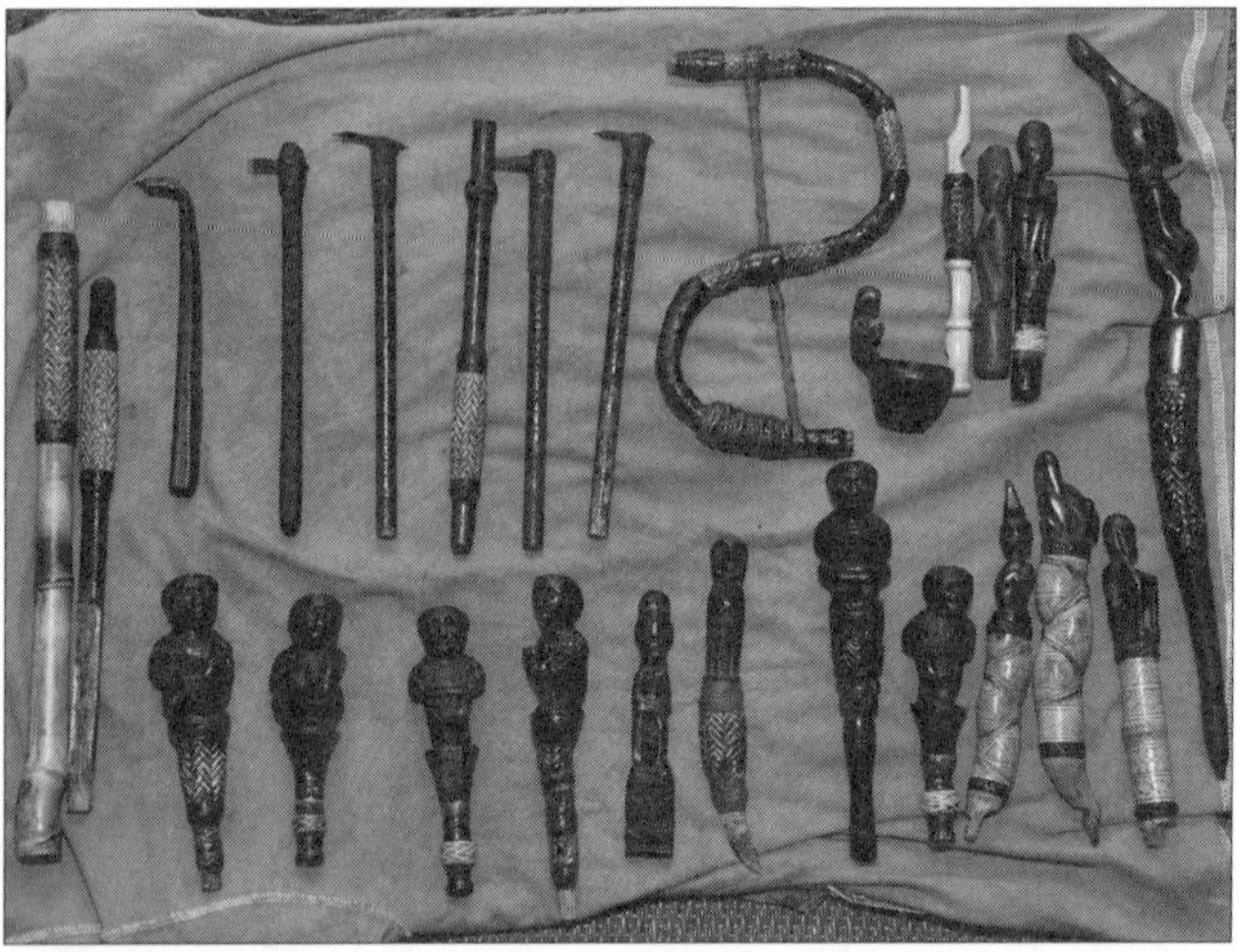

図6-6
多種多様な手彫りの道具

図6-7
蛇を模したS字型、イスナゴ族の手彫り道具
Hand tattooing tools of Isneg tribe of the Apayao Territory above Kalinga

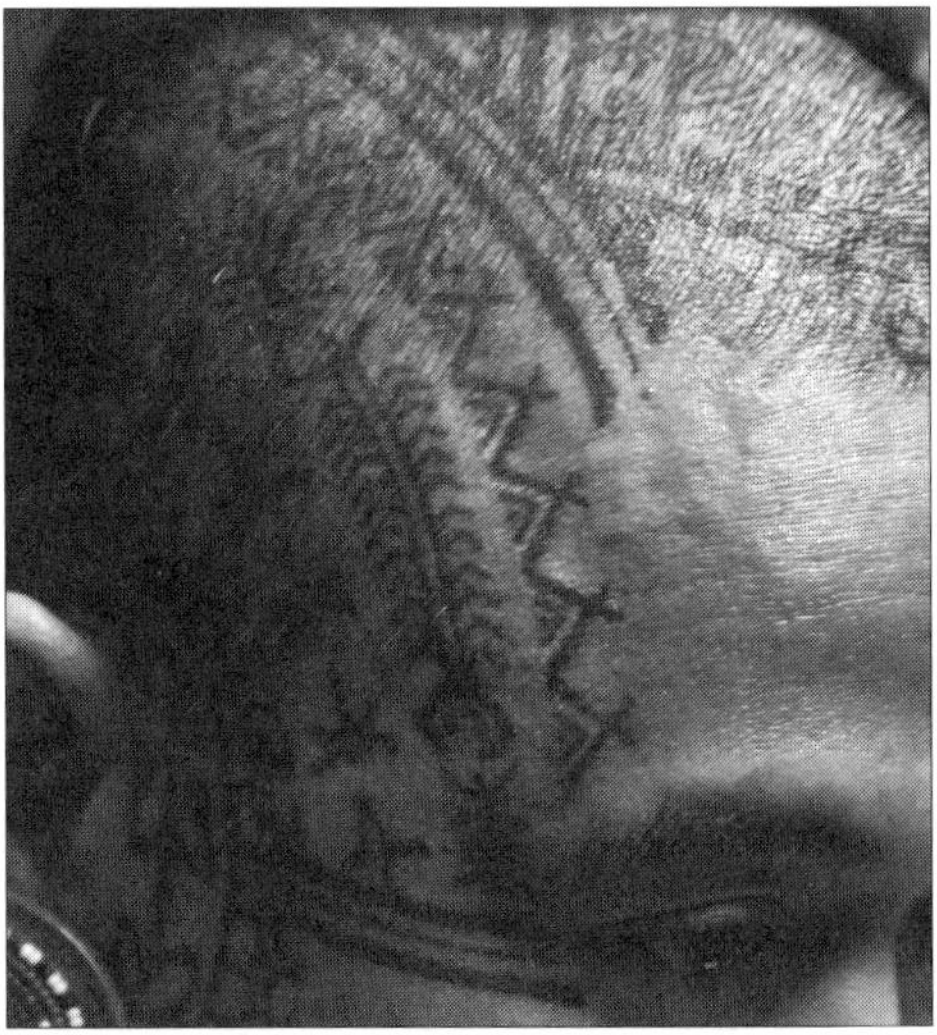

図6-8
エルの側頭部のタトゥーの文様から選んだ

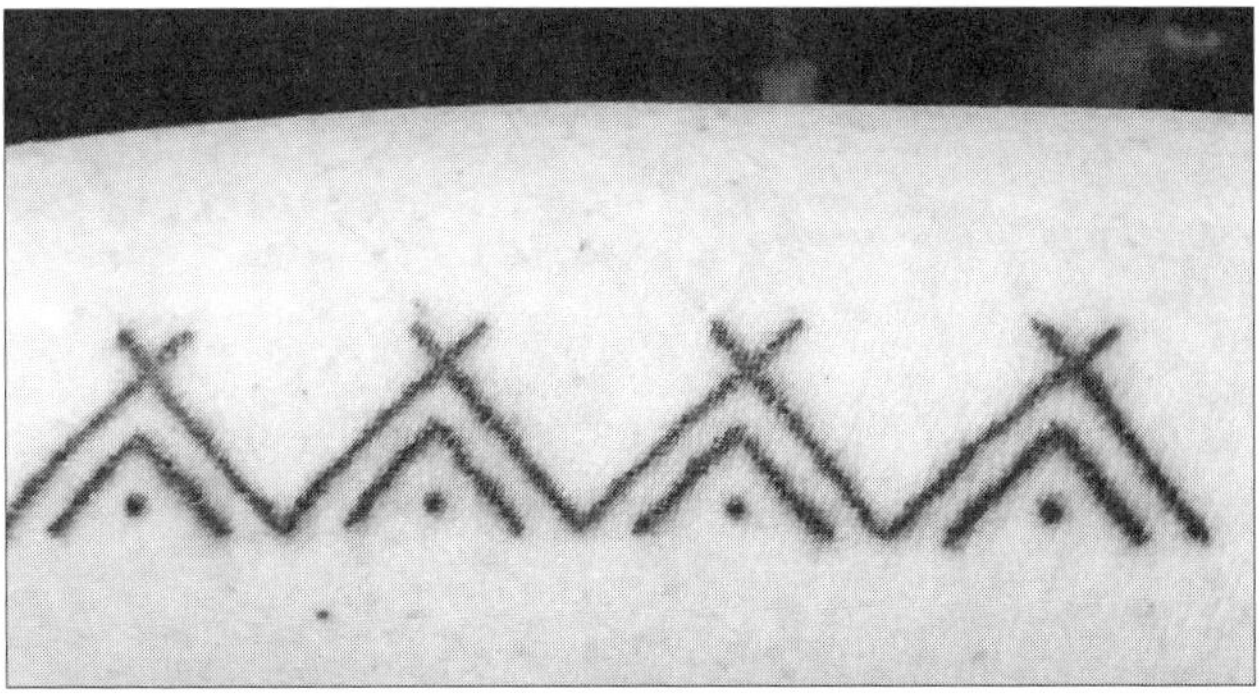

図6-9
「ゴングを鳴らす」を意味する文様

本当に人間の首を狩ったナタを持ってみる

フィリピンのタトゥー文化に関するコレクションのなかには、「首狩り用のナタ」のコレクションもあった。壁の一角に金属製の大きな刃を持った武器がずらりと並んでいる（図6-1）。よく見ると、持ち手のところに文様が彫られている。ほとんどは一八九〇年代のもので、一九二〇年代から一九四〇年代のものも若干あるという。

どうやって入手したのかを聞けば、アフリカのアンティークマーケットのオークションだったという。フィリピンのアンティークマーケットでは、首狩り用の武器なんて扱われてはいない。たぶん、業者もそれらがフィリピンのものだとはわからずに、アフリカの武器として売っていたのだろう。実は購入時にはかなり汚れていたので、化学薬品で洗浄しているそうだ。そうすると、血痕が残っていたという。つまり、実際に人間の首を狩るのに使われたものなのである。

また、刃のエッジに刻まれた「点」は、そのナタで斬り下ろされた首の数を示しているという。持たせてもらうとずっしりと重く、確かに人を殺せる武器であることを実感させてくれる。

だが、エルは首狩りの風習まで復興しようとしているわけではないので誤解しないで欲しい。カリンガ族のタトゥーは首狩りと強く結びついていたがゆえに畏怖の対象となり、文様や技法がより良く残されてきたとも言われているのだ。

「みんなが部族タトゥーに惹かれるのは、ルーツに立ち戻ることで、自分たちのプライドを取り戻せるからなんです」

そう言って、エルは笑顔を見せた。取材の最後には、エルのお客さんたちが集まってくれた。タトゥー文化がロスのフィリピン系移民コミュニティを大いに励ましていることがよくわかる光景だった（図6-10〜図6-17）。

タトゥー文化復興の推進者として、エルが優れているのは、ほとんど資料のなかったフィリピンのタトゥー文化を丹念な調査研究によって蘇らせ、そればかりか、原始的な手彫りの技法を探求しながらも、タトゥーデザインは現代的で洗練されていることである。さらにいえば、全身を覆い尽くすような総身タトゥーの希望者を多く集め、集団としてみても統一感のあるタトゥー作品群を生み出すことで、タトゥーを通じての文化復興という大きな目標に強い説得力を持たせていることである。

ここで、筆者がタトゥーアーティストの大島托と推進する「縄文族 JOMON TRIBE」もまた、エルの活動に触発されてきたことを書き添えておきたい。そして、ここ日本でも、タトゥーがカルチャーとして認められるためにこそ、エルに授けられたゴングのタトゥーにあやかり、嬉しいお知らせのゴング（図6-18）を打ち鳴らしたいのだ。

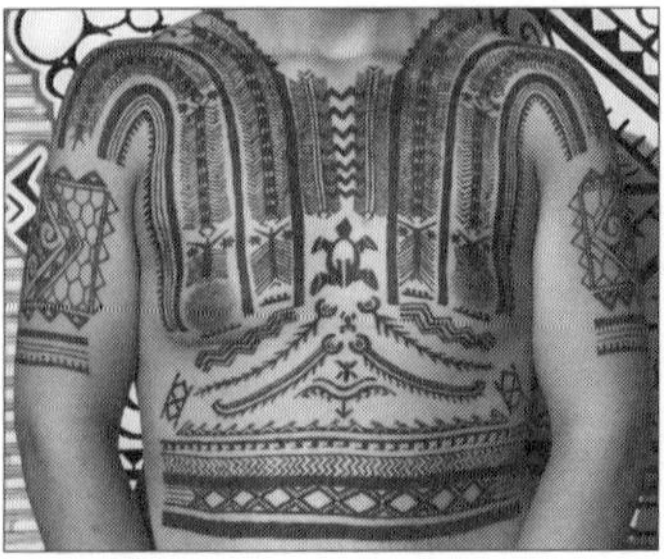

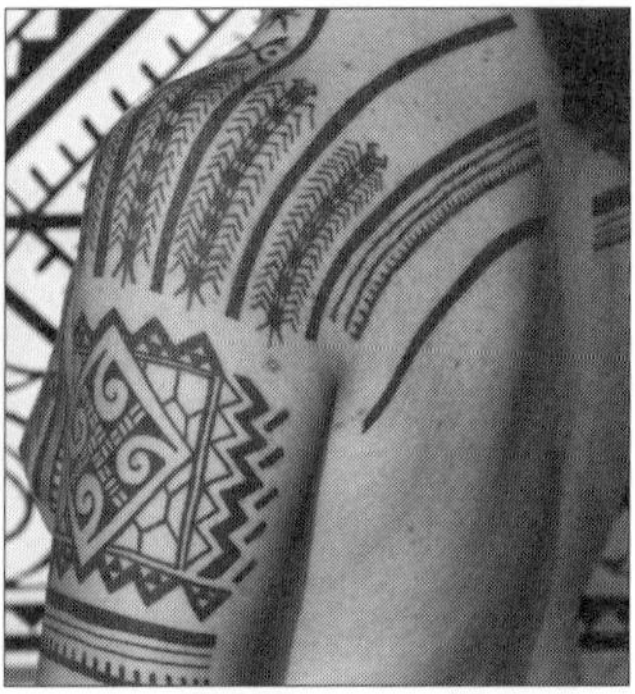

図6-10、図6-11
フィリピンの民族タトゥー
伝統的なボンドック族（Bontoc）

図6-12
エル・マナ・フェスティン
Elle Mana-Festin

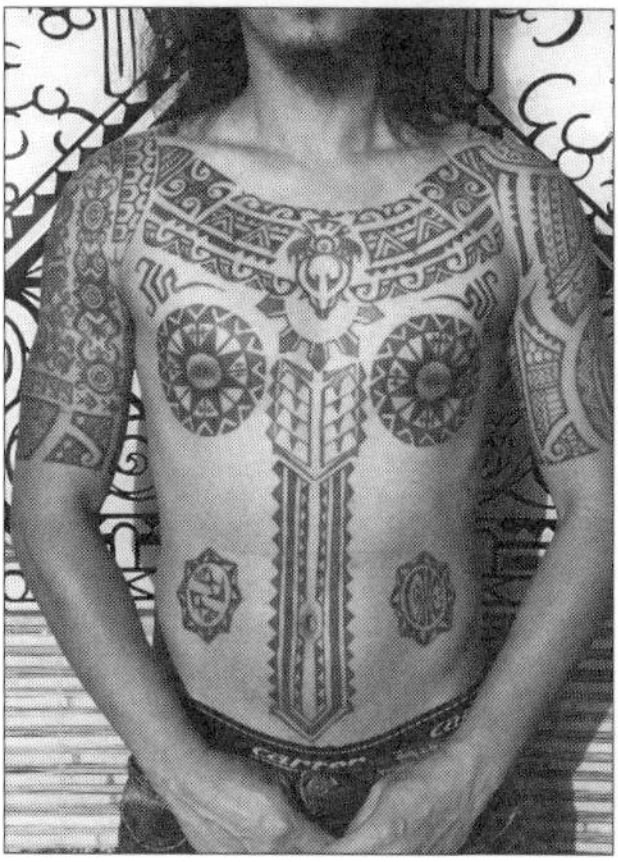

図6-13、図6-14、図6-15、図6-16
フィリピンの民族タトゥー
右上:イバロイ族（Ibaloi）　右下:カリンガ族（Kalinga）　左下:現代的なボンドック族（Bontoc）　左下:ビサヤン族（Visayan）

図6-17
Mark of the Four Waves

図6-18
ゴングを持つ筆者

7

タトゥー人類学者ラース・クルタク

Reviving Japanese Ancient Tattooing Art Project “Jomon Tribe”

原始的なタトゥーを自ら体験する理由

アカデミックな世界でタトゥーを研究する人類学者のなかでもラース・クルタク（Lars Krutak）（図7-1）は特別な存在である。

彼は先住民族の生活にわけ入り、体を張った体験調査でタトゥーの真髄に迫ってきた。そればかりか、その活躍ぶりは、ディスカバリーチャンネルのドキュメンタリーシリーズ『タトゥーハンター』として紹介され、インディ・ジョーンズさながらの熱血学者ぶりは世界的に広く知られている。ラースは彼自身がひとつのアイコンとなって、先住民族のタトゥー文化を世界に知らせ、それらを現代に蘇生させる救世主となっているのだ。

一方で、スミソニアン博物館の研究員として、ハイダの手彫り道具を発見し、古代のミイラのタトゥーが医療目的であることを指摘するなど、タトゥー研究においても素晴らしい実績を残している。そんなラースの実態に迫ってみたい。

「一九九六年、アラスカ州フェアバンクスで人類学の卒業研究を行っていたとき、あごにタトゥーをしている年配の女性に会ったんです。彼女はエスキモーで、そのタトゥーについてもっと知りたいと思い、民族のタトゥー文化の研究に夢中になりました」

ラースは、実際にタトゥーをした先住民に出会ったときのことを興奮ぎみに語っている。彼の父親は地質学者だったという。子供時代から自然史博物館が遊び場だったというから、学者としても生粋のサラブレッドだろう。幼少期の数年をメキシコシティで過ごし、マヤ、アステカ、ザポテックなどの考古学的な遺跡や資料にも慣れ親しんできた。それればかりか、大学卒業後にはサンフランシスコで、エド・ハーディの店「タトゥーシティ」の近くにあるアートギャラリーで働いていたこともあるという。彼は何かに招かれるようにアラスカに渡り、失われつつある貴重なタトゥー文化と生で接し、その成果を修士論文にまとめている。

「ベーリング海峡のセントローレンス島で、約二千年前からあるユピク（Yupik）族のタトゥーをしている最後の世代の女性たちを調査しました。そのタトゥーは非常に痛みを伴う原始的な技法『スキンステッチ（skin-stitch、墨に浸した糸を用いて縫い針で皮膚を縫う）』で行われています。その調査で強く感じたのは、そのような伝統は記録される前に世界中でどんどん消えているということでした。とにかく時間がない、百年前に生まれていたらよかったとさえ思いました」

ラースは大学卒業後、失われつつあるタトゥー文化を求めて世界の辺境地区を旅するようになる。「誰もやらないなら自分がやらねば」と思ったという。その成果は、ラースの最初の著書『部族女性たちのタトゥー芸術（〝The Tattoing Arts of Tribal Women〟Bennett & Bloom, 2007）（図7-2）

にまとめられている。その頃、すでに彼は自《みずか》ら現地の原始的なタトゥーを体験することで調査を進めていた。そこにはスカリフィケーション（瘢痕）も含んでいる。

「彼らと同じタトゥーを体験することで、地元の人々との絆、そして彼らの信頼と友情を得ることになります。それは非常に重要なことで、先住民族のタトゥーを巡る旅によって、私は人生を新しい方向をみつけ、様々な経験を通して、いろいろなことを学びました。幸運なことに、本当に人々が生きている現実というものに目が開かれ、それは以前見ていたものとは全然違うものでした」

そんなラースの覚醒ぶりは、『タトゥーハンター』というドキュメンタリーで世界に向けて発信されることになる。十話シリーズの内容は、フィリピンの首狩族カリンガ族、インドの首狩族ナガ族、石器時代同然の暮らしをするインドネシアのメンタワイ族、宗教的魔術的タトゥーが残るタイ、ポリネシアン・タトゥーのハワイ、ブラジル・アマゾンのカヤビ族、スカリフィケーション（瘢痕）による身体改造文化を残すエチオピア、パプアニューギニア、モザンビーク、ベニンとなっている。彼のホームページやネットなどでも視聴できる他、大判で豊富な写真が嬉しい彼の著書『カリンガ・タトゥー』や『マジカル・タトゥー』（〝Spiritual Skin: MAGICAL TATTOOS AND SCARIFICATION.〟Edition Reuss, 2012）（図7-3）にまとめられている。

図7-1
ラース・クルタクとエチオピアの戦士 Krutak with Gru in Ethiopia. Photograph © Lars Krutak

図7-3
Lars Krutak "Spiritual Skin : Magical Tattoos and Scarification"

図7-2
Lars Krutak "The Tattooing Arts of Tribal Women"

図7-4
アタヤル族の女性 Atayal woman, ca. 1930 collection of Lars Krutak

最も古いタトゥー文化を残しているのはどこか

これまでほとんど知られてこなかった民族の中には、タトゥーに着目することでいきなり注目されるものもある。ラースがいわば発掘したカリンガ族はまさにそうだ。フィリピンの山岳地帯に住む彼らは、首狩族として恐れられていたことも手伝って、そのタトゥー文化を残し、その最後の世代がギリギリ生き残っている今、資料を残すためにはもはや待ったなしの状況だった。

「ほとんどの人々にとって、フィリピンのカリンガ族（図7-5～図7-8）や、私が調査している他の先住民族について、まったく聞いたこともないでしょう。そうであるからこそ、かろうじてタトゥー文化を残している先住民族の存在を世界に知らせる必要がありました。次の世代になったら、彼らのタトゥー文化もなくなってしまうかもしれません。カリンガ族は、インドのナガ族（図7-11、図7-12）、インドネシアのメンタワイ族（図7-9、図7-10）と同様に、タトゥーにまつわる古代から伝わる儀式や知識を残しています。年長者たちがまだ生きている間に記録を残せたことで、カリンガ族のタトゥーを偉大な文化のひとつとして、人類が誇れるような宝物に出来たと思っています」

図7-7
カリンガ族の女性
Kalinga Woman. Photograph ©Lars Krutak

図7-5
カリンガ族の戦士 Kalinga warriors. Photogra
ph © Lars Krutak

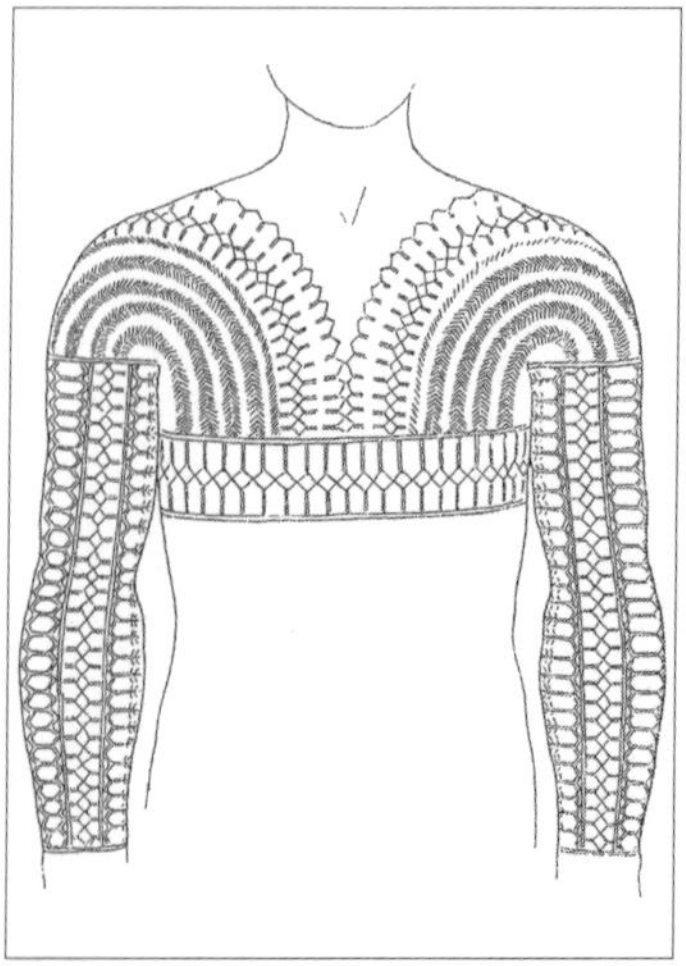

図7-8
カリンガ族の文様
Pattern of Kalinga. from “Kalinga Tattoo”

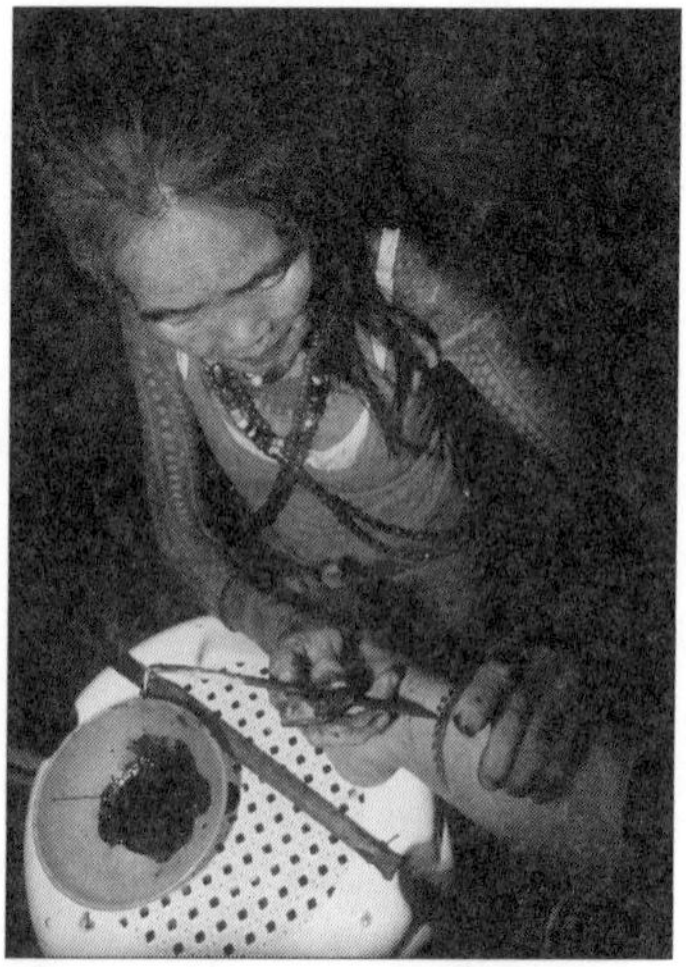

図7-6
カリンガ族女性彫師ワン・オドゥ
Whang Od. Photograph ©Lars Krutak

図7-9
メンタワイのシャーマン、アマン・トシ
The Mentawai shaman Aman Toshi. Photograph ©Lars Krutak

図7-10
メンタワイ族の原始的なタトゥー施術を受けるラース
Receiving Mentawai tattoo. Photograph ©Lars Krutak

図7-12
ナガ・コニャック族の戦士
Upper Konyak Naga warrior. Photograph ©Lars Krutak

図7-11
インド、ラジャ・ナガ族の女性
Laju Naga woman. Photograph ©Lars Krutak

そう、ラースは語る。『カリンガ・タトゥー』の本の表紙を彫師エル・マナ・フェスティンが推進するフィリピンの民族タトゥーの復興運動のメンバーたちが飾ったことは、前章でも触れている。本国フィリピンで絶滅の危機に瀕しているタトゥー文化がロサンゼルスに住むフィリピン系アメリカ人のコミュニティで蘇り、その運動が世界的にも注目され、タトゥーの新たなトレンドとなっていることを改めて強調しておきたい。ラースの活動はそういう意味で現代のタトゥーカルチャーにおいても大きな意義を持つものとなっている。

ここでもうひとつ、タトゥー業界では有名な事件に、ラースが博物館コレクションのなかからカナダ先住民ハイダ族の手彫り道具を発見した一件がある。ゼロ年代初頭、トーテム・ポールの発祥としてよく知られるハイダ族に対して、「彼らに民族タトゥーはあったのか」という疑問が持ち上がっていた。現代のハイダ・デザインのタトゥーは、赤と黒のコントラストが鮮明で、動物のトーテムをモチーフとしていて人気が高い。黒一色が一般的な民族タトゥーにあって、赤を用いるハイダのデザインには、そのようなものが彫られていたのかが問題となっていた。詳細は拙著『クレイジートリップ』に詳しいが、ハイダ族のタトゥーの謎は、ラースによってひとつの決着がついている。また、黒一色でもまったく問題ないことも取材済みだ。

「〇二年、スミソニアン博物館のコレクションのなかに、私はハイダの手彫り道具（図7-13、図7-14）を発見しました。それは一八八三年にハイダ・グアイ（クイーン・シャーロット島）のマセットで収集されたもので、日本の手彫りの道具に似て、筋用とボカシ用がありました。ハイダ族と隣接するトリンギット族の衣服には、日本の古い貨幣が縫い付けられていることがあります。いつの時代かわかりませんが、日本からタトゥー技法が伝えられたのではないかと考えています。それ以前には、エスキモーと同様のスキンステッチ、アイヌと同様のマキリ（タトゥーナイフ）が使われていたという報告もあります」

そう、ラースはいう。実際、人類の拡大においては、アジア・ユーラシア大陸からベーリング海峡を超え、アメリカ大陸に渡ったと考えられている。約一万八千年前には氷河期のために氷が張っており、ベーリング海峡を徒歩で渡れたのではないかと言われる。古い歴史を持つハイダ族のタトゥー文化についても今後の研究が期待される。

さらに最も古いタトゥー文化を残している先住民族

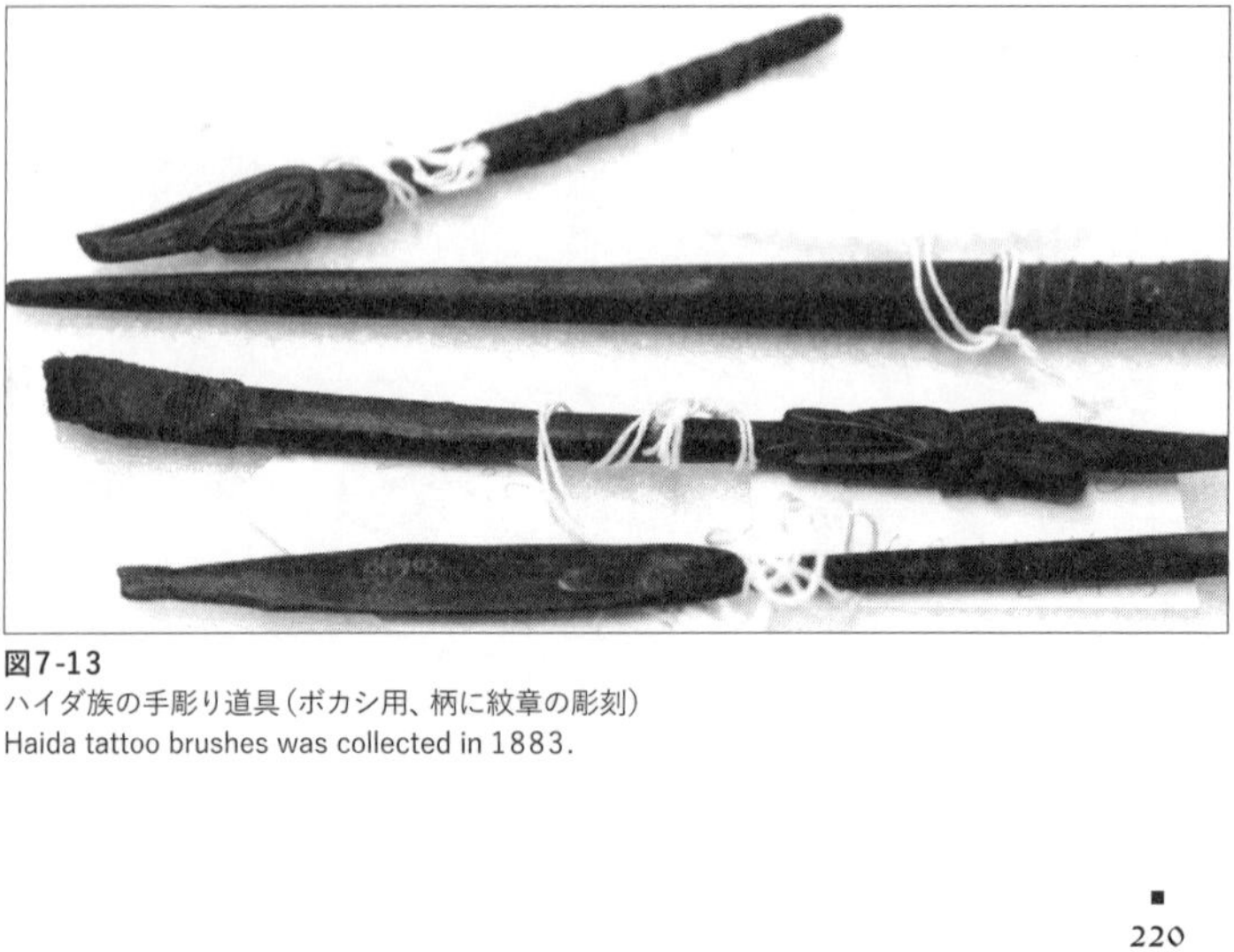

図7-13
ハイダ族の手彫り道具（ボカシ用、柄に紋章の彫刻）
Haida tattoo brushes was collected in 1883.

について聞いてみると、いきなり、アイヌや縄文の名前が飛び出した。

「一九九八年にタトゥーをしていた最後のアイヌ女性が亡くなりました。アイヌの先祖である縄文人が、アイヌのようにタトゥーをしていたことの考古学的証拠として土偶が残っています。その起源は約一万年前にまで遡れます」

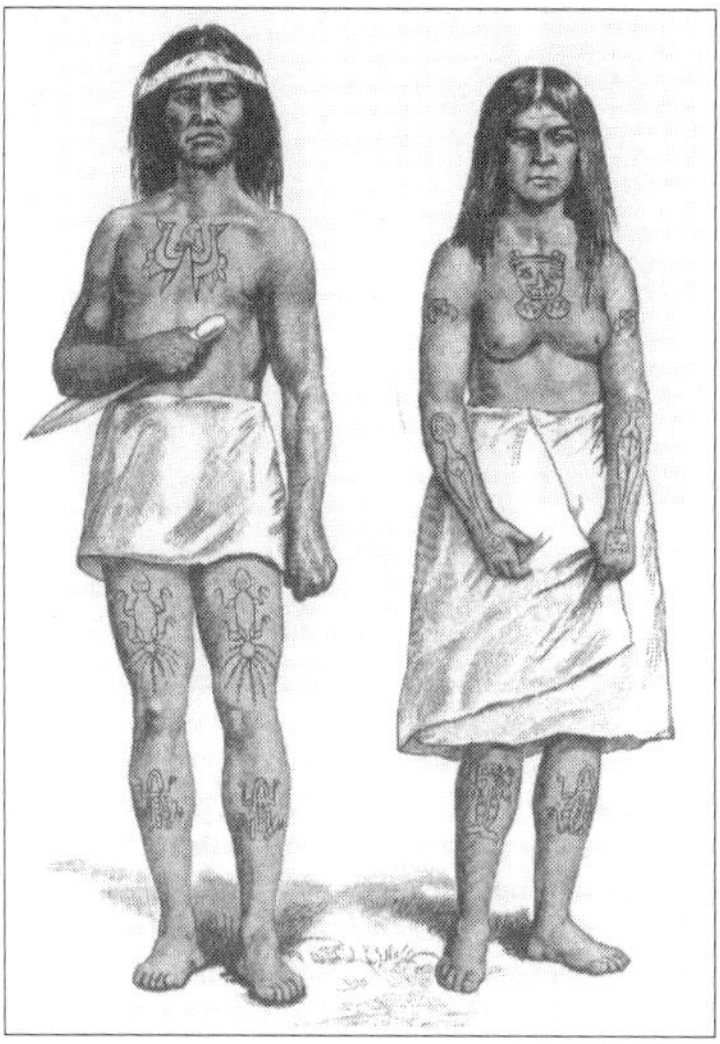

図7-15
ハイダ族のカップル
Haida coupe with chest tattoos, After Swan (1886: 89), Lars Krutak 2007

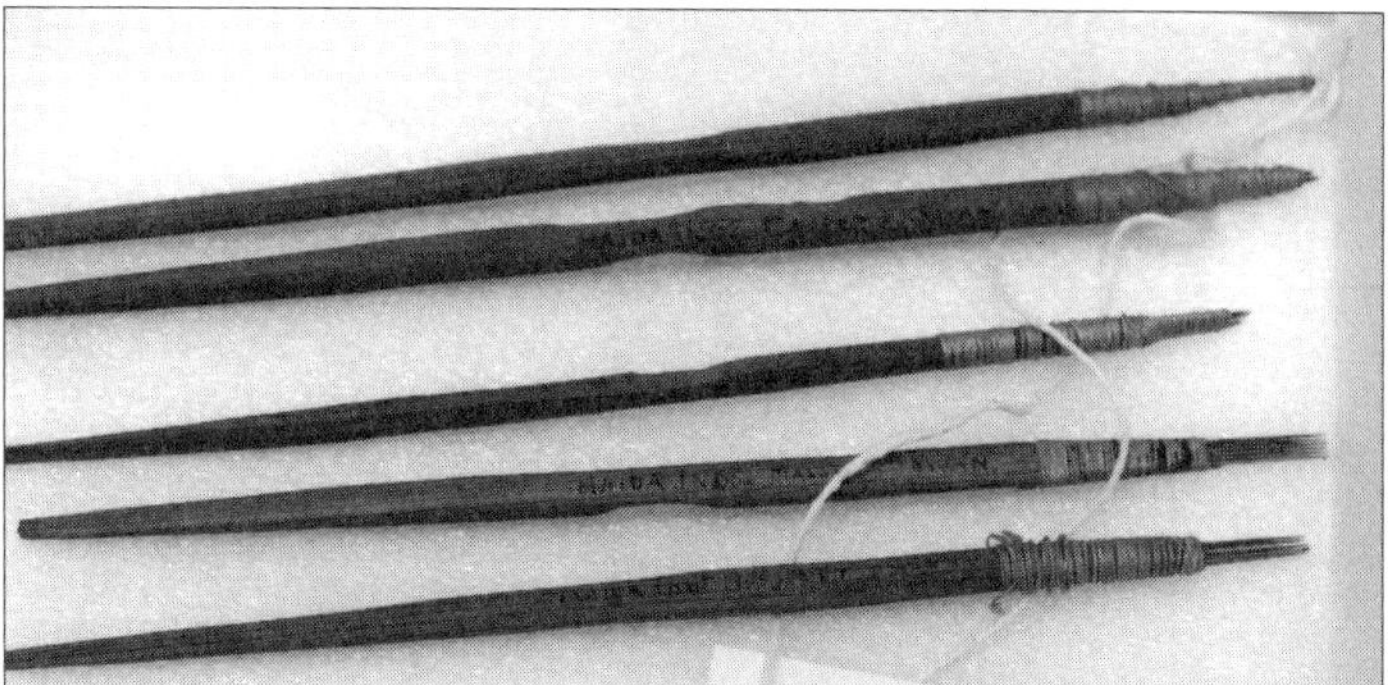

図7-14
ハイダ族の手彫り道具（筋彫り用）
Haida tattoo needles was collected in 1883.

縄文時代のタトゥーについて、高山純が『縄文人の入墨』で土偶の文様はタトゥーであると主張していることはすでにみた（第一章）。アイヌ女性に見られる顔面タトゥーが縄文土偶と似ているという事例については、江坂輝彌『土偶』において指摘されている。ラースの論拠も江坂による（『部族女性たちのタトゥー芸術』）。

もうひとつ、最も原始的なタトゥー文化を現在も残している先住民族について、ラースが語った。

「現存するタトゥー文化のなかで、インドネシアのシベルト島のメンタワイ族がおそらく最も古いタトゥー文化の守護者であり、それは約三千五百年前からずっと続いているものと考えられています。彼らにとって、身体に美しいタトゥーを受け入れることは、魂と肉体を融合して彼ら自身の宇宙を操り、そのことで彼らは病気にもならない。彼らにとっての魂のケアとは、メンタワイ族の日々の生活の原理に沿っていくということなのです」

タトゥー文化の確信部分に触れるラースのコメントは続く。タトゥーというものがこれほど地球の隅々まで拡大したのはどういうことなのだろうか。

「それにはいくつもの理由がありますが、そこにはのちほどお話しする治療目的のタトゥーも考えられます。部族的な文化を守る人たちと付き合ってきた立場からいえば、タトゥーとは常に求められるもので、それは代償なしに獲得できるものではなく、男にとっても、女にとっても、あるいは子どもにとっても、生命の危険さえも顧みずに欲しがるものなのです。危険で痛みが伴い、非常に困難な儀式を経て、やっと彼らの仲間たちの印を施してもらうことができるのです」

ラースによれば、タトゥーは人々を神聖な存在へと引き上げ、愛する人の死と誕生に関わり、集団への帰属の証となり、彼ら自身のアイデンティティの一部として機能し、もっとずっと深いところで、人々に感情的な意味合いを与えるのだという。基本的にタトゥーはその人が何者であるかを示し、その社会の誰でも解読可能な視覚言語となっているのだという。

ミイラにみられる医療目的のタトゥー

ラース・クルタクの『エンシェントインク』（〝Ancient Ink : The Archaeology of tattooing〟 University of Washington Press, 2017）（図7-16）は、人類最初のタトゥーについて、考古学的なアプローチも含めて挑もうという野心作である。

ラースが古代のタトゥーの謎を解く鍵と考えているのが医療目的のタトゥー（medical tattoo）である。わかりやすくいえば、鍼治療などのツボの位置にタトゥーが彫られているというのだ。特にそれらは関節炎に効果があるらしい。

「五千三百年前のタトゥーをしたミイラ、アイスマンが医療目的のタトゥーをしていることはよく知られています。彼のタトゥーの八割方は関節炎などを治療するときのツボの位置にあります。タトゥーの墨がくすんでいるのは、同じ場所に何度も墨を入れたからです。また、アイスマンの左手首にもタトゥーがありますし、背中のタトゥーについては他の人にやってもらったことでしょう。自分で施すには難しい位置ですから」

ご存知の通り、タトゥーしたミイラ「アイスマン」は、一九九一年にアルプスで偶然発見され、ずっと氷漬けにされていたことから、保存状態もよく、それが五千三百年前のものであることが判明すると、世界的に大きなニュースとなった。そればかりか、全身六十一ヶ所にタトゥーをしていたことはますます世間の関心を呼んだ。たまたまミイラとなった個体がそれほどタトゥーをしていたのなら、タトゥーという行為そのものの発祥はもっとずっと古い時代にまで遡れる可能性が大きくなってきたからである。ラースは続けた。

「タトゥーした最古のミイラの実例としては、（一九九六年に発見された）南アメリカのチンチョロ文化の七千年前のミイラがありま

図7-16
Lars Krutak & Aaron Deter-wolf “Ancient Ink”

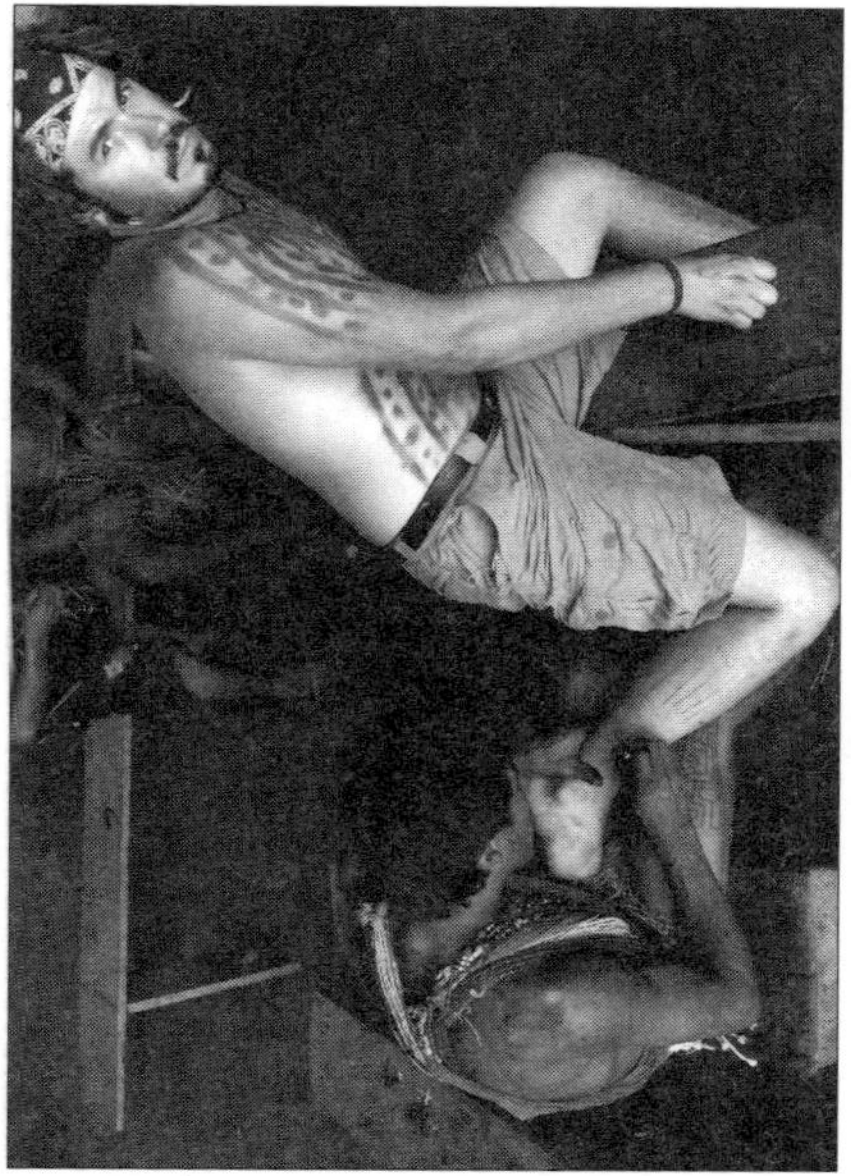

図7-17
カヤビ族の原始的な手彫りの施術を受けるラース、針はヤシの木のトゲを使用
Kayabi hand-poked tattoo, Photograph courtesy of Pablo Durana

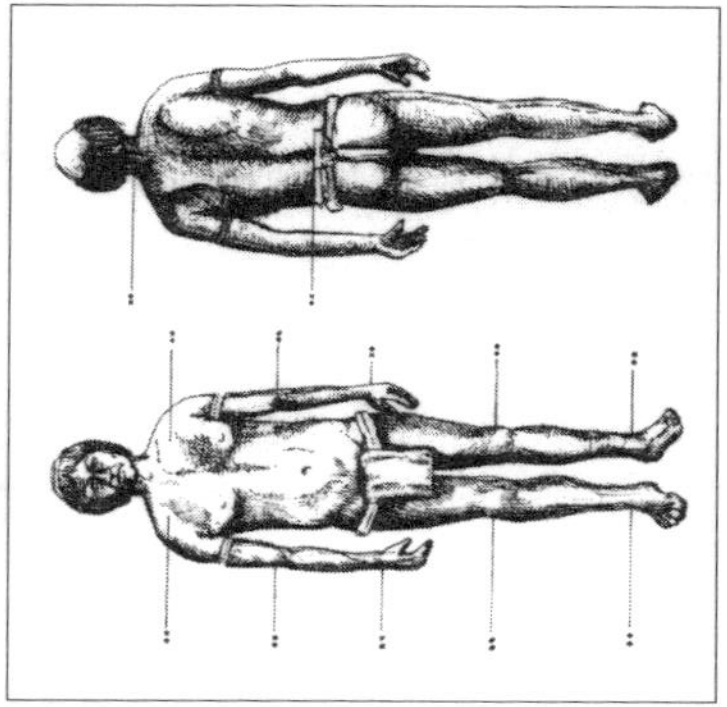

図7-18
セントローレンス島の医療目的のタトゥー
St. Lawrence Island, Alaska, joint-tattooing. Drawing © Lars Krutak

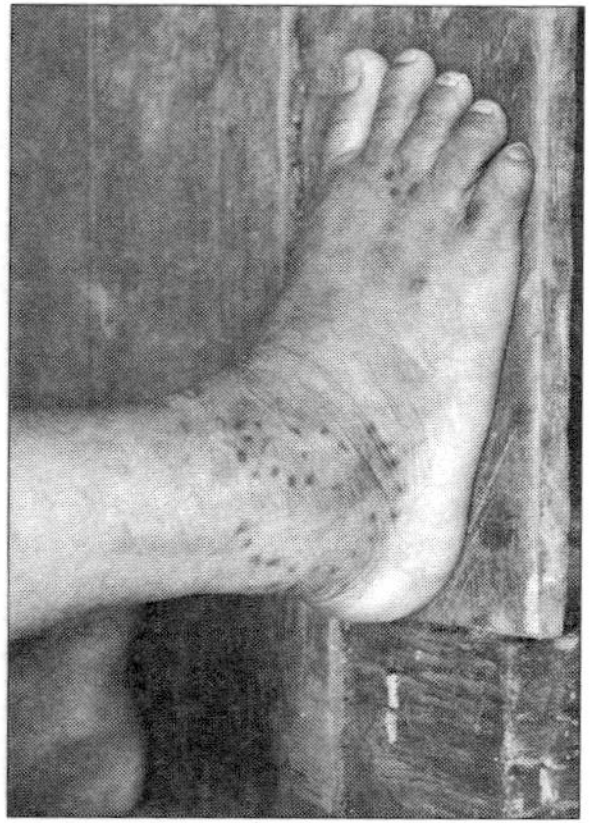

図7-19
ボルネオ島カヤン族の医療目的のタトゥー
Medicinal tattoos of the Kayan of Borneo © Lars Krutak

す。この男は上唇に口ひげのようにタトゥーをしています。これは医療目的ではなく、装飾でしょう。また、一九九八年に、ロシアで約二千五百年前のパジリクの首長のミイラが発見されています。この男は脊椎や足首に鍼治療のような医療目的のタトゥーを入れており、関節炎やリウマチを緩和したであろう思われます。それについては私自身二つの論文を発表しています。私が医療目的のタトゥーにこだわるのは、セントローレンス島の調査でも、古くからある医療目的のタトゥーの実例（図7-18）を見てきたからです」

いままで、呪術や儀式という言葉だけで曖昧に語られてきた古代のタトゥーに医療目的があったということは、全人類的な規模でタトゥーの発祥や伝播を検証するときには大きな助けとなるだろう。特に関節炎の治療などに具体的な効果があればこそ、呪術的なタトゥーに期待される病や災いから身を守るという役割が大きな意味を持ってくるだろう。

「セントローレンス島では、ほとんどは男子、まれに女性が大きな動物を生贄として殺し、葬儀の場でそれを皆に振る舞ったのちに、関節にタトゥーをしました。それは動物や人間が死ぬと、彼らの精霊や〝面影〟というものが遺体の近くに漂い、セントローレンス島の人々が魂の場所であるする関節にそれらが入ってくると考えられました。その悪霊を追い出すために、関節にタトゥーを入れたのです。そうでなければ、関節に重度のリウマチを発症して死に至ると信じられていました」

過酷な自然環境で暮らすセントローレンス島の人々にとって、死は常に身近にあったものだろう。

それだけにひとつひとつの死に絶望することなく、生を全うするためには、身近な〝死〟の数だけ、タトゥーの数も増え続けるということも考えられる。

ラースはさらにボルネオのカヤン族で行われている医療目的のタトゥー（図7-19）についても話してくれた。

「二〇一一年一月、二度目のボルネオ調査のときには、多くの部族を記録し、カヤン族から新しい情報を得ることができました。それは、捻挫の治療に効果がある関節のタトゥーでした。たいへん興味深いことに、これらのタトゥー跡の一部は、アイスマンが手首にしていたタトゥーとよく似ていたのです。ですから、アイスマンの手首のタトゥーもまた、手首の関節を治療する目的があったと思います」

さらにラースは、アイヌの人たちにも医療目的のタトゥーがあったことを教えてくれた。

「アイヌもリウマチを治すためにタトゥーを入れました。彼らは黒曜石のランセット（先の尖った両刃メス）またはナイフを使って、男女問わず、医療目的のタトゥーをしています」

ラースにとっては、あらゆる民族例の調査が古代のタトゥーの研究にも生かされている。彼によれば、アイスマンのタトゥーもほとんどはランセットのようなもので切られているという。そればかりか、手首のタトゥーは、スキンステッチの可能性があるとも指摘している。

改めて、これからのタトゥー調査についての展望を聞いてみた。

「現代のタトゥーは、約二百五十年前、ヨーロッパの船員たちによってポリネシア人から持ち込まれたことから長い歴史を歩んできました。今日、それは多くの異なるジャンルがあり、世界中のタトゥーアーティストたちがいろいろな新しい方法を取り入れています。そのことでタトゥーは芸術の域にまで進歩しています。その一方で、現代のタトゥーアーティストたちが伝統的な部族のタトゥー文化にあった技法や文様を学び発展させていくことは素晴らしいことだと思います。先住民族のタトゥー文化はその多くが失われましたが、私たちは、現代のタトゥーカルチャーのなかで古代の人々が持っていた芸術的にも優れた知識や精神というものを取り戻そうとしています」

ラースは熱く語る。特に彼は失われつつあるタトゥー文化をいまも守り続けるタトゥー施術者に最大限の敬意を払い、しっかりと研究調査することを奨励する。そして、彼自身もいくつかのアジアの部族に焦点を当てた研究調査に取り組んでいるという。そのなかには、アイヌや琉球も含まれている。タトゥーハンターが縄文時代のタトゥーの謎に挑む日も近いのかもしれない。

8

タトゥーをしたミイラに会いに行く！

Reviving Japanese Ancient Tattooing Art Project "Jomon Tribe"

人類最古の芸術行為は洞窟壁画か、タトゥーか

一九八二年に創刊された『TATTOO TIME』の第一号「ネオトライバリズム」特集で、彫師のクリフ・レイバンが「プレテック〔技術以前の〕タトゥーを考える」という論考で、冒頭からこう書いている。

「カナダのアート雑誌が、タトゥーは洞窟壁画よりも古い芸術ではないかと書いている。つまり、人類最古の芸術行為であると。確かに、火の起こし方を見つける以前でも、自然発火による森林火災で黒焦げになった木に、偶然皮膚を引っ掛けただけでもタトゥーができてしまうだろう」

もちろん、このあとには、黒一色の文様的なタトゥーについて解説されていくことになるが、最も本質的な問題は「タトゥーのはじまり」であり、「タトゥーは人類最古の芸術なのか?」という問いである。

そのような話題は、欧米のタトゥー愛好者たちにとってはもはやお馴染みである。タトゥーが持つプリミティブな部分に対する強い憧れが、世界的なタトゥー流行のきっかけのひとつとなってきた。そして、洞窟壁画に対する一般の興味もまた、人類の最もプリミティブな芸術的な衝動への憧

れがあるだろう。

第二次世界大戦後のヨーロッパで、洞窟壁画はひとつのブームになった。一九四〇年に発見されたラスコー洞窟壁画の調査が進み、一九四八年に一般公開された（一般公開は一九六三年で終了している）ことが大きいだろう。さらに一八七九年に発見されたが、その後に忘れられていたアルタミラ洞窟の壁画も見直されている。ジョルジュ・バタイユは、ラスコー洞窟訪問の感動だけで一冊の本（『ラスコーの壁画』二見書房、一九七五年／原著は一九五五年）を書いているほどである。

旧石器時代の洞窟壁画のモチーフは、ほとんどが動物で、獲物を捕えるための呪術的儀式的な意味があったとされ、装飾や余暇のためでなく、まさに「生きるための武器」としての芸術のリアリティが、数万年を超え、現代人に大きな衝撃を与えている。洞窟壁画をはじめとする世界の原始芸術については、木村重信『はじめにイメージありき』（岩波新書、一九七一年）に詳しい。

その後も洞窟壁画に対する一般の興味は高く、一九九四年には人類最古級（約三万年前）といわれるショーヴェ洞窟が発見され、その他の洞窟壁画でも新たな調査が進んでいる。

ここでは人類最古のタトゥーというものについて、具体的にミイラに残されたものを通じて見てみたい。

皮膚の上に動物たちがひしめくパジリクのミイラ

世界的に最も有名なタトゥーをしたミイラは、一九九一年にアルプスで発見された、エッツィことアイスマンである。それについては詳しく後述するが、アイスマンが発見された一九九一年、ソビエト連邦が崩壊し、ロシアとなった。そして、シベリアで発見された、もう一つの「タトゥーをしたミイラ」が見直されることになる。

それは、一九四七年にシベリアのアルタイ山脈、パジリクの第二クルガン（古墳）で発見されたもので、複数の動物のモチーフを組み合わせた黒一色の精密なタトゥーをしていた（図8-1）。実は、八二年刊の『TATTOO TIME』でもパジリクのミイラは紹介されていたが、世間的な関心を集めるにはアイスマンの登場を待たねばならなかっただろう。

パジリクのミイラは、約二千五百年前のものと推定され、五十歳程度の男性でこの部族の首長であるとされる。内臓が抜き取られた人工ミイラで、古墳ごと凍結していたために、保存状態も良かった。まさかこの時代にそれほど高度なタトゥー文化があったとは、考古学の専門家でも予想していなかったことだろう。

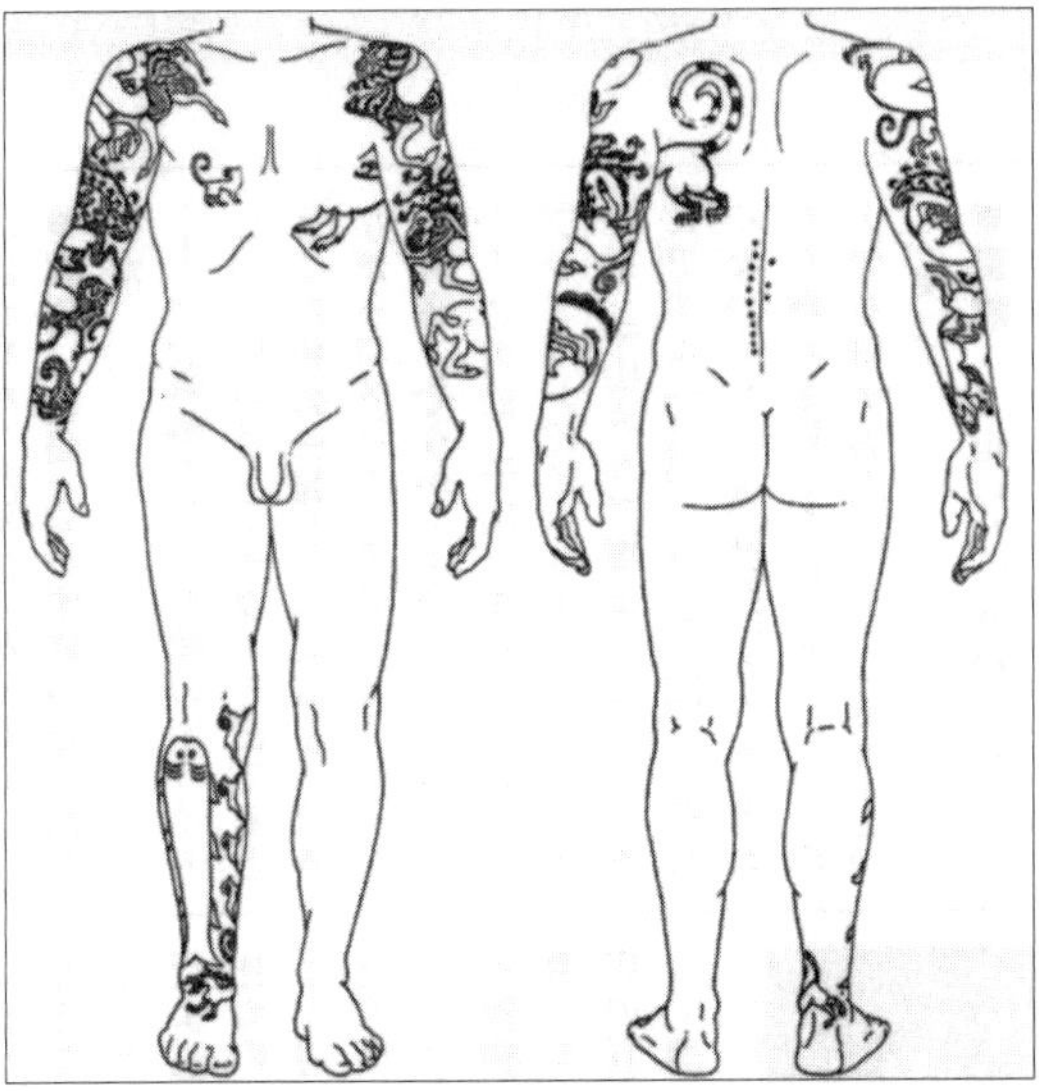

図8-1
ミイラとして残されたパジリクのタトゥー
Tattoo design of Pazyryk mummy

図8-2
パジリクのタトゥー(部分のアップ)

図8-3
パジリクのミイラおよび副葬品
Collection of Hermitage Museum, St. Petersburg, Russia

図8-4
馬具にもタトゥーと同じモチーフ Pazyryk saddle art

タトゥーのモチーフとなっているのは、鹿、ロバ、ヤギ、魚などの実在する動物の他、パジリク文化のシンボルといわれる、ワシの上半身とライオンの下半身を持つ「幼獣グリフォン」も含まれている。両腕から背中、さらに足にもタトゥーがあった。足には、ヤギ、魚、四頭の雌羊が施されている。

タトゥーの図柄を抜き出してみると（図8-2）、古代の遊牧騎馬民族スキタイの文化の影響やトーテム信仰との関連も感じられる。彼らは動物の皮で作った馬具（図8-4）や金細工、刺繍にも同様のモチーフを刻んでいる。そのミイラは、現在、ロシア・サンクトペテルブルクのエミルタージュ美術館の古代美術のセクションで観ることができる。

二〇一〇年、筆者はロシアを訪ねている。サンクトペテルブルクといえば、モスクワに次ぐロシア第二の都市。三百年前に当時のピョートル大帝がヨーロッパの最先端文化を吸収し、古きロシアの伝統と融合して近代ロシアを築いた、文化と芸術の都である。ソ連時代はレニングラードと呼ばれ、プーチンの出身地でもある。現代は、観光客にも人気の高い美しい街である。

実際に、エルミタージュ美術館を訪ねてみると、その広さと展示品の多さにはただただ圧倒されるばかりだ。世界の歴史的名画ばかりか、古代美術にも非常に広いスペースを割いている。そこにこのパジリクのミイラの現物があった（カラーP30、図8-3）。

人類史的にも貴重なパジリク古墳の発掘事業を成し遂げた考古学者セルゲイ・ルデンコ（図8-

5）とミカエル・グリャズノフ（図8-6）についての紹介もあった。
まず驚かされたのは、ルデンコは「政治犯」として一九三一年～四五年、グリャズノフは「スラヴ主義者」として一九三三年～三七年を強制収容所で過ごしていることである。釈放後、彼らは再び、遺跡発掘に尽力している。グリャズノフは一九二九年に最初にパジリク古墳の発掘調査を行っており、ルデンコは研究論文〝The Ancient Culture of Bering Sea and the Eskimo Problem〟(1947)で知られ、一九四七年から四九年までの発掘でタトゥーしたミイラなどを発見している。過酷な社会状況のなかでも調査研究を続けた真摯な姿勢には胸を打たれる。

ちなみに、パジリク文化とは、鉄器時代の遊牧騎馬民族として栄えたスキタイ文化（紀元前六世紀から紀元前三世紀まで）の流れを汲み、馬に乗って、中国、インド、ペルシアなどの商人たちと交易を行っていた人たちのもの。ユーラシア中部のアルタイ山脈を中心に、中国、カザフスタン、モンゴルに渡る広い勢力範囲を持ち、いろいろな交易品を扱うばかりか、馬具やカーペット、金細工を作っ

図8-5
セルゲイ・ルデンコ
Sergey Rudenko (1885-1969)

図8-6
ミカエル・グリャズノフ
Mikhail Gryaznov (1902-1984)

ていた。パジリク古墳は凍結していたゆえに、普通なら保存が困難なシルクやカーペット、木製品などもそのまま出土したことから当時の生活ぶりを詳しく知ることができる。その古墳からは、大麻の種子を含む毛皮の袋や香炉、テントのフレームなどもみつかっている。

　また、パジリクのミイラのタトゥーは、刺繍に用いる骨角器の縫い針を用いて、皮膚のかなり深い層にまで墨が及んでいる可能性が指摘されている。通常のタトゥーよりもかなりの痛みを伴うものであったのではないかと予想される。

　さらに、パジリクのミイラの背骨には、アイスマンのタトゥーと同じ位置に斑点のような瘢痕がみえる。これは医療目的のものと考えられ、アイスマンとの共通性についても議論されている。ミイラ研究から、古代のタトゥーについての調査研究がさらに進んでいるのだ。

　一九九三年、パジリク古墳から二百キロ南方のウコク高原で二千五百年前の人工ミイラが発見された。二十五歳くらいの女性のミイラは肩や腕に、鹿、山羊、幻獣グリフォンなどのタトゥーをしており、パジリク文化に属することがわかった。シャーマンとみられ、シルクやフェルト、貴金属の副葬品から「アルタイの王女」と呼ばれるようになる。

王女は、六頭の馬と二人の男性とともに埋葬されており、大きな棺桶は革に包まれていたことでそのまま凍結していた。発掘されたノヴォシビルスク市の考古学研究所に保管されていたが、二〇一二年にアルタイ共和国に返還されたことで話題となり、二〇一四年のソチ冬季パラリンピックの開会式では、王女のタトゥーにあったグリフォンのデザインがイメージ画像として使われ、シベリアの古代文化の象徴として広く知られるようになった。

その後、アノーヒン博物館で展示されていたが、二〇一五年に地元住民からの再埋葬への要望が高まり、もともとあった埋葬場所に戻されることになったと報じられている。

ラースの本『エンシェントインク』には、アルタイの王女についての記事に続き、アメリカの彫師コリン・デイル（Colin Dale）が原始的な手彫りの技法などを用いて、現代的にパジリク・タトゥーを蘇らせていることも紹介されている。ここでもタトゥーを通じて、古代と現代をつなぐ試みが行われているのだ。

アイスマンから学ぶ、古代のタトゥー

一九九一年九月十九日、その日はのちに「アイスマン」発見の日として記録されることになる。アルプス山中でドイツの登山家夫妻が偶然に氷河から上半身を出していた遺体を発見したのだ。四日後に専門機関に収容されると遺留品などからかなり古いミイラであることがわかった。

その時点でマスコミの強い関心を引いていたが、コンラート・シュピンドラー博士らの調査で、約五千年前のヨーロッパ人の成人男性であることがわかると、人類最古級の自然ミイラとして世紀の大発見であると大々的に報じられ、世界的にも大きなニュースとなった（図8-7）。ちなみに現在人類最古のミイラはアメリカ・ネバダ州の「スピリット洞窟」で発見された自然ミイラ（約九〇〇〇年前）、人工ミイラはチリのチンチョーロ文化のもの（約七〇〇〇年前）で顎にタトゥーが施されていた（第7章）。

アルプスのエッツ渓谷（イタリア・オーストリア国境）の氷河で発見されたことから「エッツィ・ジ・アイスマン」と名付けられている。

また、そのミイラが小さなタトゥーを全身のあちこちにしていたことも世間の関心を呼んだ。タ

図8-7
コンラート・シュピンドラー『5000年前の男』（文藝春秋、1994年）

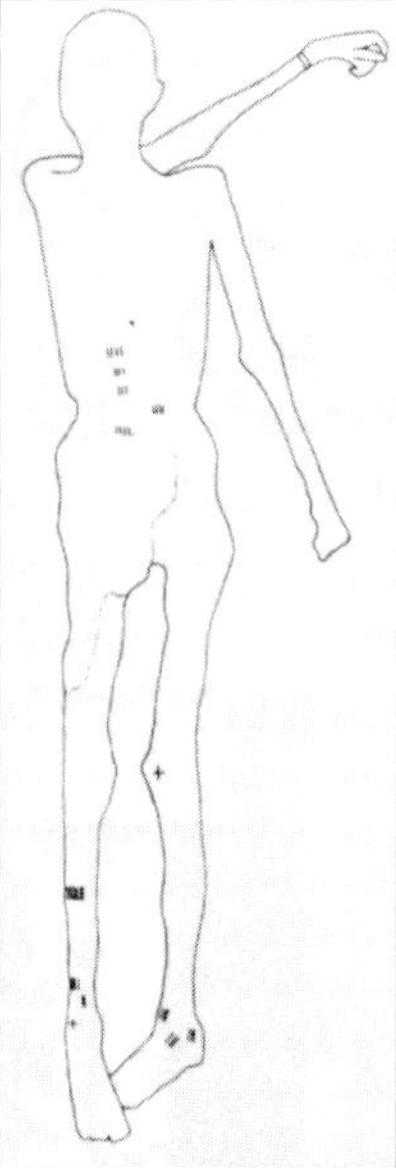

図8-8
アイスマンの全身には61ヶ所のタトゥー

トゥーがあったのは、右膝と左足首に小さな「十字」、両足の足首数ヶ所と左のふくらはぎに「平行線の束」、背骨の中央付近数ヶ所に「平行線の束」など、最新の調査では、タトゥーは全身で六十一ヶ所であることが判明している（図8-8）。

九〇年代初頭、欧米を中心にタトゥー流行が世界的な広がりを見せた時期に、世間的にも話題となったアイスマンがタトゥーをしていたという事実は、タトゥーが人類の太古から存在する文化芸術であるという認識を多くの人々に印象づけた。タトゥーに対するパブリック・イメージを大きく転換する象徴的な出来事であった。

アイスマンは亡くなってすぐに冷凍されたため、内臓器官や細胞組織も生前の状態を残しており、多数の遺留品とともに発見されたことから、人類史における数々の謎の解明に役立てられている。現在は、イタリアのアルト・アディジェ考古学博物館（南チロル考古学博物館とも呼ばれる）で公開されている。

二〇一九年九月、筆者はアイスマンに会うために、イタリアのボルツァーノを訪れている（カラーP31）。街の背後には、アイスマンが発見されたアルプス山脈が大きくそびえ、オーストリア国境にも近く、街の標識や商店はイタリア語とドイツ語のバイリンガル対応となっている。もちろん英語も大丈夫で、アイスマン目当ての観光客も多く訪れている。開館時間に合わせて博物館を訪れると、すでに列ができていた。

アイスマンのためだけに丸々ひとつの博物館が作られていると言ってもいい。内容も豊富なので展示順に見ていきたい。

最初のコーナーは、アイスマンの発見と反響だ。特に当時のニュース映像やテレビでの報道の過熱ぶりが凄まじい。日本のテレビ番組での映像もあった。

続いて早速のアイスマンとの、ご対面となる。アイスマンは現在、大きな冷蔵室の中で冷凍された状態にあり、その様子を小さめの窓から覗き見することになる。

タトゥーについての展示解説もあった。

「なぜ、エッツィはタトゥーをしたのか？　すべてのタトゥーは普段は服で隠れてしまうので、装飾的なものではないでしょう。たぶん、どれも初期の鍼治療の事例であって、神経を刺激することで痛みを和らげることができます。すべてのタトゥーは体のツボの位置にありました」

確かに、全身のいたるところに施された小さなタトゥーは不自然である。アイスマン自身、針を持ち歩いていなかったことから、ナイフで切り込みを入れて、煤を刷り込んだのではないかと考えられている（図8-9）。また、手首をぐるっと巻いたタトゥー（図8-10）は別の技法や意味合いが検証されている（第七章）。

次のコーナーではアイスマンが持っていた道具や武器、服装などの展示となる。冷凍されていたので、本来なら腐ってなくなってしまう木や草、動物の革などで作られたものまですべて残っているのがすごい。アルプス山中に徒歩で来ているというのに、とにかく、荷物が多いのだ。

弓、矢と矢筒、槍、銅製の斧、石のナイフ、背中にはバッグを背負い、防寒のために靴を履き、長ズボン状のもので足を覆い、革の上着を着て、熊の毛の帽子を被る。ここで最も重要なものは斧だという。なぜなら、先史時代の斧で柄も刃もそれを固定した紐もすべてが完成した状態のものは世界でこのひとつだけ。五千三百年前に銅製の斧があったという事実からヨーロッパの青銅器時代の開始の時期が大幅に遡った。加えて、銅製の斧は木を切るにも武器にするにも性能的には劣るため、特別な身分などを証明するために持ち歩いていたのではないかと考えられている（図8-13）。

現在も冷凍状態にあるアイスマンだが、二〇一〇年にひとたび解凍され、百四十九項目の科学的

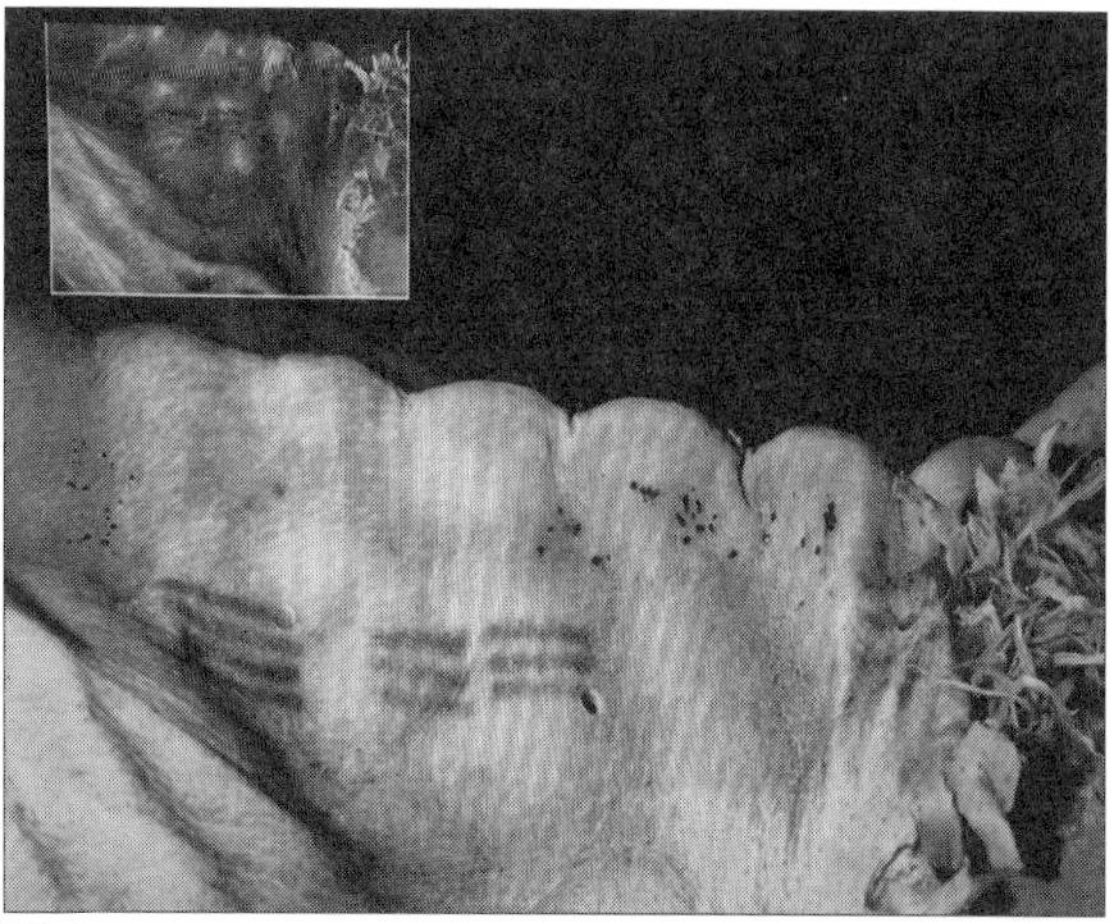

図8-9
アイスマンのタトゥー(背中)©South Tyrol Museum of Archaeology/EURAC/Samadelli/Staschitz

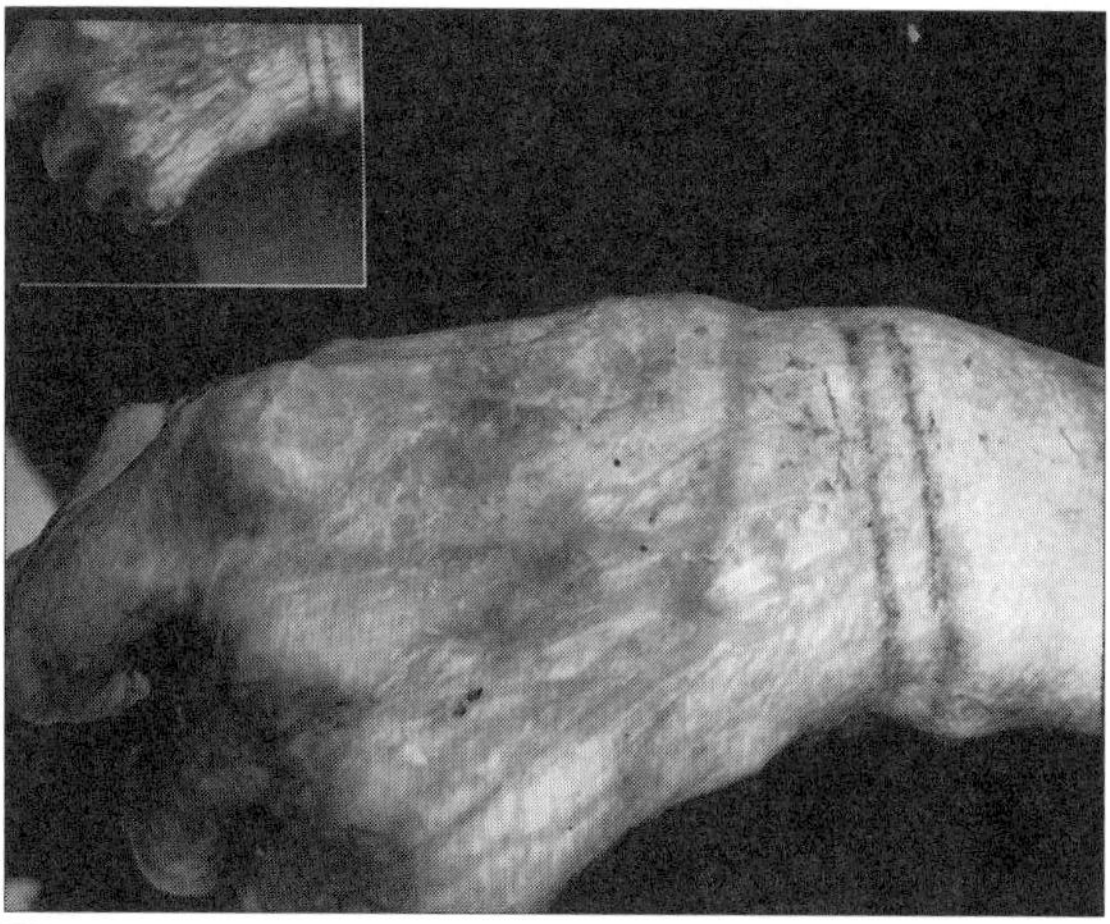

図8-10
アイスマンのタトゥー(手首)©South Tyrol Museum of Archaeology/EURAC/Samadelli/Staschitz

な調査のためにサンプル採取が行われた。ＤＮＡや細胞組織、ＭＲＩやレントゲンなどによる精密検査も受けた。そこからまず胃袋に寄生虫やピロリ菌がいたことがわかった。アイスマンは、常に胃痛や消化不良に苦しめられていたわけだ。そのような体調不調を治すためにも、医療目的のタトゥーを数多くした可能性がある。

これまで、鍼治療やツボなどは中国を発祥とする東洋医学と考えられてきた。しかし、五千三百年前のヨーロッパで医療目的のタトゥーの効用がわかっていたことには驚かされるばかりだ。

もうひとつ、科学的な調査でいままでわからなかった死因についての新事実が浮かび上がった。アイスマンは、肩に矢を受けて出血した跡があり、顔などにも誰かと乱闘した跡があるという（図8-11）。つまり、彼が誰かといさかいになったのち、離れたところから矢で射抜かれたのだ。

アイスマンは、立証された人類最古の殺人事件の犠牲者というわけだ（図8-12）。ここから見えてくるのは、五千三百年前にすでにあった複雑な人間関係や社会状況だ。アイスマンは、当初考えられていたような狩猟採集民ではなく、交易を担う行商人のような存在だったともいわれる。

最後のセクションは、リアルに再現されたアイスマンの姿だ。復元模型の製作で知られるオランダの兄弟アドリー・ケニスとアルフォンス・ケニスによる（カラーP31、図8-14）。彼の推定年齢四十五歳で身長百六十センチ、そのまま原寸で再現されている。ちゃんと背中には医療目的のタトゥーがまるでバーコードのようにみえている。

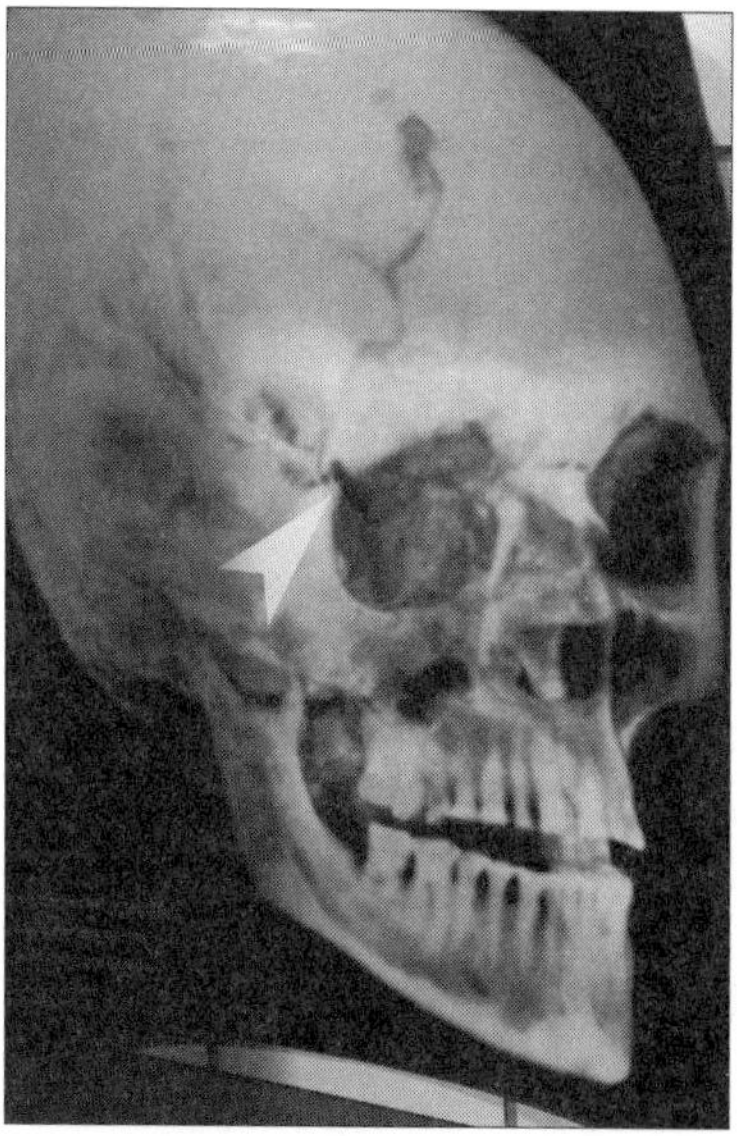

図8-11
アイスマンの死因は他殺だった©South Tyrol Museum of Archaeology/EU RAC/Samadelli/Staschitz

図8-12
人類最古の殺人事件の解明も進む©South Tyrol Museum of Archaeology/EU RAC/Samadelli/Staschitz

五千三百年前というと、日本ではちょうど縄文時代にあたる。アイスマンのような医療目的のタトゥーが縄文時代にも存在した可能性もある。古代のタトゥーについて、まだまだエッツィから学ぶことは多そうである。

図8-13
完全な形で残された世界最古の銅製「斧」
Permanent exhibition Copper axe © South Tyrol Museum of Archaeology／foto-dpi.com

図8-14
アイスマンの再現模型
The Iceman's reconstruction by Alfons & Adrie Kennis

終章

縄文タトゥーを復興するのは一万年後の未来のため

Reviving Japanese Ancient Tattooing Art Project "Jomon Tribe"

日本にもタトゥーカルチャーの新しい風が吹く

ここまでみてきたように、本書で繰り返し訴えてきたのは、タトゥーがカルチャーであるという認識が世界的なものになりつつあるということと、そこからいままで忘れられてきた民族文化に別の形で光が当たり、文化復興のチャンスが巡ってきているということである。

その背景には、世界的なタトゥー流行があり、近年ではアカデミックな世界でのタトゥー研究が進みタトゥーというものを通じての新しいカルチャームーブメントがあった。

さて、日本はどうだろう。本来なら、タトゥーが社会的にもっと受け入れられていて欲しいところだが、長い歴史を持つゆえになかなかデリケートな部分がある。

ご存知の方も多いと思うが、現在も日本ではタトゥー施術が医師法違反に当たるのかを争う「タトゥー裁判」が進行中である（二〇二〇一年月現在）。この裁判は、二〇一五年四月、彫師の増田太輝氏が医師法違反で略式起訴されたことに対して、不服として異議を申し立てたことから始まる。

現在、日本にはタトゥーそのものの施術を禁止する法律は存在しない。ところが、検察側はタトゥー施術によって皮膚の疾患や感染症などが引き起こされる危険性があり、「医行為」に当たるとして罰金三十万円を求刑した。それに対して、増田太輝氏の弁護団は、客にタトゥーを入れる行為は「医業」に当たらないと無罪を主張してきた。

医師法一七条では「医師でなければ、医業をなしてはならない」と定めている。日本では医師免許を持つ彫師が存在しないことから、今回の裁判は、事実上、〝日本国内でのタトゥー施術禁止〟の是非を問う大問題となってきた。

一審は敗訴したものの、二審では逆転無罪を獲得、最高裁での判決待ちの状態にある。とはいえ、この裁判から様々なタトゥー議論が始まり、将来的なタトゥーの法整備を睨んだプロの彫師の職業別組合「日本タトゥーイスト協会」(https://tattooist.jp)も発足している。

また、タトゥー(イレズミ)をすると日本では「温泉やプールに入れない」ことを心配する人が多いが、日本の国会答弁での初鹿明博議員の質問主義書に対して「入れ墨だけを理由に、公衆浴場の利用は制限されない」としている(読売新聞、二〇一七年二月二十二日)。つまり、施設利用についての法律的な規制はなく、各施設の個別の判断に委ねるというのだ。実際、自主的な判断で柔軟な対応をする施設も増え始めている。

二〇二〇年東京オリンピックに絡んだ外国人観光客の急増と、世界的なタトゥー流行の影響を考えれば、タトゥーを個人の自由なファッションの一部として容認していくことは必要だろう。

失われた沖縄のイレズミ文化「ハジチ」

二〇一九年十月、筆者は沖縄にいた。特別企画展『沖縄のハジチ、台湾原住民族のタトゥー「歴史と今」』が開催されたのだ（カラーP32）。

この特別企画展は、都留文科大の山本芳美教授（文化人類学）が発案したもの。彼女は、日本におけるイレズミ研究のオーソリティとして知られ、学生時代の一九九二年から九五年の間、沖縄で一九八〇年代から行われていたハジチ調査の最終段階とも言える現場に立ち会い、自身でも調査をおこなっている。

山本曰く、〝世界のイレズミ研究のなかでも最大の記録〟という沖縄全土のハジチ調査報告書、全十七冊のデジタル複製版の公開が凄まじい。

一九八〇年代、読谷村立歴史民俗資料館館長だった名嘉真宜勝《なかまぎしょう》が指揮を取ってハジチ調査が実施され、それがきっかけとなって沖縄県の各市町村でハジチ調査が行われた。そのときに調査対象となったハジチをしていた老女たちは約二千人、沖縄にハジチ禁止令が課せられたのが一八九九年であることから考えると彼女たちは皆、八十五歳以上のお年寄りばかり。過去の沖縄では、ほとんどの女性がハジチをしていたと考えてもいいのではないだろうか。

「沖縄ではハジチは成女儀礼として、大人になるためには入れなきゃいけない。ハジチをしないと遠い国に連れていかれる、あの世に行けないとまで言われるほど、必然的なものだった」と山本は解説する。

もうひとつ、一九八〇年代から九〇年代のハジチ調査の画期的な点は「地元のことは地元で調べる」という指針のもと、地元の若い女性たちを調査員として採用し、老女たちの方言に対応するばかりか、そこで聞き取られたことを地元で継承しようという意思があったことだろう（図9-2）。

さらに今回の展示において、最大の目玉と言えるのが、貴重な資料をもとに、ハジチを忠実に再現したシリコンアーム（カラーP32）である。「若い女性がハジチをしていたらどうだろうか」を見せたかったという。若い肌に彫られた文様はさぞ美しかったことだろう。

この展示では、台湾原住民族のイレズミに関する展示も充実していた。年表で沖縄との歴史的な関わりを明らかにするとともに、日本の植民地時代にイレズミを禁止されたことから、原住民族のイレズミの風習が一時期は失われたことを強調している。さらにその上で、原住民文化への復興やタトゥーブームも手伝って、台湾原住民族のタトゥー文化が様々な形で見直されてきていることを紹介している。

十六民族の政府に認定されている台湾原住民族のなかで、タイヤル、セデック、タロコという民族は男女ともに顔にイレズミを入れる風習があり、パイワン、ルカイという民族は、男性は身体に、女性は手にイレズミを入れる風習があったという。そのようなイレズミに代表される原住民文化は、デザインとして服飾や雑貨などにも活かされている。

ちなみに、特別企画展のオープニングに合わせ、パイワン族の彫師キュジー・パッドレス（Cudiuy Patjidres）氏（図9-8）が来日、トークも行われた。彼もポリネシアやフィリピンの彫師らと情報交換して、原始的な手彫りの技法を学び、パイワン族に伝わる伝統的な文様のタトゥーの復興に努めているという。

二〇一五年に筆者が体験したパリのケ・ブランリ美術館でのタトゥー展の影響は、形を変えて、ここ沖縄でのハジチ&台湾原住民族タトゥーの企画展として具体化していた。

加えて、山本芳美氏は、二〇一九年三月には、イギリスのタトゥー研究家マット・ロダー（Matt Lodder）氏を招聘し、哲学者・千葉雅也氏、温泉ジャーナリストの飯塚玲児氏らを交えたシンポジウム「イレズミ・タトゥーと多文化共生――『温泉タトゥー問題』への取り組みを知る」を企画開催している。日本におけるアカデミックなタトゥー研究を牽引する存在として、今後の活躍にも大いに期待したい。

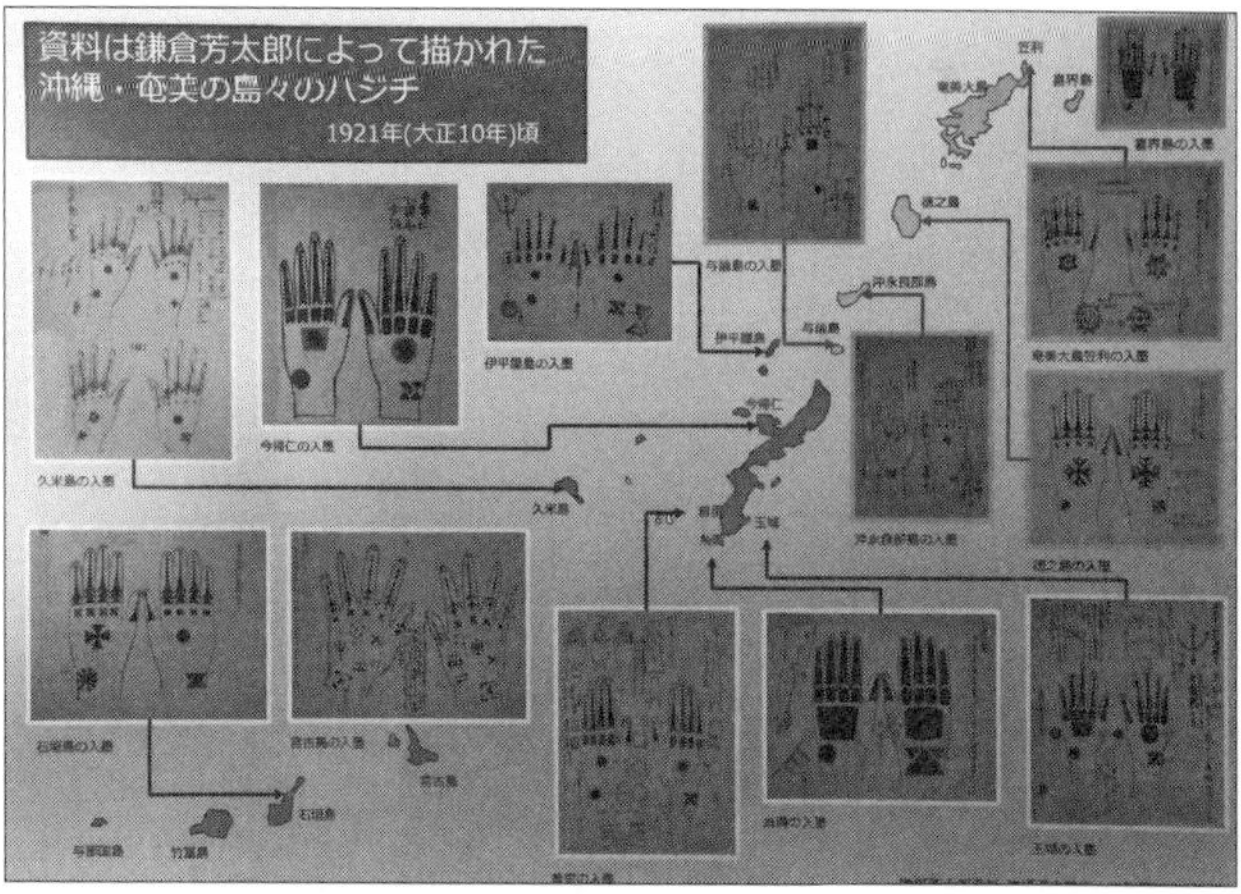

図9-1
鎌倉芳太郎によって描かれた沖縄・奄美の島々のハジチ（1921年頃）

図9-2
当時ハジチ調査を担当された方たちとの談話会、企画展発案者の山本芳美教授（右端）

図9-3
イレズミ文化交流会で出会ったハジチした女性

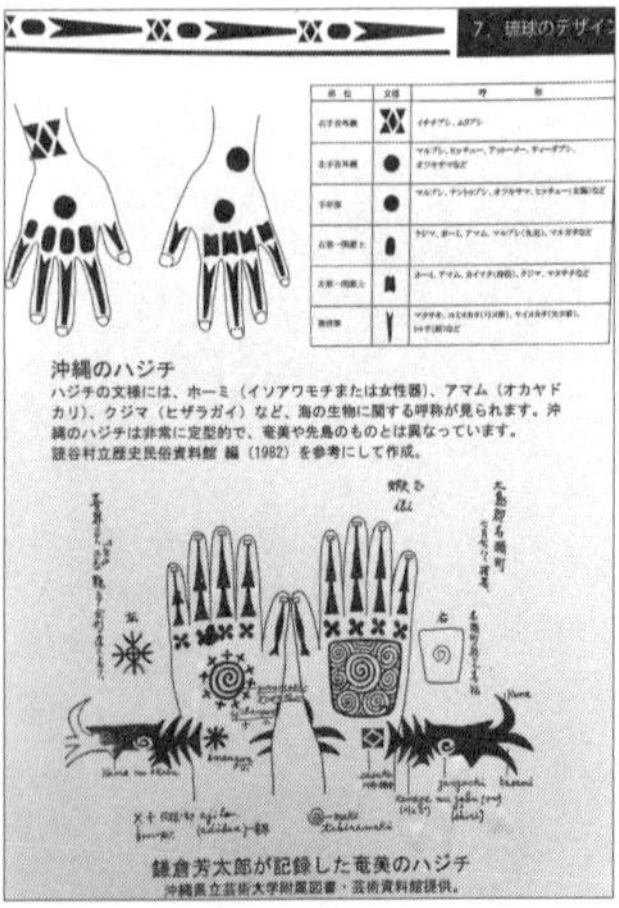

図9-4
ハジチのデザイン資料

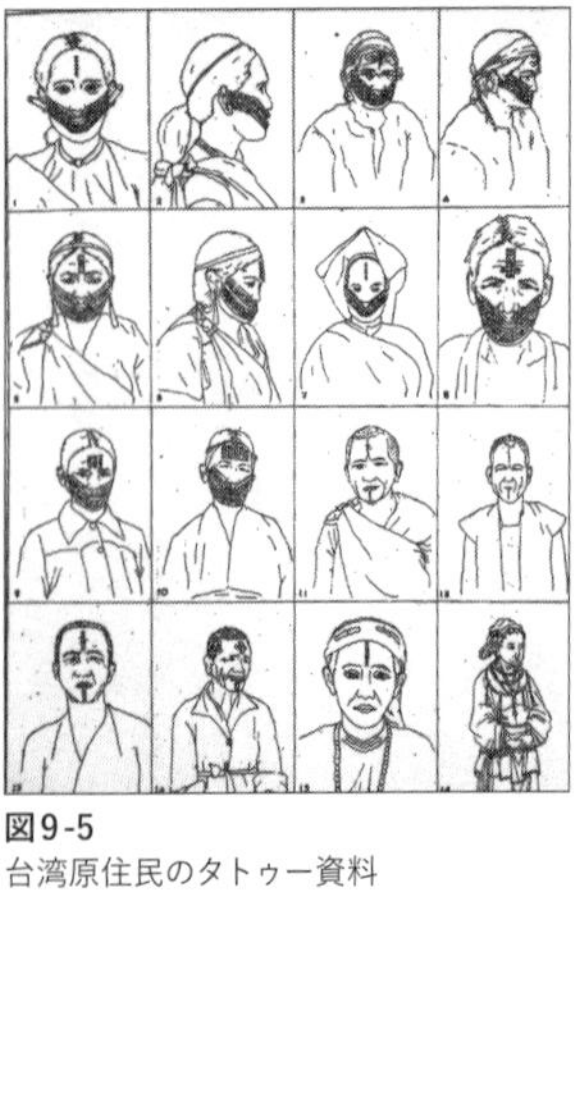

図9-5
台湾原住民のタトゥー資料

図9-8
台湾・パイワン民族の彫師キュジー・パッドレス（Cudiuy Patjidres）

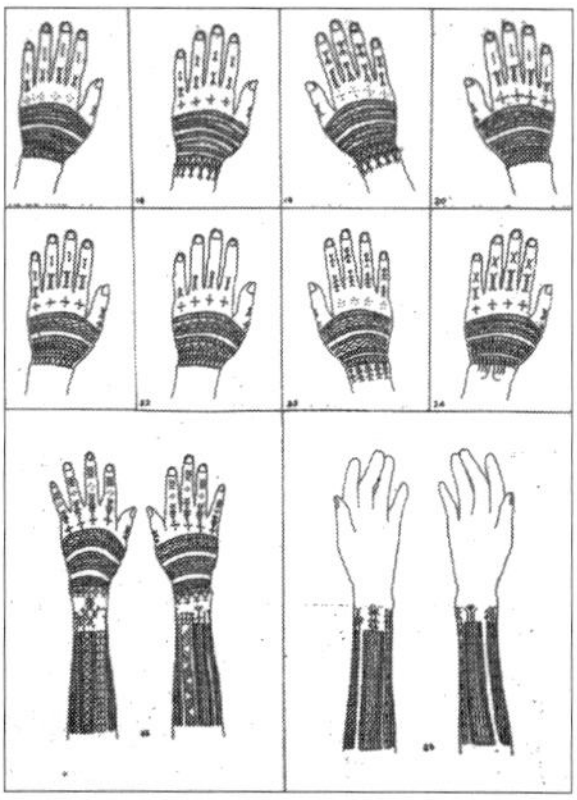

図9-6
台湾原住民のタトゥー資料

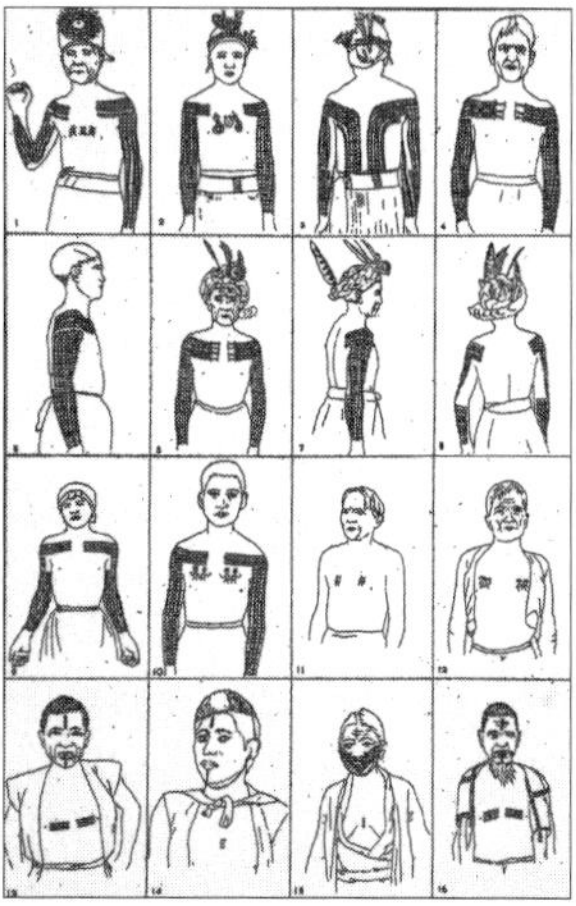

図9-7
台湾原住民のタトゥー資料

タトゥーを通して、縄文の文様を世界へ、そして未来へ

縄文土器の文様はタトゥーとして人間の身体に彫られていただろうというのが、僕らにとっての一貫した仮説である。

本書を通じて、そのことを立証できたかどうかはわからない。実際、そのことを厳密な意味で立証するのは難しく、僕らの挑戦はその仮説を実際にタトゥーとして生身の人間の身体に彫ってみることで具現化することである。

まずは、この本を手に取ったことで、本書と出会う前よりも少しでもタトゥーというものを身近なものとして感じてくれたら嬉しい。それに加えて、文様の民族タトゥーだけでみても、いろいろな種類やバリエーションがあることを知って欲しい。さらに、それぞれの文様にはそれらが生まれた地域の記憶やその文化的な背景が詰まっているということを理解して欲しい。そのことが「タトゥーはカルチャーである」と主張する理由である。

欧米では「モダン・プリミティブズ」という言葉が、タトゥーばかりでなく、ピアスやもっと過激なものも含めた身体改造をカルチャーとして再認識させる契機となった。特に、黒一色で文様を

刻むトライバル・タトゥーが果たした役割については本書でみてきた通りだ。

九〇年代の世界的なタトゥー流行は、欧米でもそれ以前にはアウトローのものと思われていたタトゥーが人種や国境を越えて共有され得るカルチャーとして再発見されることから広がっていった。日本においては、まさに今、「縄文時代にタトゥーがあったのか」という問いが、より広い層の人たちに「タトゥーがカルチャーである」ということを気付かせる言葉として響いていると確信している。

本書を通じて、世界ではなぜタトゥーがこれほど流行しているのかについて、もっと理解が深まってくれることを望んでいる。民族の文様ひとつひとつについては詳しく解説することはできなかったが、その助けとなる人名や用語は提供しているので、もっと調べたい人にとっては役立つものになるはずである。

改めて、本書の執筆を通じて痛感させられたのは、かなり早期的な段階で民族的なタトゥー文化と出会い、大きな衝撃を受け、それらを記録に残してくれた研究者たちの計り知れない努力である。四十年前に書かれた高山純の『縄文人の入墨』が、僕らにとって大きな助けになったのも、当時の状況下で高山が苦労して収集した情報が現代において振り返っても有益だからである。現在、タトゥーハンターこと、ラース・クルタクの活躍により、世界的にもその名前が知られるようになったフィリピンやインドの首狩族、石器時代同然の生活をするインドネシアのメンタワイ族の名前は、高山の本にも登場している。

現代が高山の時代と異なるのは、たとえば、世界を代表するドキュメンタリー製作チームがカメラを携え、メンタワイ族の地を訪れてしまうことだ。それも彼らの最も原始的なタトゥーを世界の人々に伝えるために。そこから失われつつあるタトゥー文化への関心が拡大し、それらを現代に復興しようという人々が現れ、ひとつのムーブメントにまで成長しているのだ。

もちろん、僕らの「縄文族 JOMON TRIBE」は、そこに「古代」という視点を含んだものとなっている。その点が、僕らのプロジェクトが世界のタトゥーのトレンドに敏感に反応しつつも、さらに新しい先進的な側面を持っていると自負したいところでもある。

つまり、縄文時代のタトゥーはもしかしたらユーラシア大陸における文様のひとつの完成形を反映しているかもしれない。その意味でも縄文時代のタトゥーを復興しようという僕らのプロジェクトの大きな意義を理解してもらえるだろう。

「縄文族 JOMON TRIBE」は、縄文の文様を世界へ、そして未来へと開かれたものとして届けることを願っている。

その気持ちをすべての未来の The First Jomon Man に向けて。

そして、五十年後、百年後、あるいは一万年後に、僕らの活動の記録を手にしてくれたあなたへ。

〝Ta!（タッ!）〟（※）

（※）＝「縄文族 JOMON TRIBE」のパフォーマンス〝The First Jomon Man〟に登場する「最初の言葉」（第四章）

あとがき

大島托も僕も『モダン・プリミティブズ』の申し子である。ともに、九〇年代にタトゥーやピアスの世界的な流行に遭遇し、その当時のバイブルと言われた〝その本〟を手に取った。

そこで、エド・ハーディ、ハンキーパンキー、レオ・ズルエタらを知った。彼らは、黒一色の文様を刻む「トライバル・タトゥー」を世界に広めた人たちだ。そして、その後、僕らはそれぞれ別の道を経由して出会うことになる。それは、本書でみてきた通りである。

僕らの共通のキーワードとなった「縄文」の背後には、世界のタトゥーを体験的に調査研究するラース・クルタク、フィリピンの首狩族のタトゥーを復興するエル・マナ・フェスティン、さらにロシアやイタリアで研究が進むタトゥーをした古代のミイラたちがいた。

僕らは何かに背中を押されるように、縄文時代のタトゥーを現代に復興するプロジェクトを始め、それに賛同する者たちが集まってきて、新たなトライブ（部族）が生まれた。

そう、「縄文族 JOMON TIRBE」とは、日本における「モダン・プリミティブズ」の実践であった。

思えば、僕はずっとこの「モダン・プリミティブズ」というものを超えようとして、身体改造と関わってきた。

改めて、なぜタトゥーをするのかを考えたときも、古代人たちは、動物や自然の過酷な環境のなかで生きていくために、「自分は人間である」「自分たちには意思がある」「自分は自分である」ということを確認する必要があった。彼らは、生きるということをポジティブに解釈するひとつの方法として、タトゥーという痛みの伴う行為を受け入れていたと思うのだ。

現代においては、自然や動物と競合するのではなく、コンピュータやインターネット、あるいは人工知能と、生身の身体で競っていく時代が目の前にまで来ているのだ。だからこそ、僕らは縄文の文様を身体にまとうことで、過酷な未来を生き抜いていけたらいいと思っている。

タトゥーと文様を通じて、縄文時代と人類史を繋ぎたいのだ。これからも「縄文族 JOMON TRIBE」の挑戦は続く！

最後になりますが、本書の制作にあたって、多くの方々のご厚意にあずかっています。本書の企画を取り上げて編集担当として大変な作業をやり遂げてくださった国書刊行会の伊藤嘉孝氏、デザイナーの望月昭秀氏、そして、素晴らしい推薦の言葉を寄せていただいた菊地成孔氏に深く感謝いたします。

また、タトゥー、縄文関連の執筆の機会を与えてくれた編集者、川崎美穂氏、辻陽介氏、菅原祐樹氏、原孝寿氏、鈴木孝氏、角由紀子氏、福田光睦氏、そして、取材協力でお世話になった文化人類学者の山本芳美氏、考古学者の大島直行氏と佐藤亜美氏、本当にありがとうございました。ロス取材の機会を与えてくれたＴＢＳ『クレイジージャーニー』のスタッフの方々と担当ディレクターの塩谷暁充氏、ゲンロンカフェの東浩紀氏、Dommuneの宇川直宏氏にもお礼を申し上げます。

そして、「縄文族 JOMON TRIBE」において、全身全霊をかけた縄文タトゥー作品を次々に生み出してくれたタトゥーアーティストの大島托氏に最大限の称賛を送りたい！　彼との出会いがなければ、本書はこの世に生まれ出なかった。縄文族モデルの皆さんにも大変感謝しております。僕らの身体を使って、縄文の文様を未来へと届けましょう。

改めて、日頃の活動を応援してくださっている皆さん、ありがとうございます！

二〇二〇年二月　東京にて　　ケロッピー前田

Special thanks to

Taku Oshima and Jomon Tribe models,
Karl Doyle, Werner Lorke, TAV Gallery, Naoyuki Oshima,
Jun Takayama, Takumi Ishii, Yashuo Nakano, Miho Kawasaki,
Yoshimi Yamamoto, Yosuke Tsuji, Leo Zulueta, Ed Hardy,
Filip Leu, Horiyoshi Third, Hanky Panky, Yushi,
Makiko Kuwahara, Nicholas Thomas, Elle Mana-Festin,
Lars Krutak, Dmitry & Katerina Beliakov, Cudiuy Patjidres,
Matt Lodder, Hikaru Miyakawa and all the people who support us.

参考文献

赤坂憲雄『岡本太郎の見た日本』岩波書店、二〇〇七年
荒俣宏『年表で読む荒俣宏の博物探検史』平凡社、二〇〇〇年
石井匠『謎解き 太陽の塔』幻冬舎新書、二〇一〇年
磯川全次編『刺青の民俗学』批評社、一九九七年
梅原猛『日本の深層』集英社文庫、一九九四年
梅原猛・白川静『呪の思想』平凡社ライブラリー、二〇一一年
江坂輝彌『土偶』校倉書房、一九六〇年
江坂輝彌・野口義麿編『土偶芸術と信仰 古代史発掘3』講談社、一九七四年
江坂輝彌・渡辺誠『装身具と骨角製漁具の知識』東京美術、一九八八年
江坂輝彌『日本の土偶』六興出版、一九九〇年
エリュエール、クリスチアーヌ『ケルト人』創元社、一九九四年
大島直行『月と蛇と縄文人』寿郎社、二〇一四年
大島直行『縄文人の世界観』国書刊行会、二〇一六年
大島直行『縄文人はなぜ死者を穴に埋めたのか』国書刊行会、二〇一七年
大林太良『邪馬台国 入墨とポンチョと卑弥呼』中公新書、一九七七年
大林太良『日本民族と南方文化』平凡社、一九六八年
岡本太郎『日本の伝統』光文社、一九五六年
岡本太郎・泉靖一・梅棹忠夫共編『世界の仮面と神像』朝日新聞社、一九七〇年
岡本太郎『沖縄文化論』中公文庫、一九九六年
岡本太郎『今日の芸術』光文社知恵の森文庫、一九九九年
岡本太郎『美の呪力』新潮文庫、二〇〇四年
岡本太郎『日本の伝統』光文社知恵の森文庫、二〇〇五年
岡本太郎『伝統との対決 岡本太郎の宇宙3』ちくま文芸文庫、二〇一一年
岡本太郎『日本の最深部へ 岡本太郎の宇宙4』ちくま文芸文庫、二〇一一年
岡本太郎『世界美術への道 岡本太郎の宇宙5』ちくま文芸文庫、二〇一一年
海部陽介『日本人はどこから来たのか？』文藝春秋、二〇一六年
海部陽介『人類がたどってきた道』ＮＨＫブックス、二〇〇五年
片山一道『ポリネシア人』同朋舎出版、一九九一年
ギーディオン、Ｓ『永遠の現在 美術の起源』東京大学出版会、一九六八年

喜山荘一『珊瑚礁の思考』藤原出版、二〇一五年
鎌田東二・鶴岡真弓『ケルトと日本』角川選書、二〇〇〇年
菊池俊彦『オホーツクの古代史』平凡社新書、二〇〇九年
木村重信『はじめにイメージありき』岩波新書、一九七一年
木村英明・土屋眞一『縄文の女性シャーマン カリンバ遺跡』新泉社、二〇一八年
桐生眞輔『文身デザインされた聖のかたち』ミネルヴァ書房、二〇一九年
国立民族学博物館編『オセアニア 海の人類大移動』昭和堂、二〇〇七年
国分直一『環シナ海民族文化考』慶友社、一九七六年
小林達雄『縄文の思考』ちくま新書、二〇〇八年
小林達雄監修『別冊太陽 縄文の力』平凡社、二〇一三年
小林達雄監修・石井匠『縄文土器の文様構造』アム・プロモーション、二〇〇九年
後藤和民『縄文土器をつくる』中公新書、一九八〇年
小山修三『縄文探検』中公文庫、一九九八年
小山修三監修『日本の歴史 縄文人の家族生活』朝日新聞社、二〇〇三年
小山騰『日本の刺青と英国王室』藤原書店、二〇一〇年
佐原真・春成秀爾『原始絵画 歴史発掘5』講談社、一九九七年
佐原真『魏志倭人伝の考古学』岩波現代文庫、二〇〇三年
椹木野衣『黒い太陽と赤いカニ』中央公論新社、二〇〇三年
設楽博己編『三国志がみた倭人たち』山川出版社、二〇〇一年
シュピンドラー、コンラート『5000年前の男』文藝春秋、一九九四年
白川静『漢字』岩波新書、一九七〇年
白川静『金文の世界』平凡社、一九七一年
白川静『中国古代の文化』講談社、一九七九年
瀬川拓郎『アイヌと縄文』ちくま新書、二〇一六年
高山純『縄文人の入墨』講談社、一九六九年
高山純『民族考古学と縄文の耳飾り』同成社、二〇一〇年
玉林晴朗『文身百姿』恵文社、一九八七年
土取利行『縄文の音』青土社、一九九九年
鶴岡真弓『装飾する魂』平凡社、一九九七年

鳥居龍蔵『鳥居龍蔵全集第1巻』朝日新聞社、一九七五年
ナウマン、ネリー『生の緒』言叢社、二〇〇五年
ナウマン、ネリー『山の神』言叢社、一九九四年
中沢新一『アースダイバー』講談社、二〇〇五年
中沢新一・坂本龍一『縄文聖地巡礼』木楽舎、二〇一〇年
中原佑介編著『ヒトはなぜ絵を描くのか』フィルムアート社、二〇〇一年
バタイユ、ジョルジュ『ラスコーの壁画』二見書房、一九七五年
ハラリ、ユヴァル・ノア『サピエンス全史』(上・下)河出書房新社、二〇一六年
春成秀爾『縄文社会論究』塙書房、二〇〇二年
春成秀爾編『古代の装い　歴史発掘4』講談社、一九九七年
平野暁臣編『岡本太郎の沖縄』小学館クリエイティブ、二〇一六年
平野暁臣編著『岡本太郎と太陽の塔』小学館、二〇一八年
平野暁臣編著『太陽の塔』小学館クリエイティブ、二〇一八年
平野暁臣編著『太陽の塔ガイド』小学館クリエイティブ、二〇一八年
古谷嘉章『縄文ルネサンス』平凡社、二〇一九年
マンフォード、ルイス『機械の神話』河出書房新社、一九七一年
マンフォード、ルイス『権力のペンダゴン』河出書房新社、一九七三年
港千尋『太平洋の迷宮』リブロポート、一九八八年
港千尋『考える皮膚』青土社、二〇一〇年
港千尋『掌の縄文』羽鳥書店、二〇一二年
モース、エドワード『大森貝塚』岩波文庫、一九八三年
望月昭秀『縄文人に相談だ』国書刊行会、二〇一八年
山田康弘『縄文時代の歴史』講談社現代新書、二〇一九年
山田康弘『つくられた縄文時代』新潮選書、二〇一五年
山本芳美『イレズミと日本人』平凡社新書、二〇一六年
山本芳美『イレズミの世界』河出書房新社、二〇〇五年
吉岡郁夫『身体の文化人類学 身体変工と食人』雄山閣、一九八九年
吉岡郁夫『いれずみ(文身)の人類学』雄山閣、一九九六年
吉岡郁夫『身体の博物誌』大学教育社、一九八〇年

吉岡郁夫『日本人種論争の幕あけ』共立出版、一九八七年
ミルン、ジョン『ミルンの日本人種論』雄山閣、一九九三年
ルイス＝ウィリアムズ、デヴィッド『洞窟のなかの心』講談社、二〇一二年
レヴィ＝ストロース、クロード『野生の思考』みすず書房、一九七六年
レヴィ＝ストロース、クロード『仮面の道』ちくま学芸文庫、二〇一八年
レヴィ＝ストロース、クロード『われらみな食人種』創元社、二〇一九年

『ドルメン』8月号「刺青特集号」岡書院、一九三二年
『魏志倭人伝・後漢書倭伝・宋書倭国伝・隋書倭国伝』岩波文庫、一九五一年
『夜想29』ペヨトル工房、一九九二年
図録『岡本太郎と縄文』NHKプロモーション、二〇〇一年
『JOMONESE』美術出版社、二〇一二年
『いま蘇る縄文』ダイアプレス、二〇一八年
図録『ミイラ――「永遠の命」を求めて』国立科学博物館、二〇一九年
『VICE』二〇一七年九月二十一日配信「タトゥー進化論01　人類最古の天然ミイラ〈アイスマン〉のタトゥーは何を語る？」川崎美穂
『タトゥー・バースト』コアマガジン、バックナンバー
ケロッピー前田『クレイジートリップ』三才ブックス、二〇一六年
ケロッピー前田『クレイジーカルチャー紀行』KADOKAWA、二〇一九年

Fleckinger, Angelika “Otzi 2.0” FOLIO, 2011
Fleckinger, Angelika “Otzi, the Iceman” FOLIO, 2018
Gilbert, Steve “Tattoo History A Source Book” Juno Books, 2000
Hambly, Wilfrid Dyson “The History of Tattooing” Dover Publications, 2018 (Originally published 1925)
Krutak. Lars “The Tattooing Arts of Tribal Women” Bennett & Bloom, 2007
Krutak. Lars “Kalinga Tattoo: Ancient and Modern Expressions of the Tribal” Edition Reuss, 2010
Krutak. Lars “Spiritual Skin: MAGICAL TATTOOS AND SCARIFICATION” Edition Reuss, 2012
Krutak. Lars “Ancient Ink: The Archaeology of tattooing” University of Washington Press, 2017
Kuwahara Makiko “Tattoo: an anthropology”

Rubin, Arnold "Marks of Civilization" Museum of Cultural History University of California, Los Angels, 1988
Schiffmacher, Henk"Encyclopedia For The Art And History Of Tattooing" Uitgeverij Carrera, 2010
Thomas, Cole and Douglas "Tattoo" Reaction Books, 2005

"Tattoo Time #1 New Tribalism" Hardy Marks Publications, 1982
"Modern Primitives" RE/Search Publications, 1989
"Black Tattoo Art" Edition Reuss, 2009
"Black Tattoo Art 2" Edition Reuss, 2013
"Tattoo" Actes Sud (Musee du quai Branly), 2014

取材協力(国内)
北黄金貝塚　北海道伊達市北黄金町75
入江・高砂貝塚館　北海道虻田郡洞爺湖町高砂町44
函館市縄文文化センター　北海道函館市臼尻町551-1　http://www.hjcc.jp
函館市北方民族資料館　北海道函館市末広町21-7
市立函館博物館　北海道函館市青柳町17-1　http://hakohaku.com
岡本太郎記念館　http://www.taro-okamoto.or.jp
沖縄県立博物館・美術館　沖縄県那覇市おもろまち3-1-1　https://okimu.jp

Performance Concept

"THE FIRST JOMON MAN"

TAKU OSHIMA × KEROPPY MAEDA

The birth of Jomon Tribe

"Did tattooing exist in the Jomon period of ancient Japan?"
We have attempted to give a practical answer to this question by using the real human bodies of modern people.

A long time ago, the first Jomon man existed like the Jomon cord mark ed pottery.
But it was unclear if he physically existed in the world of reality.
We should wait to gain the technique to carve the Jomon pattern into his living body.

One day, a man discovered a method of connecting the world of ideas with the world of reality, and unwittingly sparked the first language.

"Ta!"

The language became a sound, and then became a rhythm, and then bec ame a dance, and its proof became the technique of engraving upon the human body.
This was the start of the tattooing as an artistic act carved into human flesh.

Now we realize tattooing existed in Jomon period!

Selected Exhibition

2018 – curation “Nach Fukushima” HfG (Frankfurt, Germany)

2013 – curation “Shi to Mirai – la mort et le future” Vanilla Gallery (Tokyo, Japan)

2013 – “RE-SHAPED” Robert Mayer Zeigt Galerie (Frankfurt, Germany)

2009 – “Extreme Body Modification in Japan” The Body Archive Gallery (NY, USA)

2005 – “Bloody Red: Body Modification” Vanilla Gallery (Tokyo, Japan)

JOMON TRIBE (Taku Oshima × Ryoichi Keroppy Maeda)

2019 – “JOMON TRIBE 2” TAV Gallery (Tokyo, Japan)

2019 – group “MID CORE” TAV Gallery (Tokyo, Japan)

2017 “JOMON TRIBE” HfG (Frankfurt, Germany)

2017 – group “ARTs of JOMON” ISETAN THE CUBE (Kuala Lumpur, Malaysia)

2016 – “JOMON TRIBE” TAV Gallery (Tokyo, Japan)

have believed body modification will develop as the culture common all mankind.
Now in Japan, we try to do our project as the practice of "modern primitives" to update our bodies fitting for life of 21st century by tattooing Jomon patterns which has ancient powers. This is not just reviving ancient Jomon tattoos, also activity of developing new possibility for body art in the future.
We are creating Jomon tattoos from ancient patterns about 10,000 years ago. We can get a new vision not just reviving a past, but also present our activity for 10,000 years further to use our real bodies.
Please look. We revive Jomon tattoos on our Jomon Tribe here.

Ryoichi Keroppy Maeda

PROFILE

Taku Oshima

www.apocaript.com
In 1993, with a dream of going around the world, he first met tattoos in India, and then became a professional tattoo artist. Specializing in blackwork and tribal patterns, Polynesia (Tahiti, New Zealand, etc.), Borneo Iban, Kalimantan Dayak, Sumatra Mentawai, Indian Naga, etc. He researches the remaining ethnic tattoos and incorporates them into contemporary tattoo designs.

Ryoichi Keroppy Maeda

keroppymaeda.com
Since the mid-90s, he has been reporting counter culture worldwide in magazines such as "BURST" and continues to make documentation. He appeared in television media as a body modification journalist and appealed to the widest audience. He also exhibits works worldwide as photographer, artist and curator. His major publications include "Crazy Trip" (Sansai Books), "Crazy Culture Travelogue" (KADOKAWA) , "BURST Generation" (Tokyo Kirara) etc. Director of the NPO Human Being Club.

Viewing the human history though tattoo culture

In these days, we know a part of academic people started to research tattooing to understand the human history all over the world. We had a big tattoo exhibition "TATOUEURS, TATOUES (Tattooers, Tattooed)" at Musee de Quai Branly in Paris, France, for one year and a half from 2014 to 2015. I reported it and wrote an article in my new book "Crazy Trip"(Sansai Books). This exhibition had a great response. It exhibited tours in Toronto, Canada and will exhibit in America, too. It is difficult for us to have like that tattoo exhibition in Japan because of social prejudice. But western people have accepted that tattooing has a long history and cultural values for common to all mankind.
In 1991, we found the oldest mummy called "Iceman" at Alps and he has tattoos. This news was really sensational worldwide. We know Iceman lived around 5300 years ago. After Iceman shock, many people became to believe tattooing has existed much older than we thought.
We are thinking if we had tattoo technique in Jomon period which had various kind of wonderful cord marks patterns, we would tattoo these patterns on our shins. This ideas made us many variation of Jomon tattoos in our project reviving Jomon tattoos. There are also special demand of tattoo fans worldwide who know Japanese traditional tattoos. They expect Japanese ancient tattoos reviving if Japanese has lost tattoo culture in Jomon period. It encouraged our project, too.

For 10,000 years further, reviving Jomon patterns of 10,000 years ago

"Modern Primitives" (1989) is the book gathering underground repots of tattooing and piercing growing up in west coast in USA in 70's - 80's. It mentioned these activities were reviving primitives in modern age. This concept was very attractive in 90's and caused worldwide explosion of body modification. With Iceman shock I mentioned, this cultural movement spread the idea that body modification including tattoos has been a long time ago connected human primitive demand and should revive as "real living human activity" for computer age in the future. We

Reviving Japanese Ancient Tattooing Art Project

"JOMON TRIBE"

TAKU OSHIMA × RYOICHI KEROPPY MAEDA

"Did tattooing exist in the Jomon period of ancient Japan?"

We have attempted to give a practical answer to this question by using the real human bodies of modern people.

"JOMON TRIBE" is a collaborative art project between tattoo artist Taku Oshima and photographer Ryoichi Keroppy Maeda.

Taku Oshima is a professional tattoo artist who specializes in blackwork and tribal patterns, and has been traveling across the globe to research the remnants of tribal tattoo practices and then apply the findings of his research to modern tattoo designs.
Ryoichi Keroppy Maeda is a photographer and journalist who has been reporting the cutting edge of underground culture worldwide since the mid-90s. He is well known for his remarkable works in the legendary magazine "Burst" and other publications. Now a day, he began holding exhibitions as an artist and curator in Japan and other countries.
Japan's Jomon period is from over 15,000 years ago to 2300 years ago (3rd century BC). We had many discussion about whether or not tattooing existed in this period.
For example, archaeologist, Jun Takayama wrote "Tattooing of Jomon People"(1969), in which he mentioned Jomon's figures' face and body decorations were tattoos. Also the description in "Gishi-wajin-den"(a Chinese book about ancient Japanese, Wajin, [Wa-people]. 3rd century) has been a big influence about this subject. It mentioned that ancient Japanese had tattoos. But we don't have exactly evidence like a tattooed mummies in this period. That reason why tattooing in Jomon period has been unknown subject for academic research a long time.

ケロッピー前田（けろっぴー・まえだ）

本名、前田亮一。１９６５年東京生まれ、千葉大学工学部卒、白夜書房（コアマガジン）を経てフリーランスに。世界のカウンターカルチャーを現場レポート、若者向けカルチャー誌『ブブカ』『バースト』『タトゥー・バースト』（ともに白夜書房／コアマガジン）などで活躍し、海外の身体改造の最前線を日本に紹介してきた。その活動はＴＢＳ系『クレイジージャーニー』でも取り上げられ話題となる。主な著書に、前田亮一『今を生き抜くための70年代オカルト』（光文社新書）、ケロッピー前田『クレイジートリップ』（三才ブックス）、『クレイジーカルチャー紀行』（ＫＡＤＯＫＡＷＡ）、責任編集『バースト・ジェネレーション』（東京キララ社）など。

大島托（おおしま・たく）

タトゥーアーティスト。１９９３年に世界一周の夢を抱き、最初に訪れたインドでタトゥーと出会い、その後にプロの彫師となる。黒一色の文様を刻むトライバル・タトゥーおよびブラックワークのスペシャリストとして国際的にも高く評価されている。ポリネシア（タヒチ、ニュージーランドなど）を訪ねて部族的文様を学んだ他、ボルネオのイバン族、カリマンタンのダヤク族、スマトラのメンタワイ族、インドのナガ族など、最も原始的な民族タトゥーを残す地域に実際に赴いてリサーチし、それらを再現するばかりでなく、現代的なタトゥーデザインに取り入れて洗練された作品へと昇華させていくクリエイティヴィティの高さには定評がある。

縄文《じょうもん》時《じ》代《だい》にタトゥーはあったのか

2020年3月6日初版第1刷印刷
2020年3月12日初版第1刷発行

著者　ケロッピー前田
　　　大島托（縄文タトゥー作品）

発行者　佐藤今朝夫
発行所　株式会社国書刊行会
〒174-0056　東京都板橋区志村1-13-15
TEL03-5970-7421
FAX03-5970-7427
https://www.kokusho.co.jp
ブックデザイン　株式会社ニルソンデザイン事務所
印刷・製本所　三松堂株式会社
ISBN 978-4-336-06654-1 C0021

表1
《JOMON TRIBE》2016
Tattoos by Taku Oshima
Photography by Ryoichi Keroppy Maeda

表4
中空土偶（函館市縄文文化交流センター）
撮影：ケロッピー前田